BAEDEKER
SMART

SPANIEN

Perfekte Tage mit Flamenco und Fiestas

W0385953

Verlag Karl Baedeker – www.baedeker.com

Inhalt

Kapiteleinteilung: siehe vordere Umschlaginnenseite

TOP 10

Was muss ich gesehen haben? Unsere TOP 10 helfen Ihnen, von der absoluten Nummer eins bis zur Nummer zehn, die wichtigsten Reiseziele einzuplanen.

1 ALHAMBRA, GRANADA ➤ 170

Das »rote Schloss« der Mauren ist ein Wunderwerk wie kein zweites, steckt voller Schnörkel, Dekors, Atmosphäre – und lässt keinen Zweifel an der Rolle als Nr. 1!

2 MUSEO DEL PRADO, MADRID ➤ 52

Dieser Museumsgigant steht in der Reihe der weltweit besten Gemäldegalerien. Die Meisterwerke stammen von Velázquez, Goya und Rubens.

3 MEZQUITA, CÓRDOBA ➤ 175

In der einstigen Hauptmoschee der Stadt hält sich das islamische Kulturerbe auf ganz besondere Weise – inmitten eines Walds aus über 850 Säulen.

4 LA SAGRADA FAMÍLIA, BARCELONA ➤ 120

Antoni Gaudí war der Meister des katalanischen Jugendstils, des Modernisme. Die noch immer im Fortbau begriffene Mega-Kirche ist sein größtes Vermächtnis.

5 KATHEDRALE, SEVILLA ➤ 177

Kirchlicher Größenwahn hin oder her, dieses Gotteshaus mit seiner Pracht und dem beeindruckenden Glockenturm, vormals ein Minarett, lässt niemanden kalt.

6 VALÈNCIA ➤ 150

Die Mittelmeermetropole ist ein Multi-Magnet: brodelndes Nightlife, Plätze, historische Bauwerke, moderne Architektur (Abb. links), dazu die flammenden Fallas im März.

7 TOLEDO ➤ 153

Ein Gesamtkunstwerk, umflossen vom Tajo, durchsetzt von verwinkelten Gassen, den Spuren von Meister El Greco, Monumentalbauten und kleineren Schätzen.

8 MUSEO GUGGENHEIM, BILBAO ➤ 100

Kein anderes Museum hat so sehr den Imagewandel einer Stadt bewirkt. Die Architektur mit ihrem schillernden Titanbelag beeindruckt bereits in der Außenansicht.

9 COSTA VERDE ➤ 102

Wer sich zu den Naturfans zählt und Spaniens rauere Atlantikseiten kennenlernen will, darf im Norden auf keinen Fall die »Grüne Küste«, Costa Verde, verpassen.

10 LA RIOJA ➤ 78

In Spaniens bekanntester Weinregion wellen sich die Rebgärten durch das Ebro-Gebiet. Weingüter laden zu Entdeckungen ein und überraschen sogar mit zeitgenössischer Architektur.

DAS SPANIEN.

Erleben, was Spanien ausmacht, sein einzigartiges Flair spüren. So wie die Spanier selbst.

IM TAPAS-WUNDERLAND

Es gibt wohl keinen Spanier, der nicht von der **Tapas-Kultur** im eigenen Land schwärmt. Tapas, das sind Häppchen, die bestens zu Wein oder Bier passen. Und jeder weiß: Eine Bar ist nur so gut wie ihre Tapas! Typisch unter Spaniern ist der Zug von Kneipe zu Kneipe, um möglichst viele zu kosten. Das geht besonders stilvoll in den Altstädten von **Granada** und **San Sebastián** (dort heißen die Häppchen *pintxos*).

AUF ALTEN PILGERPFADEN

Geht es um die **Jakobsweg**-Ankömmlinge, in Santiago de Compostela liegen die Spanier selber an der Spitze der Statistiken. Die letzten 100 km sind recht

GEFÜHL

überlaufen, besonders schöne Wegstücke finden sich weit vorher. Wie wäre es mit 50 km »Schnupperpilgern«? Ein Tipp ist der Abschnitt vom Pyrenäenkloster **Roncesvalles** nach **Pamplona**, die Organisation denkbar einfach und günstig: mit dem Linienbus ab Pamplona nach Roncesvalles, dann in zwei bis drei Tagesetappen zu Fuß zurück. Mit Pilgerausweis ist die authentische Übernachtung in Pilgerherbergen möglich (► 31f).

Tapas-Bar in der Altstadt von San Sebastián

KULTURTREFF IN MADRID

Madrileños nehmen liebend gern die Kulturangebote wahr, die ihre Hauptstadt bietet. Ein toller Treffpunkt im Zentrum ist der **Círculo de Bellas Artes**. Hier gibt es u. a. Ausstellungen, Konzerte, Theater, das Café-Restaurant La Pecera und oftmals ältere Kinoklassiker in Originalversion. Zusatztipp ist die Auffahrt auf die Dachterrasse (azotea; 3 Euro; Calle de Alcalá 42; Tel. 913 605 400; www.circulobellasartes.com; Metro Banco de España, Sevilla).

GRÜNE OASE

Viele spanische Städte besitzen unschlagbar schöne Grünanlagen. In Madrid liegt der historische **Jardín El Capricho** am Nordostrand im Abseits der Mainstreams. Das 14 ha umfassende Kleinod fußt auf den Grafen von Osuna, die Ende des 18. Jhs. ein Landgut erwarben und es sorgsam umgestalten ließen. Samt Tanzcasino diente es auch als Kulisse pompöser Feierlichkeiten. Atmen Sie auf den Wegen unverfälschte Madrider Luft und

Stimmung ein, allerdings ist er nur an den Wochenenden (April–Sept. Sa, So 9–21, Okt.–März Sa, So 9–18.30 Uhr) geöffnet (Paseo de la Alameda de Osuna; Tel. 915 880 114; Metro El Capricho).

FLAMMENDER FESTRAUSCH

Der Spanier ist ein geborener *Homo fiesta*. Überall und fast immer gibt es etwas zu feiern. Lassen Sie sich von der Stimmung mitreißen, ob bei Patronatsfesten, Wallfahrten, Karprozessionen oder kulinarischen Feierlichkeiten. Wo eine Fiesta steigt, sollten auch Sie sein! Zum Beispiel bei den **Fallas de San José** in **València**, wenn Monumentalgebilde aus Holz und Pappmaché spektakulär in Flammen aufgehen (➤ 28f, 151).

AB AN DEN TRAUMSTRAND

Spanien ist ein Musterland der Strände, doch so manche sind überlaufen. Wer rummelfreie, abgeschiedene Strandbuchten sucht: Empfehlenswert für Naturfans sind die Strandabschnitte nordöstlich des Cabo de Gata in Andalusien in der Provinz Almería; die Pistenanfahrt erfolgt ab San José. Eine der Strandbuchten heißt **Cala de Media Luna**. Schatten gibt es so gut wie keinen, den Sonnenschutz müssen Sie selber mitbringen.

UND AB AUF DIE PLAZA!

Spanier lieben ihre Plätze. Hier trifft man sich, kehrt auf einen kühlen Drink oder einen Kaffee ein, rastet auf einem Bänkchen, hier kreuzen sich jedwede Lebensfäden. Einer der schönsten Plätze des Landes ist die **Plaza Mayor** in **Salamanca**. Einfach irgendwo niederlassen, genießen, schauen, riechen. Ein kleines Fest für die Sinne.

STURM AUF DIE BURG

Echt spanisch sind die über 10 000 Burgen im ganzen Land, die die Spanische Vereinigung der Freunde der Burgen auf ihrer Webseite www.castillosdeespaña.es aufführt. Eine der trutzigsten und abgelegensten ist die Burg von Loarre in Aragonien knapp 30 km nordwestlich von Huesca entfernt (im Sommer 10–20, im Winter 11–17.30; sonst 10–19 Uhr; Eintritt 3,90 Euro; Tel. 974 342 161; www.castillodeloarre.es).

Fiesta in Burgos

Das Magazin

SPANISCHER REGIONALISMUS:

TEILE EINES GANZEN

Die Spanier sehen sich selbst selten als Spanier: Sie sind aus Madrid, Katalanen, Andalusier, Galicier oder Basken ... Dieser Regionalismus ist grundlegender Bestandteil der spanischen Psyche und wesentlich für das Verständnis des Landes.

Spanien ist mit rund 506 000 km² ein riesiges Land mit weiten, teils dünn besiedelten Ebenen, hohen Gebirgszügen und Küsten an Mittelmeer und Atlantik. Der Nordosten des Landes grenzt an Frankreich, die Südküste ist nur wenige Kilometer von Afrika entfernt. Kein Wunder also, dass die regionalen Unterschiede und Eigenheiten stark sind.

¿SE HABLA ESPAÑOL?

Durch die Autonomie haben die Bedeutung der Regionalsprachen und die Zahl ihrer Sprecher stark zugenommen.

Baskisch (Euskera), eine der undurchsichtigsten Sprachen der Welt, ist linguistisch mit keiner anderen Sprache verwandt. Hinweisschilder und Informationen im Baskenland sind auf Baskisch und es lohnt sich insbesondere bei Rundreisen, die Ortsnamen zu prüfen. Denken Sie daran, dass das kastilische »ch« zum »tx« wird.

Katalanisch (Català) ist wahrscheinlich die am stärksten geförderte Regionalsprache des Landes. Schulkinder lernen fast ausschließlich auf Katalanisch. Sämtliche Speisekarten, Straßenschilder und öffentlichen Bekanntmachungen müssen laut Gesetz auf Katalanisch sein. Ebenso wie das normale Spanisch (Castellano) ist auch das Katalanische eine romanische Sprache.

Galicisch (Galego) ist in Galicien vertreten, wo in einigen kleinen Gemeinden nichts anderes gesprochen wird. Es klingt wie eine Mischung aus Portugiesisch und normalem Spanisch und hat seine eigene Literatur.

Valencianisch (Valencià) wird in der Region València schon ab dem Grundschulalter gelehrt, auf Straßenschildern und für allgemeine Informationen verwendet. Für Außenstehende hat das Valencianische viel Ähnlichkeit mit dem Katalanischen. Im Unterschied zu den drei vorherigen genannten Sprachen ist Valencianisch in Spanien bislang keine offiziell anerkannte Sprache.

Menschenkette in Barcelona am 11. September 2013 – Nationalfeiertag in Katalonien

Regionale Identität

Es gibt einen großen Unterschied zwischen dem feurigen, zierlichen Andalusier voller *joie de vivre* und dem düsteren, hart arbeitenden Galicier, geprägt von grauen Himmeln und regnerischem Wetter. Die Katalanen betrachten sich mehr als Europäer, weniger als Spanier, während die Kastilier stolz sind auf ihre Rolle im geografischen und historischen Zentrum des Landes.

Von der Geschichte geformt

Und es ist die Geschichte, die wahrscheinlich den größten Einfluss auf die regionalen Unterschiede hatte. Der arabische Einfluss ist im Süden, wo die maurische Besatzung am längsten dauerte, am stärksten. Der Norden wurde direkter von den sporadischen Kriegen mit Frankreich und den Niederlanden, die über 200 Jahre andauerten, geprägt. Katalonien und das Baskenland profitierten am meisten von der industriellen Revolution zu Beginn des 20. Jahrhunderts.

Allerdings waren es die 40 Jahre Diktatur unter General Franco, die die stärksten Auswirkungen auf den spanischen Regionalismus hatten. Zur Stärkung der zentralen Kontrolle seines Regimes verbot er alle Lokalsprachen sowie Symbole des Regionalstolzes, einschließlich der Volksfeste. Nach seinem Tod erlebten dann der Stolz, die Wiederentdeckung und die Feier der regionalen Identität mit der Schaffung der *autonomías* (► unten) eine Blütezeit, wenn auch auf Kosten der nationalen Identität.

DIE AUTONOMÍAS

Unter der spanischen Verfassung von 1978 wurde 17 autonomen Regionen mit eigenen Präsidenten, Parlamenten und Zivilverwaltungen ein hoher Grad an Selbstbestimmung gewährt. Teilweise als Gegenreaktion auf die repressive Zentralisierung unter Franco eingerichtet, haben sich die *autonomías* als zweischneidiges Schwert erwiesen. Zwar konnten sie zumindest in Teilen dazu beitragen, die aggressiveren Formen des Nationalismus einzudämmen, doch im Baskenland und vor allem in Katalonien (Catalunya) sind sie wiedererwacht. In Katalonien gibt es gegenwärtig ernsthafte Strömungen, sich komplett von Spanien zu lösen.

SPANIENS GESCHICHTE: INVASION, REVOLUTION, STOLZ UND KRISE

Als Brücke zwischen Europa und Afrika sowie Europa und Amerika ist die Geschichte Spaniens geprägt von Invasionen und Eroberungen. Von den arabischen Namen, die sich auf der ganzen Halbinsel finden, bis hin zum hartnäckigen Regionalstolz – ein wenig Hintergrundwissen wird helfen, Spaniens außergewöhnliche Geschichte zu verstehen.

Die frühen Anfänge

Die frühesten Bewohner der Iberischen Halbinsel sind durch die Funde von Atapuerca belegt, die 1,3 Mio. Jahre zurückreichen. Auf Invasionen der Phönizier, Karthager und Griechen, die Handelsposten errichteten, folgten im 3. Jh. v. Chr. die Römer und im 5. Jahrhundert Alanen und Sueben folgten. Ab dem 6. Jahrhundert wanderten die Westgoten ein.

Die Mauren und die Reconquista

711 fielen die Mauren über Nordafrika nach Spanien ein – der Beginn einer Ära, die in einigen Landesteilen über 700 Jahre andauern sollte. Córdoba erlangte eine Vorrangstellung und wurde zur Hauptstadt des Westislamischen Reichs. Dieser unabhängige arabische Staat, auch Kalifat genannt, genoss vom 10. bis Mitte des 11. Jahrhunderts weitgehende Einigkeit, eine Periode, die als Blütezeit des maurischen Spaniens gilt. Die Besetzung war weitgehend friedlich und von Toleranz und Assimilierung auf beiden Seiten geprägt. Von 1040 an zerbrach die Macht des Kalifats von Córdoba in kleinere unabhängige Staaten oder *taifas*. Ihre internen Auseinandersetzungen erleichterten die Reconquista – die Rückeroberung

des Landes durch die ureigenen christlichen Spanier. Vom 9. Jahrhundert an wurden die Mauren nach und nach vertrieben, und 1492 fiel die letzte Festung, Granada, an die Katholischen Monarchen Ferdinand und Isabella. Im selben Jahr entdeckte Christoph Kolumbus, finanziert von der spanischen Krone, die Neue Welt und ihre scheinbar unendlichen Reichtümer.

Das Goldene Zeitalter

Im 16. Jahrhundert wurde Spanien unter der Herrschaft der Habsburger vereint und das letzte kleinere Königreich Navarra integriert. 1519 erhielt Karl I. den Titel Kaiser des Heiligen Römischen Reiches. Er brachte unermessliche Macht und Reichtümer aus ganz Europa und Südamerika nach Spanien. 1561 machte Philipp II. das geografische Zentrum des Landes, Madrid, zur Hauptstadt. In dieser Ära blühten die spanische Kunst und Literatur auf. Dem entgegen standen wirtschaftliche Unruhen und vernichtende Kriege in ganz Europa.

Invasion und weitere Kriege

Im Jahre 1700 starb der Habsburgerkönig Karl II. ohne Erben. Die spanische Krone ging an Philipp von Anjou, ein Mitglied der Bourbonendynastie – allerdings nicht ohne Auseinandersetzung. Europa wurde in die spanischen Erbfolgekriege verwickelt (1701–14). Spanien verlor zahlreiche Territorien in Übersee, fiel unter französischen Einfluss und wurde im frühen 19. Jahrhundert in die Napoleonischen Kriege verwickelt.

Bürgerkrieg, Diktatur und Demokratie

Im Ersten Weltkrieg blieb Spanien neutral und kämpfte in den ersten Jahrzehnten des 20. Jahrhunderts mit politischen Unruhen und lähmenden Streiks, bis es schließlich 1936 im Bürgerkrieg zusammenbrach. Der Kampf zwischen gut ausgerüsteten faschistischen Nationalisten (mit militärischer Unterstützung von Mussolini und Hitler) und Republikanern (in einer unsicheren Allianz aus nationalen und internationalen Kommunisten und Anarchisten) dauerte drei Jahre und war einer der blutigsten und erbittertsten Auseinandersetzungen der neueren Geschichte.

Ihm folgte eine Diktatur unter General Franco mit Isolierung vom Rest Europas. Nach dessen Tod 1975 begann für Spanien eine Zeit demokratischen Friedens mit König Juan Carlos I. als konstitutionellem Monarchen. Die Schaffung der *autonomías* (► 11) verlieh den einzelnen Regionen eine Stimme und echte Macht.

Das moderne Spanien

Es folgte die Reintegration in Europa und die Weltpolitik. Spanien wurde 1986 Mitglied der Europäischen Union und machte den Euro zu seiner Währung. Bei den Regierungsgeschäften wechselten sich Sozialisten und Konservative ab. Nach Jahren des übereifrigen Aufschwungs geriet das Land ab etwa 2009/2010 in eine schwere Finanz- und Wirtschaftskrise mit 26 % Arbeitslosigkeit und über 50 % Jugendarbeitslosigkeit (2014).

Oben links: Das historische Treffen von Christoph Kolumbus und Königin Isabella

Fiesta!

Egal, wie groß oder klein, jede spanische Gemeinde widmet mindestens ein paar Tage des Jahres der Ausrichtung der größten, lautesten und besten Fiesta, die sie sich leisten kann. Diese Feierlichkeiten sind ein hervorragender Weg, eine Ahnung davon zu bekommen, wie die Spanier ticken.

Religiöse Feiern

Jede Festivität ist anders, aber es gibt ein paar Gemeinsamkeiten, die den Veranstaltungen zugrunde liegen. Die meisten großen Fiestas haben ihren Ursprung in den Stichtagen des christlichen Kalenders – die Fastenzeit und Ostern oder einzelne Verehrungstage der Heiligen Jungfrau oder eines Heiligen. Sie konzentrieren sich hauptsächlich auf Prozessionen oder Paraden, bei denen es sich um ehrwürdige religiöse Erfahrungen oder zügellose lärmende Vorführungen mit Großkopffiguren, Bands und Feuerwerk handeln kann. Abgesehen von den Prozessionen in der Semana Santa (Heilige Woche) zu Ostern, sind alle Festivals durchdrungen von einer Atmosphäre gemeinsamer Freude – unterstützt von Musik, Tanz, Essen und Trinken.

Regionalstolz

Die Fiestas sind für die Spanier eine Gelegenheit, ihre Identität zu feiern und ihre lokalen Kulturen zu bekräftigen – regionale Flaggen und traditionelle Kostüme sowie typische Musik, Gerichte, Getränke und Aktivitäten

Ein gesellschaftliches Ereignis: Feria in Sevilla

der jeweiligen Region prägen das Bild. Bei Fiestas feiern die Spanier sich als Teil einer Gemeinde und gemeinsamen Geschichte und Kultur. Zwar sind sie für Spanier gemacht, aber Besucher sind willkommen.

Respekt und Vergnügen

Die Form der Feierlichkeiten ist abhängig von Ort und Anlass. Schwermütig geht es bei den Osterprozessionen zu: Paraden mit schweren religiösen Bildern, die von Büßern mit Kapuzen, die für Ihre Sünden sühnen oder symbolisch das einstige Leid Jesu teilen wollen, durch die Straßen getragen werden. Darauf folgen die Feierlichkeiten zu Fronleichnam. Im Frühling und Sommer feiert dann jede Gemeinde des Landes auf ihre eigene Weise, gelegentlich werden Kampfstieren durch die Gassen getrieben. Einige Regionen feiern mit einwöchigen Veranstaltungen und Volksmusik, andere konzentrieren sich auf lokale Produkte: ein Paella-Wettbewerb zur Reisernte oder eine Tomatenwurfparade aus Anlass der Tomatenschwemme.

Egal, wo Sie sind – erkundigen Sie sich nach den großen Veranstaltungen. Die Erinnerungen an eine ganze Stadt, die auf dem Hauptplatz feiert, das Zischen und Knallen eines spektakulären Feuerwerks oder die Stakkatorhythmen von Gitarren, Trommeln und Dudelsäcken sind vielleicht die schönsten, die Sie aus Spanien mit nach Hause nehmen werden.

TERMINE
Eine Übersicht der wichtigsten Feste und Feiern finden Sie auf ➤ 46, detaillierte Informationen bei lokalen Tourismusbüros und deren Websites. Bei großen Festivals müssen Sie Ihre Unterkunft weit im Voraus buchen.

Links: Prozession während der Semana Santa in Bilbao

Der Geschmack Spaniens

Die spanische Küche schafft es auf einem globalen Lebensmittelmarkt, ihren eigenen lokalen und saisonalen Produkten treu zu bleiben. Das heißt, wie alles in Spanien, ist auch das Essen stark regional geprägt. Die besten spanischen Gerichte sind Kombinationen aus frischen, lokalen Zutaten und einfacher Küche mit perfektem Timing.

Die baskische Küche konzentriert sich auf reichhaltige Fischgerichte wie *txangurro* (gefüllte Königskrabbe) und Kalmar in Tintensoße, ist aber vielleicht noch bekannter für ihre *pintxos* – mundgerechte Tapas, manche auf Cocktailspießen, die Sie direkt von der Kneipentheke vor Ihnen wählen. Katalonien im Nordosten ist bekannt für eine Mischung aus *mar i muntanya* (Meeresfrüchte und Fleisch) mit getrockneten Früchten wie Rosinen und Aprikosen in ungewöhnlichen Kombinationen.

Im Zentrum Spaniens – Madrid, Kastilien und La Mancha – finden Sie die besten Bratengerichte, vor allem *cochinillo* (Spanferkel) sowie *migas*, ein Arme-Leute-Essen aus Brotkrumen gekocht in Bratenfett und serviert mit Weintrauben, und *cocido*, ein Eintopf mit Kichererbsen und Wurst.

In València ist die Paella zu Hause, die in Dutzenden Variationen mit Fleisch, Fisch, Schnecken oder Gemüse zubereitet wird. Ein ähnliches Gericht ist *fideuà* mit Fadennudeln anstelle von Reis. In Andalusien sind erfrischende Gazpacho, gegrillter Fisch und Meeresfrüchte typisch.

Jamón und Tortilla

Einige Gerichte gibt es im ganzen Land, besonders den berühmten *jamón serrano* (roher Schinken). Am besten ist der *jamón de bellota* von frei laufenden Schweinen, die mit Eicheln gefüttert werden. Auch Chorizo (würzige Wurst) und *morcilla* (Blutwurst) sind Leckerbissen von den Schweinen des Landes. Köstlich dicke *tortilla de patatas* (Kartoffelomelette) wird als Häppchen (Tapa, *pincho*) bestellt. Beliebt sind auch Kichererbsen oder Linsen.

Salate und Gemüse

Frisches Gemüse spielt in Spanien eine untergeordnete Rolle, aber rote und grüne Paprika, Spinat und Bohnen werden in unterschiedlichen

Frisches Obst und Gemüse hoch aufgetürmt auf dem Markt La Boqueria in Barcelona. Der Markt ist bekannt für die Qualität seiner Produkte, und viele Chefköche kaufen hier ein

Variationen angeboten. Gemischte Salate enthalten in der Regel alle möglichen Zutaten. Salate im Restaurant kommen meist nicht angemacht auf den Tisch, stattdessen stehen Karaffen mit Öl und Essig bereit. Als Vegetarier oder Veganer müssen Sie außerhalb der großen Städte bei Ihrer Bestellung eventuell etwas kreativ sein und nach einem Gericht »*sin jamón, carne, pescado, huevos o productos lácteos*« (ohne Schinken, Fleisch, Fisch, Eier oder Milchprodukte) fragen.

Desserts

Wenn Sie auf der Suche nach kulinarischen Symbolen für die Einheit des Landes sind, dann sind es *flan* (Crème Caramel) und *arroz con leche* (kalter Milchreis) – beides finden Sie überall im Land auf der Dessertkarte.

BAEDEKER TIPP

Der örtliche Markt ist für Spanier noch immer ein wichtiger Teil ihres Einkaufs. Die zentralen Märkte in vielen Städten des Landes sind ein Fest für Augen und Nase, eignen sich aber auch hervorragend zum Kauf lokaler Produkte für ein Picknick in einem nahegelegenen Park oder am Strand. Hier die TOP 3 der größten spanischen Märkte:

■ Mercat de la Boqueria, Barcelona (► 130) ■ Mercado Central, València (► 150) ■ Mercado de Abastos, Santiago de Compostela (► 104ff)

Architektur IN SPANIEN

Die Strukturen der Dörfer und Städte des Landes sind Zeugen der turbulenten spanischen Geschichte. In einigen Städten stammen die architektonischen Reichtümer einheitlich aus einer Epoche, andere können eine prachtvolle und berauschende Mischung vorweisen.

Römisch
Der römische Architekturstil (1. Jahrhundert v. Chr. bis 5. Jahrhundert n. Chr.) war im gesamten Reich ähnlich und geprägt von soliden Steinbauten und klassischen Proportionen. Monumentale öffentliche Bauwerke wie Aquädukte, Theater und Bögen sind einige der am besten erhaltenen Beispiele.

Romanisch
Die harmonischen Rundbögen und soliden Formen, die für die romanische Architektur (11. und 12. Jahrhundert) typisch sind, gelangten von Italien nach Katalonien und von Frankreich entlang der Pilgerroute über die Pyrenäen nach Santiago de Compostela (►31f).

Maurisch
Das Erbe der Maurenherrschaft in Spanien (8. bis 15. Jahrhundert) gehört zu den architektonischen Höhepunkten des Landes. Erhalten geblieben sind vor allem drei Gebäudetypen: Moscheen, *alcázares* (Paläste) und *alcazabas* (Festungen) mit ihren unverkennbaren Hufeisenbögen, aufwendigem Putz und rot-weißen Ziegel- und Steinstrukturen. Auch Wasser war ein Designelement der maurischen Architekten: für die rituellen islamischen Waschungen in Moscheen oder als kühlendes Element in Höfen und Gärten.

Gaudís keramikverzierte Casa Batlló, ein Meisterwerk der Modernisme-Architektur, gehört zu den drei Gebäuden der Manzana de la Discordia in Barcelona

Gotisch

Die beeindruckendsten Kathedralen Spaniens sind gotisch (13. bis 15. Jahrhundert), riesige Bauten mit einem sehr langen Längsschiff und spitzen Steinbögen. Mit der Zeit wurden sie immer größer und aufwändig mit Steinarbeiten dekoriert, teilweise haben sie herrliche Buntglasfenster. Mudéjar werden die Werke der Mauren in den christlich regierten Teilen des Landes nach der Rückeroberung genannt.

Renaissance und Plateresk

Die frühe spanische Renaissance-Architektur (16. Jahrhundert) trägt z. T. platereske Elemente, weil die kunstvoll gearbeiteten Steinverzierungen an Silberschmiedearbeiten erinnern. Der Stil war inspiriert von den harmonischen Proportionen der italienischen Architektur, verlieh ihr aber eine eindeutig spanische Note.

Barock

Im 17. und 18. Jahrhundert begannen die Architekten nach Wegen zu suchen, die strengen Linien aufzuweichen – schwungvolle Ornamente und Formen sowie immer aufwändigere Verzierungen, die als Barock bezeichnet werden. Der Stil erreichte seinen Höhepunkt mit dem Churriguerismus und seinen gewundenen Säulen und extravaganten Steinarbeiten.

Modernisme

Der Modernisme kam in Katalonien gegen Ende des 19. Jahrhunderts auf, ein heimischer, überschwänglicher Art-Nouveau-Stil mit einer Mischung aus modernen Materialien und organischen Formen, der nahezu ohne gerade Linien auskommt. Einer seiner Hauptvertreter war Antoni Gaudí, dessen Werk ein Synonym für die Stadt Barcelona geworden ist.

Zeitgenössische Architektur

Bis ins heutige 3. Jahrtausend setzt sich die zeitgenössische spanische Architektur mit einer besonders stilvollen Kombination aus Alt und Neu fort. Hochwertige zeitgenössische Architektur ist sowohl in kleinen Dörfern als auch in großen Städten vertreten, aber es sind die herausragenden charakteristischen Gebäude, die wirklich die Massen anziehen.

SEHENSWÜRDIGKEITEN

- **Römisch** Mérida (➤ 158), Tarragona (➤ 140), Segovia (➤ 82f).
- **Romanisch** Entlang des Camino de Santiago (➤ 31ff), Santiago de Compostela (➤ 104ff).
- **Maurisch und Mudéjar** Córdoba (➤ 175f), Sevilla (➤ 177ff), Granada (➤ 170ff).
- **Gotisch** León (➤ 88f), Burgos (➤ 80f), Toledo (➤ 153ff), Sevilla (➤ 177ff), Segovia (➤ 82f), Salamanca (➤ 84ff).
- **Renaissance** Salamanca (➤ 84ff), Burgos (➤ 80f), Toledo (➤ 153ff), Granada (➤ 170f), El Escorial (➤ 66).
- **Barock** Salamanca (➤ 84ff), Madrid (➤ 47ff), Santiago de Compostela (➤ 104ff).
- **Modernisme** Barcelona (➤ 115ff)
- **Zeitgenössisch** Ciutat de les Arts i les Ciències, València (➤ 151f), Museo Guggenheim Bilbao (➤ 100f), Cidade da Cultura, Santiago de Compostela (➤ 104ff).

Das Magazin

Bekannte **Künstler**

Trotz seiner Jahrhunderte langen Randlage zur europäischen Kultur hat Spanien eine beneidenswerte Sammlung an Künstlern hervorgebracht. Insbesondere zahlreiche Künstler des 20. Jahrhunderts sind rund um die Welt bekannt. In den großen Städten ziehen spektakuläre Museen das ganze Jahr über Besucher an.

Künstlerische Einflüsse

Anders als in anderen Ländern entwickelte sich die spanische Malerei nicht linear, sondern in Wellen. Katalonien führte in der gotischen Kunst, seine Maler waren von Flandern und der internationalen Schule beeinflusst. Künstler wie Vater und Sohn Berruguete studierten im Ausland und waren stilistisch von Italien und Mitteleuropa geprägt. Der Grieche Domenicos Theotocopoulos (1541–1614) aus Toledo, besser bekannt als El Greco, war der erste, der einen durch und durch spanischen Stil entwickelte. Seine sehr intimen, spirituellen Bildern, zeugen davon.

Die alten Meister

Auf El Greco folgt Diego Velázquez (1599–1660), einer größten Künstler Spaniens, dessen durchdringende Hofporträts zu den besten aller Zeiten gehören. Zeitgleich schuf Francisco de Zurbarán (1598–1664) brillante Illustrationen des Klosterlebens, während Bartolomé Esteban Murillo (1618–82), ebenfalls Sevillaner, liebliche Madonnenbilder und Straßenkinder malte, die in ganz Europa berühmt wurden. Die zweite Hälfte des 18. Jahrhunderts war bis in die 1820er-Jahre geprägt vom Werk des Francisco de Goya (1746–1828), ein produktives Genie, der zahlreiche Themen und Stile abdeckte und sowohl Zeugnisse der Kriege des Landes als auch seinen eigenen persönlichen Kampf in einer der rauesten Epochen der spanischen Geschichte abbildete.

In der gotischen Abteilung des MNAC in Barcelona

In der Fundació Joan Miró in Barcelona

Moderne Superstars

Pablo Picasso (1881–1973), Mitbegründer des Kubismus, zählt zu den spanischen Künstlern des 20. Jahrhunderts, die internationale Berühmtheit erlangt haben. Geboren in Malaga wuchs er in Galicien und Barcelona auf, verbrachte dann allerdings einen großen Teil seines Erwachsenenlebens in seinem selbst auferlegten Exil in Frankreich.

Salvador Dalí (1904–89), dessen Exzentrik ebenso berühmt ist wie seine Gemälde, stammt ebenso aus Katalonien wie der Maler und Bildhauer Joan Miró (1893–1983), der die internationale Kunstszene revolutionierte.

Unter den aktuelleren Künstlern lohnt sich ein Blick auf Antonio Saura (1930–1998) und Antoni Tàpies (1923–2012). Die Arbeiten der sehr unterschiedlichen Bildhauer Eduardo Chillida (1924–2002) und Juan Muñoz (1953–2001) finden sich auf öffentlichen Plätzen und in Galerien im ganzen Land und sogar weltweit.

HERRLICHE KUNSTMUSEEN

Die Kunstmuseen Spaniens sind ein Muss. Untergebracht in überwältigenden neuen oder umfunktionierten Gebäuden beherbergen sie faszinierende Sammlungen bzw. bieten Wechselausstellungen für jeden Geschmack:

- Museo del Prado, Madrid (► 52ff)
- Museo Thyssen-Bornemisza, Madrid (► 58f)
- Museo Nacional Centro de Arte Reina Sofía, Madrid (► 60)
- Museo Guggenheim Bilbao (► 100)
- Museu Picasso, Barcelona (► 131f) und Málaga (► 182)
- Fundació Joan Miró, Barcelona (► 133)
- Museu Nacional d'Art de Catalunya, Barcelona (► 133)
- Museo de Bellas Artes, Sevilla (► 179f)

Natur

Spanien bietet viel Natur. Bei Reisen durch das Land werden Sie von Ausmaß, Erhabenheit und Einsamkeit der Landschaft überrascht und von ihrer Vielfältigkeit beeindruckt sein.

Sie möchten echte Berge sehen? Versuchen Sie es mit den Pyrenäen und der Sierra Nevada. Wälder? Erkunden Sie die Eichen- und Buchen-, Kiefern- und Tannenwälder Nordspaniens und die Kork- und Koniferenwälder Andalusiens. Herrliche Küste? Besuchen Sie die Atlantikküste im Norden, die *rías* (Buchten) Galiciens, die sich wie Fjorde ins Land schneiden, und die Feuchtgebiete an der Ostküste. Ob zu Aktivitäten anspornend oder zum Bewundern, die Natur Spaniens wird Ihrer Reise eine ganz neue Dimension verleihen.

Zurück zur Natur – Wandern, Spazierengehen und Klettern

Spanien ist nach der Schweiz das im Schnitt gebirgigste Land Europas. Die Anhöhen sind beeindruckend und ziehen den ganzen Sommer über Tausende von Wanderern und Kletterern an. Hauptziele sind die Pyrenäen in Katalonien und Aragonien, die Cordillera Cantábrica, die parallel zur Nordküste verläuft und zu der die Picos de Europa gehören, und die Sierra Nevada im Süden. Hier können Sie tagelang verschwinden, über die Höhenwege wandern und in Berghütten übernachten. Überall in den Ausläufern liegen kleine Städte, die als Ausgangspunkte dienen. Dort können Sie Ausrüstung mieten,

Der herrliche Blick vom Fuente Dé im Herzen der Picos de Europa, Asturien

hervorragende Karten und Reiseführer erwerben und Ihre Route mithilfe von Experten planen. Die Pfade und Wege sind gut markiert, GRs (Grandes Routes, europaweite Wanderwege) in Rot und Weiß führen die Wanderer über die weitläufigen und anspruchsvollen Pyrenäenrouten. Geübte Bergsteiger nutzen sie als Zugang zu den anspruchsvollen Klettersteigen auf die höchsten Gipfel. Hier haben Sie auch die größten Chancen, die interessantesten Wildtiere des Landes zu Gesicht zu bekommen – Gämsen, Steinböcke, Rehe und Rothirsche, Wildschweine und sogar Wölfe und Bären, wobei die beiden Letzteren darin geübt sind, sich zu verstecken.

Komfortable Entdeckungen

Wenn es Ihnen lieber ist, können Sie große Abschnitte der attraktiven Landschaft bequem vom Autos aus erleben. Viele Straßen führen weit in die Pyrenäen, die Picos de Europa und die Sierra Nevada hinein, sodass Sie einen Teil des Hochlands und der dramatischen Schluchten ohne große Anstrengungen zu sehen bekommen. Ein weiteres großes Plus der einsamen Landschaft Spaniens ist, dass Sie auf der alltäglichsten Reise durch einige herrliche Landstriche fahren, in denen Sie nach Belieben anhalten, die Beine ausstrecken und die frische Luft genießen können. Ein Bummel an der Küste, Strandspaziergänge, Picknicks an einigen der riesigen Wasserreservoire im Inland und Waldwanderungen verleihen Ihrer Reise eine zusätzliche Dimension, und selbst die längste Überlandfahrt wird durch häufige Beobachtungen von großen Raubvögeln zum Erlebnis.

AUF DER SUCHE NACH WILDBLUMEN

- **Andalusien** Der späte Winter, das Frühjahr und der Frühsommer sind die besten Jahreszeiten, um Wildblumen zu sehen. In der Sierra Nevada erleben Sie den Höhepunkt im Juli. Winterblühende Iris, Blausterne und Küsten- und Meeresflora kommen an der Atlantikküste vor, in den Bergen wachsen Narzissen, Enzian, Tulpen, Pfingstrosen und Akeleien. Die *matorral* (Macchia) ist genau wie große Kork- und Pinienwälder weit verbreitet.
- **Pyrenäen** Herrliche Hochland- und Gebirgsflora bedeckt in den Sommermonaten die Pyrenäen. Auf den Wiesen und Hängen wachsen zahlreiche Frühlingsblumen wie Narzissen, Küchenschellen, Enzian, Lilien und Kaiserkronen. In den Höhenlagen blühen Edelweiß und Bergsteinbrech. Auch zahlreiche Orchideenarten kommen hier vor. Zu den Herbstblühern zählen Alpenveilchen und Krokusse.
- **Asturien und Kantabrien** In dieser Region wechseln sich weite Eichen- und Buchenwälder mit Weideland ab. Herrliche Wiesenblumen, Frühjahrsblüher, Pfingstrosen, Tulpen und violetter Eisenhut sowie unzählige Orchideenarten sorgen für eine atemberaubende Blütenfülle. Das späte Frühjahr ist die beste Zeit für die Berge, die Blüte an den Küsten beginnt aber früher im Jahr.

IDEAL FÜR VOGELFREUNDE

- **Das Ebrodelta, Katalonien** Die Lagune und Feuchtgebiete des Parque Natural del Delta de l'Ebre mit Wäldern und Reisfeldern sind vor allem während der Vogelzugzeit im Frühjahr und Herbst einen Besuch wert. Hier können Sie Wildvögel wie Blesshühner, Krickenten und Seetaucher sowie einheimische Reiher, Flamingos, Säbelschnäbler und Purpurreiher beobachten. Zu den Gastvogelarten zählen Kiebitze, Austernfischer und Seeschwalben.
- **Picos de Europa, Asturien/Kantabrien/Kastilien-León** Die beste Reisezeit zur Beobachtung von Gebirgsvögeln ist Mai bis Oktober. Steinadler, Habichtsadler, Gänsegeier sowie seltene Gebirgsarten wie Alpenkrähen, Schneefinken und Zitronengirlitze können Sie hier beobachten.
- Nationalpark **Monfragüe, Extremadura** Zahlreiche Greif- und Zugvögel können Sie in diesem bergigen Waldgebiet im Sommer entdecken. Große Greifvögel wie Milan, Gänse- und Mönchsgeier, Stein-, Spanischer Kaiser- und Habichtsadler; Pirol, Würger, Wiedehopf, Bienenfresser und Blauracke.
- **Nationalpark Ordesa y Monte Perdido, Aragonien** Hochgebirgsvögel in den Pyrenäen lassen sich am besten während der Sommermonate beobachten. Schneehuhn, Schneefink, Alpenkrähe, Uhu, Geier, Adler oder brütende Bartgeier – sie alle kommen hier vor.

Ein Wanderparadies: der Nationalpark Aigüestortes in den Pyrenäen

Costas für ALLE

Ob mit Eimer und Schaufel, Neoprenanzug und Surfbrett oder einfach nur einem Handtuch: Die spanische Küste hat für jeden etwas parat. Sonnige Strände, schroffe Klippen und windgepeitschte Dünen bieten Erlebnisse, die weit über den bekannten Ruf der Küsten hinaus gehen.

Ein großer Plan

In den 1960ern entschlossen sich Diktator Francisco Franco und seine Ratgeber, die Küsten Spaniens zu nutzen, um dringend benötigte Devisen ins Land zu holen. Sie wählten einige hübsche Fischerorte aus, darunter Benidorm und Lloret de Mar an der Costa Brava sowie Torremolinos an der Costa del Sol, um hier große Hotelanlagen zu errichten. Ausländische Touristen kamen in Strömen und die berühmten Küstenstriche wurden zum Synonym für Spanien. Aber während diese Resorts auch weiterhin mit Sonne und unbeschwertem Genuss zahlteiche Touristen anlocken, haben die Spanier das Beste für sich behalten.

Jenseits der Entwicklung

Die Costa de la Luz im Südwesten des Landes ist nur einen Katzensprung über die Meerenge von Marokko entfernt. Die weiten Sandstrände im Westen ziehen in den Sommermonaten viele spanische Familien an, während die Sanddünen um Tarifa weltweit zu den Hotspots für Wind- und Kitesurfen zählen. Im Nordosten, an der rauen Küste der Costa Brava, sind weitere Wassersportarten im Angebot. Das Wasser hier ist ideal zum Tauchen oder Kajakfahren. Weiter südlich liegen die Resorts der Costa Blanca. Die Resorts sind zwar überentwickelt, haben aber weitaus bessere Strände als die Costa del Sol und bieten zudem nahe gelegene Segelreviere und Naturreservate, die mit Lagunen und Salzpfannen ideal sind für Vogelbeobachtungen (► 25).

Während der Süden und Osten am Mittelmeer liegen, grenzen der Norden und Nordwesten an den Atlantik mit tosenden Wellen und kälterem Wasser. Hier ist es nicht so zuverlässig warm und trocken, aber dafür bietet die Region riesige weiße Sandstrände, malerische felsige Buchten und üppiggrüne Mündungsgebiete. Die lebendigen Fischerdörfer, eleganten Kleinstädte und Resorts ziehen hauptsächlich spanische und französische Familien an. Außerdem ist die Nordküste bekannt für ihre Surfreviere, während die Wege entlang der windgepeitschten Nordwestküste unschlagbar sind.

Badevergnügen in Tossa de Mar an der Costa Brava

Urbane Strände

Eine weitere Spezialität Spaniens sind die urbanen Strände. Ein Facelift in Vorbereitung der Olympischen Spiele 1992 sorgte dafür, dass Barcelona seine Strände von der Leichtindustrie zurückforderte, ähnliche Bemühungen verhalfen dann València vor dem America's Cup 2007 zu einer Regeneration. San Sebastián (bask.: Donostia), La Coruña (galic.: A Coruña), Kantabriens Hauptstadt Santander sowie weitere kleinere Küstenstädte machen bereits seit Längerem das Beste aus ihrer Lage. Sie alle bieten stolz gepflegte Strände, sauberes Wasser und ein lebendiges Nachtleben im Sommer sowie köstliche Meeresfrüchte am Wochenende an.

DAS BESTE DER COSTAS

- **Küsten mit guten Familienresorts** Costa Brava (➤ 138), Costa Blanca (➤ 160), Costa del Sol (➤ 181). Oder versuchen Sie es wie die Spanier mit der Costa Verde (➤ 102f), den Rias Baixas (➤ 109) und der Costa de la Luz (➤ 183).
- **Unberührte Küstenabschnitte** Erkunden Sie die abgelegeneren Bereiche der Costa Verde (➤ 102f) und Costa de la Luz (➤ 183).
- **Tanzen bis in den Morgen** In Benidorm an der Costa Blanca (➤ 160) und Benalmádena an der Costa del Sol (➤ 181), Valènica, (➤ 150), Barcelona (➤ 115) können Sie tanzen, bis die Sonne aufgeht.
- **Herrliche Strände** Breite Sandstrände bieten die Costa Blanca (➤ 160), Costa Vasca und Costa de la Luz (➤ 183); Klippen und Buchten finden Sie an der Costa Brava (➤ 138) und der Costa Verde (➤ 102f).
- **Aktivitäten** Golfspielen können Sie an der Costa del Sol (➤ 181) und der Costa Blanca (➤ 160); ideale Wassersport- und Segelreviere sind die Costa Blanca (➤ 160) und Costa Brava (➤ 138), während die Costa de la Luz (➤ 183) zu den besten Surf-, Windsurf- und Kiting-Regionen Europas zählt.

Flamenco
und mehr

Flamenco – leidenschaftlich, sinnlich, aufregend – ist das wichtigste musikalische Erbe Spaniens. Doch damit ist das Angebot an Volksmusik nicht zu Ende, und Gitarren, und Kastagnetten sind nur ein Teil der spanischen Musiktradition. Spanien mit seinen unterschiedlichen Sprachen und Kulturen ist weit vielfältiger, das zeigt sich nirgends besser als in der Musik und im Tanz.

Flamenco

Flamenco entwickelte sich aus den Klängen und Rhythmen der östlichen Kulturen kombiniert mit arabischen und jüdischen Elementen aus dem Süden. Berühmte Interpreten waren häufig *Gitanos*, ein Roma-Volk, das vielleicht besser als andere die herzzerreißende Mischung aus Schmerz und Freude verstehen kann, die im Flamenco zum Ausdruck kommt. Er wird gespielt, gesungen und getanzt und ist spontan vorgeführt, spät in der Nacht in einer Bar, häufig am besten. Sein ultimativer Ausdruck ist der Gesang, insbesondere der schmerzerfüllte *cante jondo* (tiefe Gesang), bei dem der Sänger seine Seele ausschüttet, inspiriert und ermutigt vom

HIER BEKOMMEN SIE MUSIK ZU HÖREN

- **Flamenco** Besuchen Sie in Andalusien und Madrid Flamenco-Bars, die *tablaos* oder *peñas*. Hier erleben Sie den echten Flamenco – vermeiden Sie »Flamenco-Shows«.
- **Katalanische Musik** Katalanische Flöten und Trommeln sind auf allen lokalen Festivals zu hören. Im Sommer werden an der Costa Brava und Costa Blanca auch *habanero*-Festivals veranstaltet, die dem afrokubanisch beeinflussten Stil gewidmet sind.
- **Galicische Musik** Wird in Pubs und Kneipen mit Live-Musik und auf den Fiestas im Sommer gespielt.
- **Baskische Musik** Baskische Live-Musik bekommen Sie in Pubs und Kneipen in Bilbao und bei Festivals zu hören. Auch Volksfeste in kleineren Orten sind gute Adressen.

Rhythmus der Gitarren und den Rufen der Zuhörer. Die leichtere Form des Flamenco ist der Tanz – sowohl von Frauen wie Männern –, bei dem elegante, geschmeidige Körperbewegungen mit wilden, stakkatischen Fußbewegungen kontrastieren. Farbe und Bewegung, Rhythmus und Ton – und vor allem Leidenschaft – sind die Kennzeichen des Flamenco.

Ein Ausdruck der Identität

Katalanische Volksmusik und -lieder waren eine treibende Kraft, als es daum ging Kultur und Geist der Region während der bitteren Jahrzehnte unter Franco zu bewahren. Der katalanische Nationaltanz *sardana* wurde zum Symbol für ein freies Katalonien und spielt nach wie vor eine wichtige Rolle bei allen Feierlichkeiten. Katalanische Orchester haben ihren ganz eigenen Stil, sie spielen traditionelle Tanzmusik mit mehr als einem Hauch von Salsa – auch das spanische Amerika können Sie aus den afrokubanisch inspirierten *habanera*-Liedern heraushören.

Keltische Flöten und Trommeln

Die Volksmusik ist auch in Galicien lebendig und erfolgreich – aber Gitarren sollten Sie hier nicht erwarten. Stattdessen sind Flöten und Trommeln sowie die lang gezogenen Klänge der Dudelsäcke zu hören. Galicien wurde nachhaltig durch die Kelten geprägt, die Musik hat viele Gemeinsamkeiten mit der Schottlands und Irlands. Die melancholische Sehnsucht, die alle Kelten gemeinsam haben, findet ihren Ausdruck in den traditionellen Liebesliedern.

Baskenland

Am Ostende der spanischen Nordküste liegt das Baskenland mit einer gleichermaßen starken indigenen Musiktradition. Hier findet sich eine Fusion aus der traditionellen wilden Akkordeonmusik *trikitrixa* (der Name bedeutet »Blasebalg des Teufels«) mit Elementen des Keltischen und der Rockmusik – eine fantastische Mischung.

Kostenlose Live-Konzerte stehen in Barcelona regelmäßig auf dem Programm

LEGENDEN IHRER ZEIT

Flamenco-Musik
- Camarón de la Isla
- Paco de Lucía
- Tomatito
- Paco Peña
- La Chanca
- Cristina Hoyos

Katalanische Musik
- Els Setze Jutges
- Lluís Llach
- Joan Manuel Serrat
- Raimon

Galicische Musik
- Milladoiro
- Carlos Nuñez
- Palla Mallada
- Matto Congrio
- Xorima

Baskische Musik
- Josepa Tapia
- Kepa Junkera
- Ruper Ordorika
- Benito Lertxundi

BAEDEKER TIPP

Im deutschsprachigen Raum erhalten Sie weitere Informationen und auch den Pilgerpass bei den unterschiedlichsten Jakobus-Gesellschaften – ein paar Mausklicks im Internet genügen. Unter www.jakobus-info.de finden Sie alle maßgeblichen Links.

Der **CAMINO** de **SANTIAGO**

Beim Blick auf eine spanische Touristenkarte erkennen Sie eine gut markierte Route, die sich durch die Landschaft im Norden Spaniens von den Pyrenäen bis nach Santiago de Compostela nahe der Atlantikküste zieht. Dieser Wanderweg ist einer der ältesten Europas und bekannt als Camino de Santiago oder Jakobsweg.

Der Heilige Jakob oder Santiago

Im mittelalterlichen Europa war Pilgern eine Möglichkeit, Gnade zu erlangen und schneller in den Himmel zu kommen. Außerdem bedeutete es Reisen, Abenteuer und Spaß. Pilgerreisen wurden an viele heilige Orte unternommen, aber die wichtigsten Ziele waren Jerusalem, Rom und Santiago de Compostela, Grabstätte und Schrein des heiligen Apostels Jakob, auf Spanisch Santiago. Der Legende zufolge hatte er in Spanien gepredigt, bevor er zurück nach Judäa in den Märtyrertod ging. Seine Anhänger brachten seinen Leichnam zurück nach Nordspanien, wo er bis 813 versteckt begraben lag. Dann hatte eines Tages ein Eremit eine Sternenerscheinung, die ihn zu einem bestimmten Waldstück führte – daher der Name Compostela, *campus stellae*, »Sternenfeld«. Der König Asturiens, des einzigen Teils Spaniens, der zu dieser Zeit nicht von den Mauren beherrscht wurde, kam, um hier zu beten, und der Heilige Jakob wurde zum Vorkämpfer des christlichen Spaniens gegen die Ungläubigen. 844 inspirierte er einen Sieg der Christen bei Clavijo, erhielt den Titel *Matamoros* (Maurentöter) und wurde zum Schutzpatron Spaniens.

Der Jakobsweg

Mitte des 12. Jahrhunderts reisten – so die gewagtesten Schätzungen – bis zu 500 000 Menschen pro Jahr aus ganz Europa zum Grab des Heiligen Jakob – angesichts der damaligen Bevölkerungszahlen eine sehr große Zahl. Die Straßen nach Spanien erstreckten sich über den gesamten Kontinent, aber sobald sie die Pyrenäen überquerten, vereinten sie sich zu einer gut organisierten Route durch den Norden Spaniens – dem Camino Francés, dem sogenannten Französischen Weg, noch heute der Hauptweg der Pilger. An ihm reihten sich Herbergen, Gasthöfe, Kirchen und Klöster auf, die für praktische und spirituelle Nahrung sorgten. An den Haltepunkten entstanden Städte mit eigenen Krankenhäusern und Hospizen. Die Pilger erkannte man an den Muschelschalen, die sie trugen, ein Symbol des Heiligen, das auch als praktische Schale zum Wassertrinken diente. Sogar einen Reiseführer gab es. Geschrieben vom

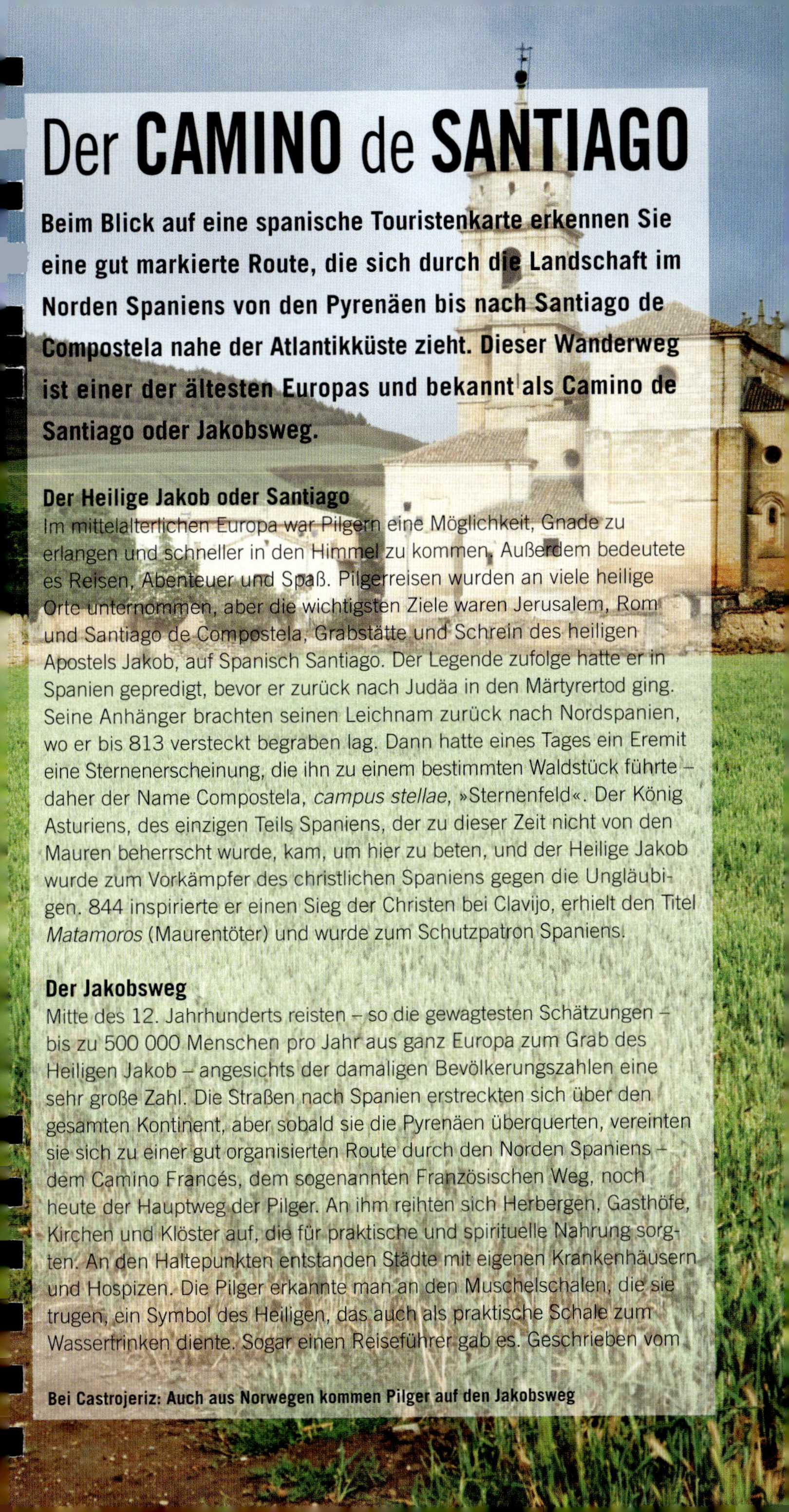

Bei Castrojeriz: Auch aus Norwegen kommen Pilger auf den Jakobsweg

französischen Mönch Aimeric Picaud, enthielt er Routen und nützliche Tipps entlang der Wegstrecke. Bei Ankunft in Santiago war es Brauch, die Kathedrale zu betreten und das goldene Bildnis des Heiligen über seinem Grab zu küssen, Almosen zu geben und für den sicheren Abschluss der Pilgerreise zu danken.

Der Camino heute

Der Brauch der Pilgerwanderung auf dem Camino ließ mit den Reformen des 16. Jahrhunderts nach, starb aber niemals ganz aus. In den letzten 20 Jahren wurde sogar ein starker Anstieg der Pilgerzahlen verzeichnet. Entlang der landschaftlich reizvollen Strecke durch Nordspanien liegen zahlreiche romanischen und gotischen Meisterwerke. Weniger als die Hälfte der Menschen, die heute auf dem Camino wandern, sind römisch-katholisch, die meisten genießen einfach den anderen Lebensrhythmus, möchten die gemeinschaftliche Atmosphäre erleben und sind sich der persönlichen Herausforderung bewusst, die die Route an sie stellt. Die Regionalregierungen entlang des Camino haben stark in den Weg investiert, ihn ausgebaut und Unterkünfte errichtet sowie einige der historischen Kirchen und Gebäude in seinem Verlauf restauriert.

Ein Pilgerpass

Die meisten Pilger beginnen ihre Reise in den spanischen Pyrenäen, von wo aus die Entfernung bis Santiago etwa 760 km beträgt. Der Camino kann zu Fuß, per Rad oder auf dem Pferd zurückgelegt werden, alles sind anerkannte Möglichkeiten zur Erlangung des *compostela*, ein Zertifikat, das vom Klerus in Santiago ausgestellt wird und den Abschluss der Pilgerreise bestätigt. Der Pilgerpass *credencial*, ein kleines, mehrseitiges Heft, wird von den kirchlichen und zivilen Behörden der Städte entlang des Camino abgestempelt, um Mogeleien zu vermeiden. Mit diesem wertvollen Dokument ist der Pilger zudem berechtigt, gegen eine geringe Gebühr in den Herbergen am Weg zu übernachten, was die Pilgerreise heute genau wie im Mittelalter allen möglich macht. In Santiago bekommen Sie im Pilgerbüro die Urkunde nur dann, wenn Sie per Stempelfolgen nachweisen, mindestens die letzten 100 km zu Fuß bzw. die letzten 200 km per Fahrrad zurückgelegt zu haben.

Die Herzmuschel, das Symbol der Pilgerwanderung auf dem Camino de Santiago, auf der Calle Mayor in Santiago de Compostela

Erster Überblick

Ankunft

In Spanien gibt es mehrere internationale Flughäfen; in Madrid, Barcelona, Málaga, Alicante (Alacant), València und Bilbao (Bilbo) kommen die meisten Touristen an. Man erreicht die Innenstadt jeweils per Bus, Zug, U-Bahn oder mit dem Taxi.

Ankunft in Madrid

- Internationale Flüge kommen am **Aeropuerto de Barajas** (Tel. 902 404 704; www.aena-aeropuertos.es) 12 Kilometer nordöstlich der Stadt an. Die meisten von ihnen landen am Terminal T4, das mit dem Komplex der Terminals 1–3 über einen kostenlosen Zubringerbusdienst verbunden ist. Es gibt am Flughafen touristische Auskunftbüros in den Terminals 2 und 4 (zentrales Tel. 913 058 656; im Regelfall tägl. 9–20 Uhr) und mehrere Autovermietungen.
- **Taxis** fahren direkt von allen Terminals ab und sind die einfachste Möglichkeit, in die Innenstadt zu kommen, allerdings auch die teuerste. Je nach Verkehr und Endziel muss man – inklusive Flughafenzuschlag – mit 25–35 Euro rechnen (bei Redaktionsschluss war die Einführung eines Festpreises für die Fahrt in die City in Planung).
- Eine andere Möglichkeit ist die **Metro** (täglich 6–2 Uhr; Metroticket plus 3 Euro Zuschlag, insgesamt 4,50 Euro). Man nimmt die Linie 8 und steigt in Mar de Cristal in die Linie 4 bzw. in Nuevos Ministerios in die Linie 6 oder 10 um.
- **Flughafenbusse** fahren alle 15 Minuten von den Terminals 1, 2 und 4 zum Atocha-Bahnhof ab, was bei normalem Verkehr etwa 40 Minuten dauert und 5 Euro kostet. Günstiger ist die Buslinie 200 zur Avenida de América und die Linie 101 zur Área Intermodal de Canillejas; Tickets kosten jeweils 1,50 Euro, ab den Endstationen gibt es Metroanschlüsse.

Touristeninformationen

✉ Plaza Mayor 27 ☎ 914 544 410 🕐 tägl. 9.30–20.30 Uhr

✉ Plaza de Colón 1 (unterirdisch; Paso subterráneo del Paseo de la Castellana, Zugänge ab Calle Goya und Calle Génova) ☎ 914 544 410 🕐 tägl. 9.30–20.30 Uhr

✉ Plaza de Cibeles ☎ 914 544 410 🕐 tägl. 9.30–20.30 Uhr

- In Madrid bekommt man Auskünfte zur Stadt unter Tel. 010.
- Hilfreiche Seiten im Internet sind: www.esmadrid.com, www.turismomadrid.es, www.madrid.es
- Bei Verbrechen gegen Touristen Tel. 902 102 112

Ankunft in Barcelona

- Für Barcelona ist der **Aeroport El Prat** (Tel. 902 404 704 und Tel. 932 235 151; www.aena-aeropuertos.es), 13 Kilometer südwestlich der Stadt, zuständig. Es gibt vier Terminals; für Flüge aus dem Ausland ist das Terminal 1 das relevanteste. In den Terminals 1 und 2 B gibt es jeweils eine Touristeninformation (Tel. 933 788 175 bzw. 933 788 149; tägl. 9–21 Uhr), außerdem finden sich dort Autovermietungen.
- Die Fahrt mit dem **Taxi** in die Innenstadt dauert rund 30 Minuten und kostet – inklusive Flughafenzuschlag – ca. 35–40 Euro. Taxistände gibt es vor allen Terminals.
- **Züge** fahren alle 30 Minuten nach Estació-Sants (6.15–23.30 Uhr) und kosten 3,80 Euro. Die Fahrtzeit beträgt etwa 20 Minuten.

- Der **Flughafenbus** (Aerobús; www.aerobusbcn.com; 6.10–1.05 Uhr) fährt je nach Tageszeit und Terminal alle 5, 10 oder 20 Minuten von den Terminals 1 und 2 ab und kostet 5,90 Euro. Etwas günstiger ist es, sich gleich ein Hin- und Rückfahrticket zu kaufen (10,20 Euro). Die Fahrtzeit in die Innenstadt zur Endstation an der Plaça de Catalunya beträgt im Schnitt 35 Minuten; Haltestellen unterwegs sind Plaça d'Espanya, Gran Vía-Urgell und Plaça de la Universitat.
- Wer mit dem **Zug** nach Barcelona reist, kommt an der Estació Sants an; dort kann man die Metro-Linie 3 oder ein Taxi nehmen. Weitere Haltestellen mit Metro-Anschluss sind Estació de França, Plaça de Catalunya, Arc de Triomf, Plaça d'Espanya und Passeig de Gràcia.

Touristeninformationen
✉ Plaça de Catalunya ☎ 932 853 834 🕐 tägl. 9.30–21.30 Uhr ✉ Estació-Sants 🕐 tägl. 8–20 Uhr ✉ Ajuntament, Plaça de Sant Jaume 🕐 8.30–20, Sa 9–19, So 9–14 Uhr

- Hilfreiche Seiten im Internet sind: www.barcelonaturisme.com, www.bcn.cat und www.gencat.cat

Ankunft in Málaga

- Der **Aeropuerto de Málaga** (Tel. 902 404 704; www.aena-aeropuertos.es) befindet sich 10 Kilometer südwestlich der Innenstadt. Es gibt mehrere Mietwagenfirmen.
- Am einfachsten gelangt man mit dem **Zug** in die Innenstadt. Er fährt etwa alle 20 Minuten (6.20–23.20 Uhr) und kostet 1,70 Euro. Die Fahrtzeit liegt bei rund 10 Minuten. Zusätzlicher Tipp: Ab dem Flughafenbahnhof fahren auch Züge in die Ferienzentren Torremolinos (1,70 Euro), Benalmádena (1,95 Euro) und Fuengirola (2,60 Euro).
- **Taxis** kosten im Schnitt zwischen 20 und 25 Euro und stehen vor dem Terminal bereit. Die Fahrt in die Innenstadt dauert 20 bis 30 Minuten.
- Der **Flughafenbus *Línea A Exprés*** fährt vor dem Terminal 3 alle 30 Minuten (7–24 Uhr) ab. Die Fahrtzeit beträgt 15–20 Minuten und kostet 3 Euro.
- **Züge** aus anderen Städten Spaniens kommen am RENFE-Bahnhof María Zambrano nicht weit vom Stadtzentrum an.

Touristeninformationen
✉ Plaza de la Marina 11 ☎ 951 926 020; www.malagaturismo.com
🕐 im Sommer tägl. 9–20; sonst 9–18 Uhr

Ankunft in Alicante (Alacant)

- Der **Alicante Aeropuerto El Altet** (Tel. 902 404 704; www.aena-aeropuertos.es) liegt ca. 9 Kilometer südwestlich der Innenstadt; es gibt mehrere Autovermietungen.
- **Taxis** fahren vom Terminal in rund 20 Minuten in die Innenstadt. Der Preis beträgt um die 20–25 Euro, direkt nach Benidorm ca. 70 Euro.
- **Flughafenbusse** der Linie C-6 fahren ca. alle 20 Minuten (6.40–23 Uhr), in etwa 30 Minuten in die Innenstadt und kosten 2,75 Euro.
- Der **Hauptbahnhof** ist die Estación de Madrid an der Avenida de Salamanca. Wer zu den Ferienorten an der Costa Blanca möchte, nimmt die FGV-Straßenbahnlinie am Meer entlang ab Playa de Postiguet.

Touristeninformationen
✉ Avenida Rambla de Méndez Núñez, 41 ☎ 965 200 000; www.alicanteturismo.com
🕐 Mo–Fr 10–18, Sa 10–14 Uhr

Ankunft in València

- Der **Aeropuerto de València** (Tel. 902 404 704; www.aena-aeropuertos.es) 8 Kilometer westlich der Stadt bietet eine Touristeninformation und mehrere Autovermietungen.
- **Flughafenbusse** der Linie 150 fahren Mo–Fr (5.25–22 Uhr) ca. alle 25 Minuten und Sa (5.25–22.05 Uhr) alle 35 Minuten in die Innenstadt. Die Fahrtzeit beträgt ca. 45 Minuten der Preis 1,40 Euro. So und feiertags kein Buszubringer!
- Die **Metrolinie 3** (Rafelbunyol-Aeroport) fährt vom Flughafen ins Zentrum von València und zum Hafen. Die Fahrt kostet je nach Zone 1,50–2,80 Euro und dauert etwa 25 Minuten.
- **Taxis** kosten rund 20 Euro. Sie fahren ebenfalls vor dem Terminal ab und brauchen an die 30 Minuten.
- **Züge** aus anderen Städten Spaniens kommen an der Estación del Norte nahe der Innenstadt an. Für AVE-Hochgeschwindigkeitszüge ist die Estación Joaquín Sorolla (San Vicente Mártir 17) maßgeblich.

Touristeninformationen

✉ Plaza de la Reina 19 ☎ 963 153 931; www.turisvalencia.es ⌚ Mo–Sa 9–19, So 10–14 Uhr
✉ Plaza del Ayuntamiento ☎ 963 524 908 ⌚ Mo–Sa 9–19, So 10–14 Uhr

Ankunft in Bilbao (Bilbo)

- Der **Aeropuerto de Bilbao** (Tel. 944 710 301 und Tel. 902 404 704; www.aena-aeropuertos.es) liegt ca. 10 Kilometer nördlich der Stadt. Er besitzt eine Touristeninformation und Autovermietungen.
- **Taxis** fahren vor dem Terminal ab und erreichen in rund 30 Minuten die Innenstadt. Zum Fahrpreis (ca. 25 Euro) kommt evtl. noch die Maut durch den Artxanda-Tunnel der einen größeren Umweg erspart.
- **Flughafenbusse** der Linie 3247 fahren im 30-Minuten-Takt vom Terminal ins Zentrum (6.15–24 Uhr); die Fahrt dauert 40 Minuten. Der Fahrpreis liegt bei 1,40 Euro. Tipp: Ab dem Flughafen starten auch direkt Linienbusse nach San Sebastián (16,50 Euro; stündl. 7.45–23.45 Uhr).
- Der **Hauptbahnhof** ist die Estación de Abando; hier kommen Züge aus anderen Regionen Spaniens an. Wer **an der Küste entlangfahren** möchte, sucht die Estación Atxuri auf oder für FEVE-Züge nach Santander bzw. León die Estación de la Concordia.
- Mit dem **Auto** erreicht man die Stadt am besten über die Autobahn A8.

Touristeninformationen

✉ Plaza Circular 1 ☎ 944 795 760 ; www.bilbao.net ⌚ tägl. 9–21 Uhr
✉ Museo Guggenheim Bilbao, Alameda Mazarredo 66
⌚ im Sommer Mo–Sa 10–19, So 10–18; sonst Di–Fr 11–18, Sa 11–19, So 11–15 Uhr

Ankunft in Santander

- Der kleine **Flughafen** liegt ca. 5 km südlich der Innenstadt, tagsüber fährt alle 30 Minuten eine Linienbus zum Busbahnhof (Estación de Autobuses).
- Taxis in die City kosten mindestens 15 Euro, bis zum Sardinero-Strand bis zu 25 Euro.

Touristeninformationen

✉ Jardines de Pereda s/n
☎ 942 203 000; http://portal.ayto-santander.es
⌚ Mitte Juni–Mitte Sept. tägl. 9–21; sonst Mo–Fr 9–19, Sa 10–19, So 10–14 Uhr

Unterwegs in Spanien

Spanien ist ein großes Land. Wer unterschiedliche Landesteile besuchen möchte, sollte daher Inlandsflüge nehmen. Als – langsamere – Alternative bietet sich das nationale Schienennetz an, das das ganze Land abdeckt; das Gleiche gilt für die Überlandbusse. In Bezug auf Preise und Geschwindigkeit besteht zwischen Bahn und Bus kein großer Unterschied. Entlegenere Orte erreicht man allerdings oft nur mit dem Bus, der für Spanier ohnehin das Hauptverkehrsmittel ist.

Inlandsflüge

- Spaniens Fluglinie Iberia (Tel. 902 400 500; www.iberia.com) bietet **Inlandsflüge** zu Flughäfen in ganz Spanien, doch leider ist der Service absolut mangelhaft, abgesehen davon, dass es zu großen Verspätungen und Gepäckverlusten kommen kann. Leidliche Alternative ist Vueling (Tel. 807 200 100; www.vueling.com). Die genannten Telefonnummern von Iberia und Vueling sind hochpreisig gebührenpflichtig. In Betracht kommen auch spanische Inlandsflüge mit Ryanair (www.ryanair.com). In jeder Region Spaniens gibt es mindestens einen Flughafen.

Züge

- Die spanische Eisenbahngesellschaft heißt RENFE (www.renfe.com); **drei Zugkategorien** stehen zur Verfügung: ***Cercanías*** verbinden Städte und Vorstädte, ***regionales*** verkehren zwischen Großstädten und ***trenes de largo recorrido*** sind Expresszüge im Fernverkehr. In Spanien gibt es zahlreiche Hochgeschwindigkeitszüge, darunter den Estrella und den Talgo, die auf verschiedenen Strecken fahren. An der Spitze steht der AVE, der auf verschiedenen Routen verkehrt, u. a. Madrid–Barcelona, Madrid–Sevilla, Madrid–València, Madrid–Alicante, Madrid–Málaga, Barcelona–Sevilla, Barcelona–Málaga und València–Sevilla. Der **Euromed** fährt von Barcelona nach Alicante (Alacant). Diese Angebote verkürzen die Reisezeiten in Spanien erheblich. **FEVE** ist die Schmalspurbahn im Nordteil, an deren Netz u. a. San Sebastián (Donostia) und Santander angeschlossen sind; entlang der Route gibt es zahlreiche Anschlussmöglichkeiten zu RENFE-Zügen. FGC und FGV bieten Verbindungen in Katalonien bzw. València an.
- Eine **Reservierung** ist bei den Fernzügen wichtig. Man bucht an einem Bahnschalter, der mit der Aufschrift *venta anticipada* gekennzeichnet ist, oder in einem Reisebüro mit RENFE-Zeichen. In den Innenstädten gibt es weitere RENFE-Zweigstellen, man kann aber auch über die **Internetseite** (www.renfe.com) reservieren. Die einzelnen Zugkategorien haben jeweils eigene **Fahrpläne**, d. h. es bestehen oft mehr Verbindungen zu einem Ziel, als man auf den ersten Blick glaubt.
- Die **Preise** hängen stark von der jeweiligen Zugkategorie ab. AVE-Züge können schwer ins Geld gehen.
- **Ermäßigung** bekommt man auf Hin- und Rückfahrkarten (tägl. 9.30–20.30 Uhr) sowie für Kinder. RENFE akzeptiert den Interrail- und den Eurail-Pass und bietet auch einen eigenen **Pass**, den *Renfe Spain Pass* für Reisende mit Wohnsitz außerhalb Spaniens. Überlegen Sie vor dem Kauf eines Zugpasses, wie oft Sie mit dem Zug unterwegs sein werden und ob sich die Investition lohnt. Denken Sie dabei daran, dass viele entlegenere Gebiete nur mit Bussen angefahren werden.

Erster Überblick

Busse

- **Busse** sind in Spanien zuverlässig, haben Klimaanlagen und sind bequem. Es gibt Dutzende von Unternehmen, die in der Regel ihren Sitz in der Hauptstadt der jeweiligen Region haben. Fragen Sie in den Touristenbüros nach mehr Informationen.

Taxis

- Taxis stehen auf dem Land und in den Städten bereit. Die Autos stehen an Taxiständen, man kann sie aber auch telefonisch vorbestellen. Ein Taxi einfach auf der Straße heranzuwinken ist nicht üblich. Es gibt eine Vielzahl an Aufschlägen, die eine Taxifahrt verteuern (u. a. Gepäck, Nachttarif, Wochenende, übergreifende Zonen, Busbahnhof/Flughafen, ggf. auch die telefonische Vorbestellung). Kein Trinkgeld für Taxifahrer.

Auto

- Autofahrer aus der EU müssen in Spanien ihren **nationalen Führerschein** oder **EU-Führerschein** mit sich führen. Das Mindestalter liegt bei 18 Jahren.
- Eine **Haftpflichtversicherung** ist in Spanien Vorschrift. Wer mit dem eigenen Wagen kommt, benötigt – im Schadensfall – eine **grüne Versicherungskarte**. Ggf. kommt der Abschluss einer Zusatzversicherung in Betracht. Außerdem sollte man den **Fahrzeugschein** mit sich führen.
- Die **Hauptstraßen** sind in Spanien generell in gutem Zustand, in abgelegeneren Gebieten lassen die **Landstraßen** allerdings oft zu wünschen übrig – der Straßenbelag ist schlecht, in den Bergen geht es steil bergab und bergauf. Maut *(peaje)* muss man für die Autobahnen *(autopistas)* zahlen.
- In den **Großstädten** herrscht hektischer Verkehr. Es ist deshalb günstig, während der Siesta anzukommen, denn dann ist weniger los.

Verkehrsregeln

- Es herrscht **Rechtsverkehr**.
- **Sicherheitsgurte** sind Pflicht. Kinder unter 12 Jahren dürfen nicht auf dem Vordersitz sitzen.
- Die **Alkoholgrenze** liegt bei **0,5 Promille (0,3 Promille für Fahranfänger)**.
- Fahrzeuge von rechts haben **Vorfahrt**.
- Die **Höchstgeschwindigkeit** liegt in der Stadt bei 50 km/h, auf Landstraßen bei 90 km/h und auf Autobahnen bei 120 bzw. auf ausgewählten Strecken neuerdings bei 130 km/h. Häufig gibt es Radarkontrollen.
- **Bußgelder** für Vergehen sind auf der Stelle zu entrichten und absolut unverhältnismäßig hoch. Zahlen Sie nicht, wird das Fahrzeug stillgelegt. Mit der Polizei ist nicht zu spaßen. Bestehen Sie bei Bezahlungen auf einer Quittung.
- Autos werden nicht selten **aufgebrochen**; lassen Sie niemals Wertsachen im Fahrzeug liegen, und nehmen Sie das Autoradio heraus. In Stadthotels sollte man besser eine Gebühr für den Hotelparkplatz zahlen als das Auto unbewacht an der Straße abzustellen, vor allem wenn man ausländische Kennzeichen hat.
- Bevor man mit dem Auto losfährt, sollte man sich über den allgemeinen **Pannendienst** und den der jeweiligen Autovermietung informieren. Der Real Automóvil Club de España unterhält ein Abkommen mit dem deutschen ADAC.

Mietwagen

- **Autofahrer über 21** mit einem seit einem Jahr gültigen **Führerschein** können ein Auto mieten.
- Die **besten Angebote** bekommt man bei einer Vorausbuchung oder als Bestandteil eines Pauschalangebots bei einer Flugreise. Es lohnt sich, im **Internet** zu recherchieren und einen international verlässlichen Vermittler wie www.billiger-mietwagen.de auszuwählen, bei dem Stornierungen bis 24 Stunden vor Abflug kostenlos sind.
- Die Vorlage einer **Kreditkarte** als Garantie ist fast überall unerlässlich.
- Alle **namhaften Autovermieter** haben an den Flughäfen und in den Innenstädten sowie meist auch an den Hauptbahnhöfen eine Niederlassung.

Innerstädtische Verkehrsmittel

In den meisten spanischen Städten erreicht man alle Sehenswürdigkeiten zu Fuß. Die historischen Viertel sind nicht so groß, viele sind in Fußgängerzonen umgewandelt. Madrid, Barcelona, València und Bilbao haben eine U-Bahn (Metro), in allen Städten gibt es Busse und Taxis.

Madrid

- Mit der **Metro** (tägl. 6–2 Uhr) kommt man fast überall hin, außerdem ist sie sauber und funktioniert gut. Die **Fahrkarten** gelten auch für die Busse. Eine Zehnerkarte *(bono de diez viajes)* ist günstiger als Einzeltickets. Die 13 Metro-Linien sind jeweils durch eine Farbe gekennzeichnet, die Endstation ist stets angegeben. An jeder Station ist ein **Plan** *(plano del metro)* erhältlich, der unter www.metromadrid.es auch online eingestellt ist.
- Madrid bietet ein umfassendes **Busnetz**, das allerdings etwas schwieriger zu durchschauen ist als das der Metro. Man nimmt am besten den Bus, wenn keine Metro-Haltestelle in der Nähe ist. Busse fahren von 6 Uhr bis 23.30 Uhr, mehr als 20 Linien sind die ganze Nacht in Betrieb. Unter www.emtmadrid.es lassen sich Linien und Verbindungen suchen. Die Fahrkarten müssen im Bus an einem Automaten entwertet werden.
- **Taxis** sind weiß mit einem roten Streifen und haben auf dem Dach ein grünes Licht, wenn sie frei sind. Einen **Zuschlag** zahlt man für Gepäck und für Fahrten vom und zum Bahnhof, Busbahnhof oder Flughafen sowie außerhalb der Stadtgrenze. Sie können ein Taxi anhalten, an den Taxistand gehen oder ein Taxi auch telefonisch bestellen (z. B. Teletaxi Tel. 913 712 131).
- Madrid City Tour (Tel. 902 024 758; www.madridcitytour.es mit Online-Verkauf) betreibt **Touristenbusse**, mit denen man von einer Sehenswürdigkeit zur anderen fahren kann, auch um dort auszusteigen.

Barcelona

- Barcelona hat ein hervorragendes **Metro-Netz** (U-Bahn) mit acht Linien zu bieten (So–Do 5–24, Fr/Sa 5–2 Uhr). Es gibt einfache **Fahrkarten** und Mehrfahrtenkarten *(targeta T1/T10)*, die vor dem Einsteigen zu entwerten sind. Die Fahrkarten können auch für Busse verwendet werden. Außerdem gibt es **Mehrtageskarten**, die bis zu fünf Tage gültig sind. Unter www.tmb.cat finden Sie einen Metroplan zum Download.
- Die **Busstrecken** sind nummeriert und an den Haltestellen angegeben. Für die Fahrkarten gilt das System der Metro. Tagsüber fahren die Busse von 6–22.30 Uhr, Nachtbuslinien sind von 22–4 Uhr in Betrieb.
- Barcelona hat auch eine **Zuglinie in die Vororte**, die FGC, mit Haltestellen an der Plaça de Catalunya und der Plaça d'Espanya. Auf den Montjuïc gelangt man mit der **Schwebebahn** oder der **Standseilbahn** (► 133).

- **Taxis** sind schwarz und gelb und lassen ein grünes Licht auf dem Dach leuchten, wenn sie frei sind. Es werden erhebliche Aufschläge erhoben, die sich summieren können. Sie können an den Taxistand gehen oder ein Taxi auch telefonisch bestellen (z. B. bei Ràdio Taxi; Tel. 932 933 111).
- Ein **bus turístic** (www.barcelonabusturistic.cat) verbindet alle Sehenswürdigkeiten; man kann ein- und aussteigen, sooft man will. Es gibt drei verschiedene Routenschleifen (Rote, Blaue und Grüne Linie) mit insgesamt 45 Haltepunkten; wichtiger Knotenpunkt ist die Plaça de Catalunya.
- Viele Unternehmen vermieten stunden- oder tageweise Fahrräder. Kindersitze, Kinderfahrräder und sogar Trikes mit Kindertransportboxen sind verfügbar. Oft werden auch Besichtigungstouren mit dem Fahrrad angeboten.

Übernachten

Spanien kann mit einer großen Auswahl an Übernachtungsmöglichkeiten aller Preiskategorien aufwarten, von kleinen bescheidenen Hotels *(hostales)* – oft Familienbetrieben – bis hin zur staatlichen Hotelkette der *paradores*. Abseits der Touristenhochburgen findet man problemlos kurzfristig eine Bleibe, vor allem in einem *hostal* oder in einer *pensión*. Im Sommer ist es jedoch immer sinnvoll, im Voraus zu reservieren, selbst wenn man in einer touristisch weniger erschlossenen Gegend unterwegs ist. Schließlich machen die Spanier zu dieser Zeit ebenfalls Urlaub.

Übernachtungsmöglichkeiten

- Wer das nötige Kleingeld hat, leistet sich den Aufenthalt in einem der ***paradores*** – umfunktionierten Burgen, Palästen oder Klöstern. Die meisten der annähernd 100 *paradores* haben den historischen Charakter des Gebäudes bewahrt, bieten dabei aber alle Annehmlichkeiten eines Luxushotels. Eine rechtzeitige Reservierung ist ratsam; man wende sich an die Central de Reservas, Calle José Abascal 2–4, 28003 Madrid (Tel. 902 547 979; www.parador.es). Auf der Homepage finden Sie auch Links zu Reservierungszentralen außerhalb Spaniens (z. B. www.paradores.de).
- Die **Hotels** in Spanien sind regional je nach Ausstattung mit einem bis fünf Sternen *(estrellas)* klassifiziert. Ein **5-Sterne-Hotel** ist wirklich luxuriös, und natürlich ist die Luxusausstattung auch entsprechend teuer. Ein **4-Sterne-Hotel** ist nur etwas weniger luxuriös und immer noch eine erstklassige Unterkunft. Ein **3-Sterne-Hotel** kostet erheblich weniger, doch sind die Zimmer mit Fernseher und Klimaanlage absolut angemessen ausgestattet, während ein **1- oder 2-Sterne-Hotel** eher eine Art Grundausstattung bietet und dafür recht preiswert ist. Online-Hotelreservierungen empfehlen sich direkt bei den Häusern bzw. deren Hotelketten wie NH, Silken und AC.
- ***Hostales*** sind in der Regel kleine Familienbetriebe. Sie bieten oft ein hübscheres Quartier und mehr fürs Geld als preiswerte Hotels. Auch *hostales* werden mit einem bis drei Sternen klassifiziert. Ein *hostal* mit drei Sternen entspricht etwa einem 2-Sterne-Hotel.
- Eine ***pensión*** ähnelt einer deutschen Pension. Die Zimmer sind sauber, aber spartanisch eingerichtet, und oft muss man sich das Bad mit anderen teilen. Vereinzelt hat man die Wahl zwischen Voll- und Halbpension.

In jedem Fall sollte man sich bei der Reservierung erkundigen, was im Preis inbegriffen ist.

- Schilder mit der Aufschrift ***camas*** oder ***habitaciones*** stehen für extrem einfache Zimmer. Man sieht sie im Fenster von Privathäusern oder über Lokalen und *ventas* (Landgasthäusern), dazu den Hinweis *camas y comidas* (Betten und Mahlzeiten). Mit einem eigenen Bad sollte man nicht rechnen.
- Eine ***fonda*** ist ein kleiner Gasthof, der einfache Zimmer anbietet.
- Die **Zeltplätze** in Spanien werden regelmäßig von der Tourismusbehörde überprüft und je nach Ausstattung in vier Kategorien unterteilt – von Klasse 3 bis hin zu Luxusplätzen. Zu Zeltplätzen in Spanien gibt es einschlägige Webseiten (u. a. www.spaincamping.com). Wildes Zelten ist offiziell verboten.
- Das **Mieten von Ferienwohnungen** wird sowohl in den Städten als auch an der Küste immer beliebter. Viele Wohnungen und Ferienhäuser sind zweckmäßig ausgestattet. Achten Sie vor der Buchung auf das im Preis enthaltene Angebot und vermeiden Sie laute Bars und Clubs in der Nähe. Zu den internationalen Vermittlern zählen Atraveo (www.atraveo.de) und Terraviva (www.terraviva.de). Ferienwohnungen und -häuser auf dem Land vermittelt z. B. Toprural (www.toprural.com).

Zimmersuche

- Wer kein Quartier reserviert hat, sucht die **Touristeninformation vor Ort** auf, die zumindest im Computer eine Liste mit Unterkünften und Preisen bereithält. In Städten und Dörfern, in denen es keine Touristeninformation gibt, begibt man sich zum Hauptplatz oder ins Zentrum, wo meist einige Hotels und *hostales* zu finden sind.
- Beim **Einchecken** muss man seinen Ausweis vorlegen; die Rezeption füllt mit diesen Angaben ein Anmeldeformular aus. Besonders in billigeren Unterkünften sollte man sich vorher ein Zimmer zeigen lassen.
- Normalerweise muss man bis 12 Uhr mittags **auschecken**, in einigen *hostales* und *pensiones* schon um 11 Uhr. Man sollte sich vorher erkundigen, damit man nicht einen Tag mehr bezahlen muss. Wer schon früh am Morgen aufbrechen will, sollte die Rezeption informieren und möglichst schon am Abend vorher die Rechnung begleichen; sonst ist womöglich noch niemand im Dienst.
- Hotels bewahren das **Gepäck** in der Regel bis zum Abend auf. In den *hostales* ist das nicht immer der Fall, weil oft der Platz dazu fehlt.

Saisonzuschläge

In beliebten Ferienorten ist im Juli und August Hochsaison *(temporada alta)*; dann ziehen die Zimmerpreise zuweilen um weit über das Doppelte an. In Winterferienorten wie in der Sierra Nevada (Granada) ist logischerweise in den Schneemonaten Hochsaison. Wenn in Spanien Feiertage sind oder eine Fiesta stattfindet (wie im April die *feria* von Sevilla), kann eine Unterkunft sogar das Dreifache des Normalpreises kosten. Außerhalb der Hochsaison *(temporada baja)* bieten viele Hotels oft auch Sonderangebote übers Wochenende an.

Übernachtungskosten

Preise für ein Doppelzimmer pro Nacht in der Hauptsaison:

€ bis 80 Euro **€€** 80–130 Euro **€€€** 130–180 Euro **€€€€** über 180 Euro

Essen und Trinken

Die spanischen Essgewohnheiten und Essenszeiten sind in allen Regionen relativ ähnlich. Eine nationale Küche existiert jedoch nicht, sieht man einmal von Gerichten wie Paella (Reis mit Safran, Huhn und/oder Meeresfrüchten), *tortilla española* (Omelett aus Kartoffeln) und *gazpacho* (kalte Suppe aus Tomaten, Paprika und Knoblauch) ab, die im ganzen Land beliebt sind. Dafür kann jede Region Spaniens mit eigenen kulinarischen Köstlichkeiten aufwarten, über die sie eifersüchtig wacht. Auf den Seiten 16 und 17 erfahren Sie mehr über die spanische Küche.

Essenszeiten

- Das **Frühstück** *(desayuno)* besteht meist aus Kaffee und Toast *(tostada),* auf den die Einheimischen gern Olivenöl anstelle von Butter streichen. Man bestreicht seinen Toast aber auch mit pürierten Tomaten mit Olivenöl *(tomate y aceite). Churros* sind schmale in Schmalz gebackene Kringel, und auch heiße Schokolade gehört oft zum Frühstück. Die meisten Spanier trinken ihren Kaffee am Morgen (aber nicht nur dann!) stark und schwarz *(café solo),* mit heißer Milch *(café con leche)* oder schwarz mit einem Schuss Milch *(café cortado).* Wem der Kaffee zu stark ist, bestellt sich den schwächeren *americano.*
- Das **Mittagessen** *(almuerzo, comida)* kommt in der Regel zwischen 14 und 16 Uhr auf den Tisch und ist die wichtigste Mahlzeit. Die meisten Restaurants und Bars servieren ein *menú del día* (festes Tagesmenü), in der Regel zu einem günstigen Preis. Es umfasst Vorspeise, Hauptgericht und Nachtisch oder Kaffee und häufig auch ein Getränk. Das *menú del día* ist ein günstiger Weg, die lokale Küche kennenzulernen und eine bezahlbare Möglichkeit, um in den besten Restaurants des Landes zu essen.
- Das **Abendessen** *(cena)* nimmt man ab etwa 21/21.30 Uhr zu sich. Es fällt generell nicht so üppig aus wie das Mittagessen. Viele Restaurants bieten abends ein preiswertes Menü an. Man kann aber natürlich auch à la carte bestellen.

Tapas und Snacks

Tapas sind ein integraler Bestandteil der kulinarischen Tradition des Landes. Sie reichen von ein paar Oliven oder Chips, die kostenlos zu einem Drink gereicht werden können, bis hin zu lokalen Wurstspezialitäten, frittiertem Fisch oder frisch zubereiteten Tortilla (Omelette). Tapas sind in der Regel den ganzen Tag über erhältlich, außerhalb der Küchenzeiten werden allerdings nur kalte Variationen angeboten. Wenn Sie eine größere Auswahl für mehrere Personen möchten, fragen Sie nach einer *racion.* Die nördliche Version der Tapas sind *pintxos* (oder *pinchos*), die in der Regel auf einem kleinen Stück Brot serviert werden. Sie warten verführerisch drapiert auf der Theke. Selbstbedienung ist nicht üblich!

Bocadillos sind Sandwiches im Baguette-Stil mit einer kalten oder warmen Füllung nach Wahl. Sie werden in Bars den ganzen Tag über auf Bestellung frisch zubereitet.

Getränke

- **Bier *(cerveza)*** ist sehr beliebt und wird oft dem Wein *(vino)* vorgezogen. Eine *cervecería* ist ein Lokal, das sich auf Bier spezialisiert hat. Es gibt viele Sorten vom Fass und zahlreiche Importbiere aus der Flasche.
- **Wein *(vino tinto*** und ***blanco)***: Der Rioja ist weltberühmt, doch gibt es in Spanien noch 40 weitere Weinbaugebiete. Man bestelle sich einen Hauswein *(vino de la casa)* oder einen erfrischenden *tinto de verano*, Rotwein mit heller Limonade *(gaseosa)*. Eine weitere beliebte Form des Weingenusses in Spanien ist ein Glas *sangría*: Rot- oder Weißwein mit Fruchtstücken, Fruchtsaft und vielleicht einem Tropfen Rum. In Touristenlokalen kann eine *sangría* von erbärmlicher Qualität sein!
- **Sherry** stammt aus der Gegend um Jerez de la Frontera in Andalusien. *Fino* und *manzanilla* sind trockene, strohfarbene Sorten, der *amontillado* ist halbtrocken, der *oloroso* süß und dunkel.
- Die Nordküste Spaniens, insbesondere Asturien, ist für ihren **Apfelwein** *(sidra)* berühmt, der traditionell aus großer Höhe ins Glas gegossen wird, um ihn perliger zu machen.
- **Spirituosen** sind in Spanien tendenziell, aber nicht bei jeder Sorte (!) billiger als in vielen anderen Ländern. Spanische Erzeugnisse kosten weniger als internationale Marken und schmecken nicht schlechter. Nur auf den spanischen Whisky sollte man lieber verzichten.
- An **nichtalkoholischen Getränken** steht die übliche Palette zur Auswahl; außerdem gibt es Fruchtsäfte *(zumos)* und Bitter Kas, der geschmacklich dem Campari ähnelt. Wer gerne einmal etwas Neues probieren möchte, bestellt sich eine *horchata*, ein Milchgetränk aus Erdmandeln *(chufas)*, das es am Mittelmeer in den meisten Cafés gibt.

Rechnung und Trinkgeld

Leider werden in Spanien immer mehr Beispiele bekannt, bei denen – vor allem Touristen – mit überhöhten Rechnungen konfrontiert werden. Der dringende Rat: Prüfen Sie vor (!) der Bezahlung die einzelnen Posten, verlangen Sie im Zweifelsfall rechtzeitig eine Korrektur! Nach Erfahrung des in Spanien lebenden Autors ist im Schnitt jede zweite Rechnung falsch! In Spanien sind etwa 5% Trinkgeld üblich, wobei allerdings nicht genau gerechnet wird. Man lässt eher das Kleingeld liegen. Die Mehrwertsteuer (IVA) ist normalerweise im Preis inbegriffen, was auf der Speisekarte vermerkt ist.

Restaurantpreise
Preise für ein Essen (z. B. auch ein typisches Tages-/Hausmenü, im Regelfall inkl. Wein):
€ unter 15 Euro **€€** 15–25 Euro **€€€** über 25 Euro

Einkaufen

Seit Spanien der EU angehört, haben sich die Einkaufsgewohnheiten im ganzen Land nach der Eröffnung großer Einkaufszentren und gigantischer Supermärkte stark verändert. Dennoch bleiben die Spanier auch den kleinen Tante-Emma-Läden *(tiendas)* treu, die vor allem auf dem Land und in Kleinstädten nach wie vor florieren.

Öffnungszeiten

Die Ladenöffnungszeiten sind in Spanien regional und von Stadt zu Stadt unterschiedlich. Kleine Geschäfte schließen von 14 bis 16.30 oder 17 Uhr zur Siesta. In Großstädten haben viele Geschäfte, Supermärkte, Kaufhäuser und Andenkenläden den ganzen Tag offen.

Was es zu kaufen gibt

- Am besten kann man in Spanien **Kunsthandwerk** kaufen, z. B. Keramik, Stickereien, Fächer, Glaswaren, dekorative Metallarbeiten, Schmuck, Spitzen, Gemälde, Porzellan, Teppiche und Schnitzereien. Das Kunsthandwerk ist meist durch die Tradition der jeweiligen Region geprägt und wird nicht weit von den Werkstätten entfernt verkauft.
- **Lederwaren** sind nicht mehr ganz so billig wie früher, jedoch von guter, solider Qualität. Das gilt auch für modische Schuhe.
- **Mode:** Die hochwertige spanische Mode ist, wie man an den Designs von Ágatha Ruiz de la Prada unschwer erkennen kann, kühn, farbenfroh und stilvoll. Die einheimische Marke Zara ist eine verbreitete Einzelhandelskette mit Boutiquen im ganzen Land, die stilvolle, aber bezahlbare Mode anbieten, während das ebenfalls allgegenwärtige Label Mango eine Auswahl smarter und stilvoller Mode für Damen und Herren verkauft. Zu den bekannten Herrenausstattern gehören die beiden Ladenketten Massimo Dutti und – etwas nobler – Adolfo Domínguez.

Kaufhäuser

Die Kaufhauskette El Corte Inglés ist in Spanien eine Institution. Die Kaufhäuser sind riesig, die Auswahl umfasst renommierte spanische und internationale Marken. Die meisten Filialen haben auch eine Lebensmittelabteilung mit teils importierten und exotischen Nahrungsmitteln.

Märkte

In Spanien gibt es verschiedene Arten von Märkten. In jedem Dorf und in jeder Stadt findet sich häufig ein Markt, auf dem alles verkauft wird, was die Saison zu bieten hat. Die Wochenmärkte in Touristenorten weisen oft ein gutes Angebot an preiswerter Töpferware und an Haushaltswaren auf, während auf den Flohmärkten wie dem Rastro in Madrid (➤ 71, 190) so ziemlich alles feilgeboten wird, von Schmuck bis hin zu Second-Hand-Kleidung.

Zahlungsmöglichkeiten

Die Spanier zahlen in den Läden entweder mit Kreditkarte (Ausweisdokument bereithalten) oder bar. Man sollte sich hüten, sein Geld offen herumzutragen, und in belebten Einkaufsstraßen sollte man ein Auge auf seine Handtasche haben, und zwar vor allem in Madrid, Barcelona und Sevilla; diese Städte sind für ihre Handtaschenräuber bekannt.

Ausgehen

Ein Mangel an Unterhaltungsangeboten besteht in Spanien gewiss nicht, und man muss meist auch nicht besonders tief in die Tasche greifen, wenn man seinen Spaß haben will. Man kann seine Spanienreise beispielsweise so planen, dass man in den Genuss einer der mehreren tausend Fiestas kommt, die landesweit stattfinden. So erlebt man aus erster Hand die spanische *alegría* (Fröhlichkeit) mit, ohne viel mehr auszugeben als das Geld für ein Getränk.

Kartenreservierung

Tickets für Konzerte, Theater und andere Veranstaltungen erhalten Sie online, obgleich je nach Link mitunter eine Vorverkaufsgebühr anfällt; in den Filialen von El Corte Inglés und Fnac stehen in der Regel auch Schalter zur Verfügung, an denen Sie Ihre Tickets persönlich kaufen können.

Nachtleben

Spanien ist für sein reges Nachtleben bekannt, und zwar vor allem in Großstädten und in den Ferienorten. In den meisten Lokalen bzw. Diskotheken geht es erst ab Mitternacht richtig los, was aber nicht heißt, dass es im Morgengrauen keine Sperrstunde gibt. ***Bares de copas*** (Nachtbars, die sich auf Cocktails und Longdrinks spezialisiert haben) sind mit Cocktails und Tanz der ideale Start in die Nacht, bevor es zu fortgeschrittener Stunde in einem Nachtclub weitergeht. Ob und in welcher Höhe Eintritt anfällt, hängt ganz von der Lokalität ab. Noch ein Hinweis zur Sprachhandhabung: Ein spanischer *club* ist im Regelfall ein Bordell!

Sport und andere Freizeitaktivitäten

- Im erstaunlichen Gebirgsland Spanien gibt es über 30 nennenswerte **Skiorte**, einschließlich der Pyrenäen und der Sierra Nevada bei Granada. Bei besserem Wetter sind Klettern und Wandern beliebt, die Wege sind gut ausgebaut und Ausrüstung ist fast überall erhältlich.
- Auch **Golfspieler** kommen bei über 200 Golfplätzen auf ihre Kosten. Die meisten Plätze finden sich in Andalusien, vor allem küstennah oder im Hinterland der Costa del Sol (www.golfandalusian.com).
- Wer ein Faible für Wassersport hat, kann ein breites Angebot nutzen: **Wind- und Kite-Surfen, Wasserskifahren**, **Jetskifahren**, **Wellenreiten** und **Segeln** (➤ 188).
- **Fußball** ist eine nationale Leidenschaft mit großen Mannschaften wie FC Barcelona und Real Madrid. Details zu den Spielen erhalten Sie direkt bei den Clubs oder Tourismusbüros.
- **Stierkämpfe** sind in Andalusien und Madrid nach wie vor beliebt, wurden aber in Katalonien auf öffentlichen Plätzen verboten und sind im Baskenland weniger populär. Die Saison geht von etwa Ostern bis Oktober, und die Tourismusbüros kennen die Details zu den *corridas*. Jedem steht frei, das grausig-blutige Spektakel mit seinem Eintrittsgeld zu unterstützen – oder eben nicht.

Musik

- In Madrid, Barcelona und València gibt es im Winter viele Klassikkonzerte. In Granada findet im Sommer ein Musik- und Tanzfestival statt, und in Madrid bekommt man bei den Festspielen im Herbst Konzerte, Opern, Theater und Ballett geboten.

Feste und Veranstaltungen

Januar: Am Vorabend des Dreikönigstages gibt es vielerorts, v. a. in Granada, Almería, Málaga und Barcelona, bunte Umzüge, die **Cabalgatas de los Reyes Magos**. Die Attraktion der **Tamborrada** (20. Jan.; www.donostiasansebastian.com), dem Stadtfest in San Sebastián, ist die 24-stündige Trommelparade.

Februar: Eine der Hochburgen des **Karnevals** ist Cádiz (www.carnavaldecadiz.com). Die ganze Stadt ist bis zum So nach Aschermittwoch in Partylaune.

März: Bei den **Fallas de València** (➤ 151) gehen Hunderte Kolossalfiguren aus Holz und Pappmaché in Flammen auf.

März/April: Die **Semana Santa** (Karwoche) wird in Andalusien mit großartigen Prozessionen begangen. Die berühmteste und prächtigste ist die von Sevilla, aber auch Granada, Córdoba, Málaga, Úbeda, Jaén, Cuenca, Valladolid oder León lohnen einen Besuch. Höhepunkt der Woche ist die Nacht auf den Karfreitag. Bei den Prozessionen sind die Mitglieder von Laienbruderschaften *(cofradías)* mit spitzen Kapuzen und barfuß unterwegs und tragen Standbilder *(pasos)* durch die Straßen.

April: In Sevilla findet die **Feria de Abril** (feriadesevilla.andalunet.com) auf einem riesigen Festgelände statt. Der einwöchige »Aprilmarkt« acht Tage nach Ostern ist das größte Volksfest Andalusiens. Die Straßen füllen sich mit Kutschen, eleganten Reitern und Frauen in Kostümen. In der zweiten Aprilhälfte/Anfang Mai findet in Madrid das Musikfestival **Festimad** (festimad.es) statt.

Mai: Der Pferdemarkt **Feria del Caballo** (www.jerez.es/especiales/feria) Mitte Mai ist das größte Volksfest von Jerez de la Frontera.

Mai/Juni: Die **Pfingstwallfahrt** ins andalusische El Rocío ist eine Großveranstaltung. Hunderttausende pilgern mit Pferden, geschmückten Karren und Traktoren zur Jungfrau im Morgentau.

Juni: In der Johannisnacht **Fiesta de San Juan** (24. Juni) gibt es vielerorts ein grandioses Feuerwerk. In vielen galicischen Orten werden anlässlich der **Rapa das Bestas** (www.rapadasbestas.es) halbwilde Pferde in die Dörfer abgetrieben und gebrandmarkt. **Azkena Rock Festival** bei Vitoria Ende Juni (www.azkenarockfestival.com). Am dritten Wochenende findet in Barcelona das **Sónar Festival** (www.sonar.es) statt.

Juli: Die **Fiesta de San Fermín** in Pamplona (6.–14. Juli; www.sanfermin.com) beschrieb Ernest Hemingway eingehend in seiner *Fiesta*. Morgens um 8 Uhr beginnt das Stiertreiben *(encierro)* durch die Altstadt. Zum Programm gehören auch Konzerte, Märkte, Feuerwerk und Umzüge von riesigen Puppen *(cabezudos y gigantes)*
Mitte des Monats einwöchiges **internationales Festival de Jazz** (www.jazzvitoria.com) in der baskischen Hauptstadt Vitoria. Es hat seit 1979 Tradition. Zeitgenössisches Musikfestival in **Benicàssim** an der Orangenblütenküste (www.fiberfib.com) und **Fiesta de Santiago** mit Konzerten und Feuerwerk in Santiago de Compostela rund um den Namenstag des hl. Jakobus (25. Juli).

August: Anfang/Mitte des Monats zehntägiges Flamencofestival in La Unión (Murcia). Das Mysterienspiel **Misterio de Elche** der Stadt Elx (14./15. Aug.; www.misteridelx.com) wird in der Basilika Santa María ausgerichtet. In der letzten Augustwoche liefert sich Buñol/València eine große Tomatenschlacht **La Tomatina** (www.tomatina.es). Für diesen Spaß werden über 100 000 kg Tomaten verschwendet – ein zweifelhaftes Vergnügen.

September: Mittelpunkt des **Weinfests in Logroño**/La Rioja (ca. 20. Sept.) ist der Marktplatz. Über offenem Feuer werden Lammkoteletts und Spanferkel gegrillt – dazu gibt's besten Rioja. **DCode** etwa Mitte September in Madrid (www.dcodefest.com).

Dezember: Jahreswechsel in Madrid: Zu jedem der von der Puerta del Sol im Fernsehen übertragenen Glockenschläge isst man eine Weintraube, die Glück bringen soll.

Madrid

Kleine Erlebnisse

Kultur im Grünen

Dem großen **Parque del Retiro** (➤ 63) geben der Glaspalast Palacio de Cristal und der Palacio de Velázquez kulturelle Pluspunkte.

Muskelspiele der Macht

Weltlich versus kirchlich: Kontrastpunkt zum **Palacio Real** (➤ 56) ist in der Nachbarschaft die moderne **Kathedrale La Almudena**.

Saugut und traditionell

Nicht nur, dass es im **El Botín** seit alters her Spanferkel gibt. Es nennt sich auch »das älteste Restaurant der Welt« (➤ 69).

Erste Orientierung

Selbst die Spanier – falls sie nicht gerade aus Madrid oder Barcelona stammen – können in der Regel nicht so recht sagen, welche der beiden Metropolen des Landes die bessere oder umtriebigere ist. Doch zu welcher Überzeugung man auch gelangt, Madrid ist jedenfalls seit 1561 nach einem Erlass Philipps II. die Hauptstadt und somit ihrer katalanischen Rivalin ein Stück voraus.

Madrid ist laut, chaotisch und sehr lebendig. Die Stadt präsentiert ihren großen Reichtum, der jedoch unmittelbar neben unübersehbaren sozialen Problemen existiert. Seit Francos Tod im Jahr 1975 zelebrieren die *madrileños* die Werte und Ideale des 21. Jahrhunderts mit Enthusiasmus. Das Ergebnis ist eine überschäumende, sich schnell verändernde Stadt, in der dennoch genug vom altmodischen Lebensstil erhalten blieb, um für einen nicht näher bestimmbaren Kontrast zu sorgen.
Puerta del Sol ist der Mittelpunkt der Stadt, umgeben vom Labyrinth der Altstadtgassen. Madrid de los Austrias ist der Name des Bezirks westlich von hier. Dort liegen der Palacio Real und die großen Plätze der Monarchen des 17. Jahrhunderts, die Madrid zu ihrer Hauptstadt machten. Östlich der Puerta del Sol führen die geschwungenen Alleen des bourbonischen Madrid des 18. Jahrhunderts an den bedeutendsten Kunstgalerien der Stadt vorbei bis zum Parque del Retiro. Entdeckungen, die man hier macht, bieten herrliche Kontraste. Doch die Stadt hat viel mehr zu bieten als sehenswerte Museen und Denkmäler. Sie gliedert sich in diverse *barrios*, Viertel mit individuellem Charakter und Charme. Die *madrileños* assoziieren mit jedem Viertel eine Besonderheit und sind ihrem eigenen treu verbunden. Die *barrios* sind somit etwas ganz Eigentümliches, und selbst bei einer Stippvisite in Madrid kann es passieren, dass man plötzlich ein Faible für ein bestimmtes Viertel entwickelt. In jedem gibt es Geschäfte mit ganz eigenem Stil, es finden sich allenthalben literarische und künstlerische Zirkel – und die ganze Stadt ist verrückt nach Sport. Doch wer zum ersten Mal nach Madrid kommt, den fasziniert vor allem das Nachtleben. In dieser Stadt wird nämlich die ganze Nacht gefeiert. Erst nach Mitternacht geht es so richtig los.

TOP 10

2 Museo del Prado ➤ 52

Nicht verpassen!

11 Madrid de los Austrias ➤ 56

12 Museo Thyssen-Bornemisza ➤ 58

13 Museo Nacional Centro de Arte Reina Sofía ➤ 60

Nach Lust und Laune!

14 Monasterio de las Descalzas Reales ➤ 61

15 Puerta del Sol ➤ 61

16 Real Academia de Bellas Artes de San Fernando ➤ 61

17 CaixaForum ➤ 61

18 Plaza de la Cibeles ➤ 62

19 Puerta de Alcalá ➤ 62

20 Parque del Retiro ➤ 63

Etwas außerhalb

21 El Escorial ➤ 66

Der Palacio Real aus der Ferne

In vier Tagen

Vier Tage sollten Sie sich für die Besichtigung der spanischen Hauptstadt Zeit nehmen. Folgen Sie unserem Tagesprogramm, wenn Sie kein Highlight verpassen wollen.

Erster Tag

Vormittags

Sie nehmen die Metro zur 15 **Puerta del Sol** (➤ 61) und bummeln dann in Richtung Westen zur **Plaza Mayor** (➤ 56), wo Sie sich bei der Touristeninformation mit einem Stadtplan und anderen Materialien ausrüsten können. Auf der Calle Mayor geht es weiter gen Westen. Sie bewundern dann zunächst die **Plaza de la Villa** (➤ 56), um dann rechts in der Calle de Bailén den **Palacio Real** (➤ 56f) zu besichtigen. An der **Plaza de Oriente** (➤ 57), einem der schönsten Plätze Madrids, gönnen Sie sich nun im Café de Oriente ein Mittagessen.

Nachmittags

Spazieren Sie von der Plaza de Oriente zum 14 **Monasterio de las Descalzas Reales** (➤ 61), um anschließend die monumentale Gran Vía hinunterzuflanieren. Sie ist von Gebäuden aus dem frühen 20. Jahrhundert flankiert und als eine der wichtigsten Straßen immer voller Menschen. Eine Vielzahl trendiger Boutiquen finden Sie im Bezirk Chueca, die großen Kaufhäuser der Stadt liegen im erweiterten Bereich der Plaza Puerta del Sol.

Zweiter Tag

Vormittags

Machen Sie sich auf den Weg zur exquisiten Kunstsammlung des ★2 **Museo del Prado** (➤ 52ff), einer der bedeutendsten Galerien der Welt. Wer kein Faible für alte Meister hat, nimmt die Metro bis Atocha und widmet sich der modernen Kunst im 13 **Museo Nacional Centro de Arte Reina Sofía** (➤ 60). In einem der Museumscafés können Sie einen Happen essen.

Nachmittags

Gehen Sie nach dem Besuch der Galerien die wenigen Blocks zum 20 **Parque del Retiro** (Abb. rechts, ➤ 63) für einen Spaziergang und einen Blick auf die 19 **Puerta de Alcalá** (➤ 62). Im Park wird vor allem am Wochenende häufig Unterhaltung geboten.

Dritter Tag

Vormittags
Beginnen Sie den Tag wieder am Paseo del Prado, dieses Mal mit einem Besuch des 12 **Museo Thyssen-Bornemisza** (➤ 58f).

Nachmittags
Nehmen Sie die Metro oder ein Taxi nach Serrano und genießen Sie ein spätes Mittagessen im Barrio de Salamanca, dem Designer-Shoppingbezirk Madrids, ein idealer Ort zum Bummeln und Leute beobachten. Hier finden Sie viele Boutiquen und Juweliere.

Abends
Zurück in der Altstadt können Sie mit Drinks und Tapas im Viertel La Latina um Cava Baja in den Abend starten.

Vierter Tag

Vormittags
Von der Estación de Atocha fährt früh am Morgen ein Zug nach San Lorenzo del Escorial; von dort erreichen Sie das Kloster 21 **El Escorial** (Abb. oben; ➤ 66). Es wurde von Philipp II. errichtet und ist das größte Renaissancegebäude Spaniens. Der Vormittag ist nun der Besichtigung gewidmet und verlangt nach einiger Ausdauer, bevor Sie zum Essen in San Lorenzo einkehren.

Nachmittags
Von San Lorenzo del Escorial geht es zurück nach Madrid. Sie kommen gerade rechtzeitig für einen *paseo* an, den üblichen Abendspaziergang.

Abends
In den Vierteln Santa Ana oder Huerta erkunden Sie nun einige Lokale und *tascas* (Tavernen) zwischen der Puerta del Sol und dem Museo del Prado (➤ 52f).

2 Museo del Prado

Das Museo del Prado, die meistbesuchte Sehenswürdigkeit in Madrid, ist eines der bedeutendsten Museen der Welt und die Paradesammlung schlechthin, was spanische Malerei sowie herausragende Werke wichtiger europäischer Künstler angeht. Ob man nach einem Besuch des Prado nun hingerissen, überstrapaziert oder angesichts der Menschenmassen eher frustriert ist – vergessen wird man ihn sicher nicht. Man sollte sich jedoch beschränken und bedenken, dass man ja wiederkommen kann.

Die Sammlung des Prado

Mehr als andere Museen in Spanien vermittelt der Prado den persönlichen Geschmack der Monarchen im Lauf der Jahrhunderte und ist deshalb auf manchen Gebieten sehr reichhaltig, auf anderen weniger gut bestückt, wobei das Hauptgewicht generell auf religiöser und höfischer Malerei liegt. Im Mittelpunkt stehen die spanische Malerei, die italienische Hochrenaissance und flämische Kunst – sie alle reflektieren den Geschmack der Königsfamilie.

Das herrliche klassizistische Gebäude geht auf einen Entwurf von Juan de Villanueva aus dem Jahr 1785 zurück und wurde 1819 eröffnet. Die spanische Malerei sticht am meisten hervor; Höhepunkt ist Velázquez' *Las Meninas (Die Hofdamen)*, ein Gemälde, das oft als das schönste der Welt bezeichnet wurde. Mehrere Räume sind dem Werk Goyas gewidmet, ebenso präsent sind italienische Meister wie Fra Angelico, Botticelli, Tizian und Tintoretto. Das surreal anmutende Œuvre des flämischen Malers Hieronymus Bosch und das seines Landsmannes Pieter Brueghel des Älteren sind weitere Highlights. Außerdem gibt es französische Malerei aus dem 17. Jahrhundert von Poussin und Lorrain zu bewundern.

Rechts: Velázquez' Meisterwerk *Las Meninas* (1656), einer der Schätze des Prado

Unten: Galerien im neoklassischen Originalgebäude des Museums

LAS MENINAS

Las Meninas (1656; Bild oben) ist eines der bekanntesten und sicher großartigsten Gemälde der Welt. Es stammt von Diego Velázquez, dem Hofmaler Philipps IV. Kein anderes Bild hat einen Augenblick so perfekt festgehalten und eine flüchtige Szene mit einer derartigen Präzision eingefangen, sodass man das Gefühl hat, der Szene in Velázquez' Atelier im Palast Philipps IV. selbst beizuwohnen. Der Künstler malt offensichtlich gerade ein Porträt des Königspaares, das unmittelbar hinter dem Betrachter steht; es ist im Spiegel an der hinteren Wand zu sehen. Neben Velázquez steht die Tochter des Königspaares, die Infantin Margarita, umgeben von ihrem Gefolge, den beliebten Zwergen sowie einem Diener. Einer ihrer Lieblingshunde hat sich in aller Ruhe ausgestreckt. Von außerhalb des Raumes beobachtet ein Höfling die Szene – oder will er sie womöglich stören? Eben dieses Gefühl der Flüchtigkeit der Zeit macht *Las Meninas* zu einem derart bedeutenden Gemälde. Vieles wurde über die Handhabung der Perspektive, des Lichts, der Farbe und des Raumes sowie den Pinselduktus geschrieben. Was jedoch wirklich in Erinnerung bleibt, ist der Augenblick. Der berühmte Impressionist Manet fasste seinen Eindruck wohl am besten zusammen, als er über das Gemälde einmal Folgendes sagte: »Seit ich das gesehen habe, weiß ich nicht, warum wir anderen überhaupt noch malen.«

Besuch des Prado

Der Prado ist eine riesige Galerie mit einer umfangreichen Sammlung, und selbst wenn immer nur ein Bruchteil davon ausgestellt ist, müssen Sie eine Auswahl treffen, um das Beste aus Ihrem Besuch zu machen. Im Zuge der von Stararchitekt Rafael Moneo geleiteten Prado-Erweiterung, die auch das angrenzende Kloster San Jerónimo el Real umfasst, wurden erfrischende neue Räume für die Wechselausstellungen sowie gute Besuchereinrichtungen geschaffen. Es gibt keine feste Tour durch das Museum, doch sollte man bedenken, dass sich Anordnungen immer wieder ändern können. Auf jeden Fall können Sie nebenbei die Erhabenheit des Gebäudes auf sich wirken lassen. Jeder Raum ist mit einer römischen Ziffer über

FRANCISCO DE GOYA

Der Prado präsentiert die größte Sammlung von Werken Francisco de Goyas (1746–1828) auf der ganzen Welt. Es sind an die 140 Gemälde und über 500 Zeichnungen und Radierungen zu sehen. Sie umfassen alle Aspekte des Werks dieses bedeutendsten Malers der Bourbonenzeit – von heiteren, hellen Skizzen für Wandteppiche bis hin zu den pessimistischen, düsteren *pinturas negras*, den »schwarzen Bildern«. Goya wurde in Fuendetodos bei Zaragoza geboren und studierte in Italien, bevor er nach Spanien zurückkehrte, um für die Königliche Teppichmanufaktur zu arbeiten. Er avancierte dann 1789 zum Hofmaler Karls IV. Als er 1792 taub wurde, wurde sein Stil immer intensiver und beunruhigender, da ihm der Kontakt zur Umwelt fehlte. 1824 zog er nach Frankreich, wo er vier Jahre später starb.

GOYAS BEDEUTENDSTE GEMÄLDE

Gemälde, die als Vorlage für Wandteppiche dienten – *Frühling, Sommer, Herbst, Winter; Die bekleidete Maja; Die nackte Maja; Die Familie Karls IV.; Der 3. Mai 1808; Saturn frisst seine Kinder*

***Die Erschießung der Aufständischen* (1814) von Goya, Teil der umfangreichen Sammlung des Museums**

DIE HIGHLIGHTS IM PRADO

- *Der Ritter mit der Hand auf der Brust*, El Greco (Domenicos Theotocopoulos)
- *Las Meninas*, Diego Velázquez
- *Die unbefleckte Empfängnis*, Bartolomé Esteban Murillo
- *Die bekleidete Maja*, Francisco de Goya
- *Die nackte Maja*, Francisco de Goya
- *Der 3. Mai 1808*, Francisco de Goya
- *Die Verkündigung*, Fra Angelico
- *Madonna mit Fisch*, Raffael
- *Ecce Homo*, Tizian
- *Die Fußwaschung Jesu*, Tintoretto
- *Der Garten der Lüste*, Hieronymus Bosch
- *Triumph des Todes*, Peter Brueghel der Ältere
- *Die drei Grazien*, Peter Paul Rubens
- *Artemisia*, Rembrandt
- *Selbstporträt*, Albrecht Dürer

der Tür – und vielleicht besser sichtbaren Hinweisschildern auf Augenhöhe – gekennzeichnet.

Einzelne Bilder werden gelegentlich an andere Museen verliehen, doch sind die wirklich bedeutenden Gemälde meist zu sehen. Die Werke von Velázquez und Goya locken natürlich große Menschenmengen an, man muss deshalb etwas Geduld mitbringen. Die Erläuterungen zu den einzelnen Bildern fallen sehr dürftig aus, es lohnt also, sich einen Führer zu kaufen, bevor man die einzelnen Galerien besucht. Auch ein Übersichtsplan über die aktuelle Anordnung hilft weiter, doch es sei gesagt: Alles zu sehen und wirklich in sich aufzunehmen, werden Sie bei einem einzigen Besuch nicht schaffen! Darüber hinaus gibt es wechselnde Ausstellungen.

KLEINE PAUSE

Im **Café Prado** gibt es ab 10 Uhr Cafeteria- bzw. Restaurantbetrieb. Zwischen März und Oktober öffnet – abhängig allerdings vom Wetter – die Caféterrasse.

225 E3 ✉ Paseo del Prado ☎ 902 107 077; www.museodelprado.es Mo–Sa 10–20, So 10–19 Uhr (Kassenschluss 30 Minuten vorher) 14 Euro; Mo–Sa 18–20, So 17–19 Uhr frei; im Paseo-del-Arte-Pass enthalten (➤ unten) Banco de España/Atocha

BAEDEKER TIPP

Das Museum hat für Besucher Zugang durch die Puerta de Goya Alta und Los Jerónimos im neuen Anbau.

- Man sollte **früh** kommen, um die Massen, die an den Führungen teilnehmen, zu umgehen, und auch **Wartezeiten** bei den Meisterwerken einplanen. Auch zur Mittagszeit (13 bis 15 Uhr) ist es meist etwas ruhiger.
- Da die Gemälde oft umgehängt oder an andere Museen verliehen werden, sollte man sich am Eingang einen aktuellen Lageplan mitnehmen.
- Der bebilderte Führer ist informativ und gut gemacht. Wer ihn zusammen mit dem Eintrittsticket erwirbt, zahlt einen Kombipreis von 23 Euro.
- Ein Audioguide ist zum Preis von 3,50 Euro auch auf Deutsch verfügbar.
- Wer alle drei maßgeblichen Museen besucht, also das Museo del Prado, das Museo Nacional Centro de Arte Reina Sofía (➤ 60) und das Museo Thyssen-Bornemisza (➤ 58f), besorgt sich am besten den **Paseo-del-Arte-Pass**, der in allen drei Museen für 24,80 Euro erhältlich ist. Auch die **Madrid Card** (www.madridcard.com) kann sich lohnen. Sie ist 24–120 Stunden gültig und bietet bevorzugten Zutritt sowie kostenlosen Eintritt in über 50 weitere Museen und Attraktionen und Rabatte in zahlreichen Geschäften und Restaurants. Die 24-Stunden-Chipkarte kostet 45 Euro, die 120-Stunden-Chipkarte 75 Euro. Bei Online-Bestellung gibt es mitunter einen Rabatt.

II Madrid de los Austrias

Madrid de los Austrias ist der Name des lebendigen Zentrums von Madrid, das sich von der Puerta del Sol bis zum Palacio Real erstreckt und die Plaza Mayor, Plaza de la Villa und Plaza de Oriente umfasst.

Plaza Mayor

Die Calle Mayor, die alte Prozessionsstrecke, verläuft von der Puerta del Sol nach Westen. Ein wenig abseits liegt die **Plaza Mayor**; ihre harmonischen Ziegelfassaden weisen elegante Dekorelemente auf. Entworfen wurde das Ensemble unter Philipp II., ausgeführt dann Anfang des 17. Jahrhunderts als Herz der neuen Hauptstadt unter Philipp III. Die Gebäude wurden im 17. und 18. Jahrhundert zu Staatszwecken genutzt. Das älteste Bauwerk ist die Casa de la Panadería (Haus der Bäckergilde) an der Nordseite; man erkennt sie an der freskengeschmückten Fassade. Hier ist auch das zentrale Tourismusbüro untergebracht. Der Platz ist gesäumt von Straßencafés, Bänkchen laden zum Verweilen ein.

Plaza de la Villa

Weiter westlich liegt etwas abseits der Calle Mayor die **Plaza de la Villa**, der erste Platz der Stadt. Das älteste Gebäude hier ist der Torre de los Lujanes aus dem 15. Jahrhundert mit einem schönen, allerdings mehrmals restaurierten Mudéjar-Turm. Zur Harmonie der Anlage trägt die Casa de Cisneros aus dem Jahr 1537 bei, der Amtssitz des Bürgermeisters; sie ist reich im plateresken Stil verziert. An der Westseite des Platzes steht die Casa de la Villa. Sie wurde 1693 vollendet und beherbergt bis heute den Stadtrat. Die Statue in der Mitte stellt den Marquis de Santa Cruz dar, einen Seehelden aus dem 16. Jahrhundert.

Palacio Real

Am westlichen Ende der Calle Mayor steht der ebenso riesige wie grandiose **Palacio Real** (Königspalast). Er ist zwar nicht mehr das Zuhause der Königsfamilie, gibt jedoch wegen seiner Pracht die passende Kulisse für Staatsempfänge ab. Der Palast steht an der Stelle, wo sich im 9. Jahrhundert der maurische Alcázar befand. Als der Hof 1561 nach Madrid verlegt wurde, avancierte er zur Residenz und hatte diese Funktion inne, bis er 1734 einem Brand zum Opfer fiel.

BAEDEKER TIPP

Viele beliebte Sehenswürdigkeiten sind montags geschlossen. Im Palacio Real sollte man nicht an der ohnehin zusätzlich kostenden **Führung** teilnehmen. Es macht mehr Spaß, allein nach Lust und Laune dem Rundgang zu folgen; die vorhandenen schriftlichen Erläuterungen mögen als Basis genügen.

Casa de la Panadería, eines der eleganten Gebäude an der Plaza Mayor

Philipp V. begann dann mit den Wiederaufbauarbeiten, die unter Karl III. vollendet wurden.

Überquert man die Plaza de la Armería in Richtung Eingang, so hat man Gelegenheit, die mit Säulen besetzte Südfassade und die Gärten des **Campo del Moro** auf sich wirken zu lassen. Die ausladende Haupttreppe führt zum Salón de los Alabarderos (Saal der Hellebardiere) mit einer herrlichen, Schwindel erregenden Decke von Tiepolo sowie zum Salón de las Columnas (Säulenhalle). Der nächste Höhepunkt ist der **Salón del Trono** (Thronsaal) im ursprünglichen Bourbonenstil des 18. Jahrhunderts. Hoch über den mit rotem Samt ausgeschlagenen Wänden und dem vergoldeten Mobiliar stellt Tiepolos erhabenes Deckenfresko die Verherrlichung der spanischen Monarchie (1764) dar. Die nächsten drei Gemächer waren die Privaträume Karls III. Hier hängen zwei Porträts der Königsfamilie von Goya. Dahinter liegt die herrliche Sala de Porcelana (Porzellansaal) mit der Porzellanmanufaktur Buen Retiro aus dem 18. Jahrhundert. Es folgen der Comedor del Gala (Galaspeisesaal), die Capilla Real (Königliche Kapelle) und außerhalb des Hauptgebäudes die faszinierende Armería Real (Waffensammlung) sowie die Farmacia (Apotheke) aus dem 18. Jahrhundert.

Vor dem Palast erstreckt sich die **Plaza de Oriente**, einst Mittelpunkt der öffentlichen Ansprachen Francos, ist der Platz heute einer der schönsten Madrids.

KLEINE PAUSE

Direkt im Norden des Palasts liegt der schattige **Jardines de Sabatini**, im Westen der **Campo del Moro**. Beide Parks bieten schöne Grünflächen und schattige Bänke.

Palacio Real

224 A3 Calle de Bailén 914 548 800; www.patrimonionacional.es
April–Sept. tägl. 10–20, Okt.–März tägl. 10–18 Uhr
(bei Staatsempfängen o. ä. geschl.)
11 Euro Komplettbesuch; Mo–Do ab 18 Uhr (April–Sept.) bzw. sonst ab 16 Uhr. Eintritt für EU-Bürger frei Opera

Plaza de Oriente
224 A3 Opera

Plaza de Mayor
224 B3 Sol

Plaza de la Villa
224 B3 Sol, La Latina, Opera

12 Museo Thyssen-Bornemisza

Ist der Prado eine der großartigsten königlichen Kunstsammlungen der Welt, so ist das Museo Thyssen-Bornemisza eine der bedeutendsten privaten Schatzkammern mit Hunderten von Kunstwerken, die von den deutsch-ungarischen Industriemagnaten Heinrich und Hans Heinrich Thyssen-Bornemisza in 80 Jahren zusammengetragen wurden. Diese überaus persönliche Sammlung umfasst so ziemlich alle wichtigen Künstler und Strömungen und wird in einem schön restaurierten Gebäude aus dem 18. Jahrhundert am Paseo del Prado präsentiert. Ergänzend dazu sind die neueren Säle der Kollektion Carmen Thyssen-Bornemisza besuchbar.

Wiedervereinte Meisterwerke

Das Kernstück der Kollektion, Gemälde, Skulpturen und andere Objekte aus dem **14. bis 18. Jahrhundert**, wurde in den 1920er- und 1930er-Jahren vom Vater des Barons Thyssen erworben. Nach dem Tod Heinrich Thyssens 1947 wurde die Sammlung unter den Erben aufgeteilt. Sohn Hans Heinrich kaufte dann einige Werke zurück und erwarb neue dazu. Er begann mit **alten Meistern**, konzentrierte sich jedoch von den 1960er-Jahren an auf den **deutschen Expressionismus**, **Kubismus**, **Futurismus** und die **amerikanische Kunst des 19. Jahrhunderts**.

Zur Sammlung **europäischer alter Meister** zählen herrliche Renaissanceporträts von Raffael und Hans Holbein. Es gibt mehrere Werke von Dürer und Cranach, deren nordische Stringenz mit dem Manierismus El Grecos und den Werken von Tizian, Tintoretto und Canaletto kontrastiert.

Eingang zum Museo Thyssen-Bornemisza

Die Galerien des Museums sind hell und luftig

Besuch der Sammlung

Die Sammlung umfasst auch Werke der **holländischen Malerei**, vor allem Innenansichten, außerdem **klassizistische Gemälde** und Zeugnisse der **europäischen Romantik**. Auch die **Impressionisten** sind zahlreich vertreten, ebenso Werke von Paul Gauguin. Nicht versäumen sollte man die lichtdurchfluteten Bilder von Eduard Monet und die Werke von Edgar Degas. Zudem sind **nordamerikanische Meister** vertreten. Romantische Landschaften von Thomas Cole versinnbildlichen den amerikanischen Traum vom unberührten Boden, während Frederick Remingtons strenge Aktionsbilder der Urbevölkerung Tribut zollen. Hier hängt auch ein reizendes Porträt von Gilbert Stuart, dazu Meeres- und Flusslandschaften von Winslow Homer sowie beißende Gesellschaftsporträts von John Singer Sargent.

Bei der **Kunst des 20. Jahrhunderts** lohnen vor allem Pablo Picasso, Salvador Dalí, Mark Rothko und Roy Lichtenstein einen näheren Blick. Eindrucksvoll ergänzt das Ganze die Kollektion der 1943 geborenen Kunstsammlerwitwe Carmen Thyssen-Bornemisza, u. a. mit Werken von Monet, Matisse und Renoir.

Zu beachten ist, dass sich im Museum die Anordnungen ändern und Werke ausgetauscht bzw. vorübergehend ausgeliehen sein können. Zusätzlich gibt es Wechselausstellungen.

---

225 E3 Paseo del Prado 8 902 760 511; www.museothyssen.org Mo 12–16, Di–So 10–19 Uhr 9 Euro; Mo 12–16 Uhr frei; reduzierter Eintritt mit dem Paseo del Arte ➤ Baedeker Tipp, S. 55 Banco de España

BAEDEKER TIPP

Man sollte sich den **gut bebilderten Führer** zulegen, damit man von der Besichtigung auch wirklich etwas hat. Außerdem gibt es einen **kostenlosen Plan** der Räumlichkeiten.

- Das **Bar-Café** im Erdgeschoss serviert leichte Erfrischungen und bietet im Sommer Tische im Freien an.

13 Museo Nacional Centro de Arte Reina Sofía

Eine der interessantesten Kunstsammlungen in ganz Spanien beherbergt das Museo Nacional Centro de Arte Reina Sofía mit seinen schier endlosen, lichtdurchfluteten und großzügigen Sälen, in denen es zahlreiche hochkarätige Kunstwerke zu sehen gibt. Hier hängen die Werke der bedeutendsten Vertreter der spanischen Malerei des 20. Jahrhunderts. Einen Großteil seines Ruhms verdankt das Museum Picassos großartigem Gemälde *Guernica.* Die elegante Erweiterung des französischen Architekten Jean Nouvel hat für zusätzlichen Ausstellungsraum gesorgt.

***Guernica*, Picassos eindringliche Anklage des Krieges, hat einen Ehrenplatz im Museum**

Das ehemalige Krankenhaus wurde in den 1980er-Jahren in einen Museumskomplex umgewandelt, der Werken so bedeutender Künstler wie **Solana**, **Dalí** und **Miró** das passende Ambiente bieten sollte. Die Entwicklung der Kunst des 20. Jahrhunderts wird aus spanischer Perspektive dargestellt; viele Schlüsselwerke aus anderen Ländern liefern den internationalen Kontext. Zur umfassenden **Dauerausstellung** gesellen sich **Wechselausstellungen** zeitgenössischer Kunst; die Highlights der ständigen Exponate finden Sie im zweiten Stock des Sabatini-Gebäudes.

Guernica

Picasso schuf das Bild in den dunklen Tagen des Bürgerkriegs. Entstanden war es für den spanischen Pavillon bei der Weltausstellung in Paris 1937; sein Thema ist die Bombardierung der baskischen Stadt Guernica durch nationalistische und deutsche Streitkräfte. Es ist und bleibt eine einprägsame Anklage gegen die Sinnlosigkeit des Krieges.

KLEINE PAUSE

Im Nouvel-Gebäude ist ein Café-Restaurant untergebracht.

---

225 E1 Calle de Santa Isabel 52 917 741 000; www.museoreinasofia.es Mo, Mi–Sa 10–21; So 10–14.30 Uhr ganzes Museum und So 14.30–19 Uhr Teile des Museums 8 Euro; Mo, Mi–Sa 19–21, So 15–19 Uhr frei; Eintritt enthalten im Paseo del Arte **➤ Baedeker Tipp, S. 55** **Atocha**

Nach Lust und Laune!

14 Monasterio de las Descalzas Reales

Das Kloster der Barfüßerinnen ist einer der vielen verborgenen Schätze der Stadt. Es wurde 1557 von Johanna von Österreich gegründet, der Schwester Philipps II., und diente Damen des Hochadels als Konvent. Fromm und reich, wie sie nun einmal waren, stifteten die Nonnen und ihre Familien insgesamt 33 Kapellen, von denen sie eine prächtiger ausstatteten als die andere. Beide Stockwerke des Kreuzgangs sind mit Kapellen versehen und durch ein wunderschönes Treppenhaus miteinander verbunden.

224 C4 Plaza de las Descalzas Reales 3 914 548 800; www.patrimonionacional.es Di–Sa 10–14, 16–18.30, So 10–15 Uhr; Kassenschluss 1 Stunde vorher; nur Führungen, teilweise in Englisch 7 Euro; Mi, Do nachm. frei für EU-Bürger Callao, Sol

15 Puerta del Sol

Die Plaza Puerta del Sol, auf der bis 1570 eines der Stadttore Madrids stand, wird von der klassizistischen Casa de Correos (1768) mit ihrem Uhrturm beherrscht. Zur Zeit des Franco-Regimes befand sich hier die Zentrale der gefürchteten Sicherheitspolizei. Heute ist dort der Sitz der Regionalregierung untergebracht. Die Uhr läutet offiziell das neue Jahr ein; dann versuchen die *madrileños* und überhaupt alle Spanier, bei jedem Glockenschlag eine Traube zu essen, um sich so zwölf glücklicher Monate zu versichern. Die beiden anderen Kennzeichen des Platzes sind das Reiterstandbild Karls III. sowie das Denkmal eines Bären mit Erdbeerbaum, das Wahrzeichen Madrids.

224 C3 Puerta del Sol Sol

16 Real Academia de Bellas Artes de San Fernando

Philipp V. zeichnete für die Kunstakademie verantwortlich, die seit 1773 im gleichen Gebäude untergebracht ist. Wer im Prado (➤ 52ff) und im Museo Thyssen-Bornemisza (➤ 58f) noch nicht genügend Kunstschätze gesehen hat, kann hier eine der bedeutendsten Galerien Spaniens kennenlernen, die von Gemälden und Skulpturen förmlich überquillt. Den Höhepunkt bilden Werke der spanischen Malerei – Velázquez, Murillo und Goya sind hier vertreten, doch gibt es auch Kunst aus Italien und Frankreich zu bewundern.

Besondere Aufmerksamkeit verdienen die Selbstbildnisse von Goya sowie der Frühling des Italieners Arcimboldo; die Gesichtszüge des Porträts sind aus Obst und Gemüse zusammengesetzt.

225 D3 Calle de Alcalá 13 915 240 864; www.realacademiabellasartessanfernando.com Di–So 10–15 Uhr 5 Euro; Mi (außer feiertags) frei Sevilla

17 CaixaForum

Das CaixaForum direkt am Paseo del Prado ist eine gute Ergänzung der Kunstgalerien Madrids. Hier verwandelten die Architekten Herzog & de Meuron ein altes Industriegebäude in einen plastischen Raum, in dem vielfältige,

Rechts: Hängende Gärten am Caixa Forum

aber immer hervorragende Ausstellungen zu sehen sind. Unter dem Leitmotiv *CaixaForum Kids* sind gelegentlich interessante Konzerte und andere Veranstaltungen für Familien mit Kindern angesetzt.
225 E2 Paseo del Prado 36
913 307 300 tägl. 10–20 Uhr
4 Euro für Ausstellungen Atocha

18 Plaza de la Cibeles

Die Plaza de la Cibeles, einer der schönsten aber auch verkehrsreichsten Plätze der Stadt, ist von imposanten Gebäuden flankiert; eines davon erinnert – prosaisch ausgedrückt – ein wenig an einen Hochzeitskuchen und heißt Palacio de Cibeles, zu den anderen zählen die Ende des 19. Jahrhunderts erbaute Banco de España und die Casa de América (Palacio de Linares), in der Ausstellungen zu Lateinamerika stattfinden. Für viele *madrileños* ist die Monumentalarchitektur an diesem Platz mit dem Brunnen in der Mitte ein Symbol für ihre Stadt. Der Brunnen stellt die Fruchtbarkeits- und Liebesgöttin Kybele auf einem von zwei Löwen gezogenen Wagen dar; das Werk wurde 1792 für Karl III. angefertigt. Heute versammeln sich die Fans von Real Madrid zu Scharen an diesem Brunnen, wenn ihr Verein einen neuen Titel geholt hat.
225 E4 Banco de España

FAMILIENTIPP

Der **Parque del Retiro** (► rechts) bietet vieles, um den Nachwuchs bei Laune zu halten, und er hat den Vorteil, dass er mitten in der Stadt liegt. Hier kann man ein Boot mieten, die Spielplätze erkunden oder im Sommer ins **Puppentheater** (Teatro de Títeres; kostenlos) gehen.

19 Puerta de Alcalá

Auf dem Weg in die Innenstadt fällt die Puerta de Alcalá sofort ins Auge; das schöne klassizistische Bauwerk gilt als eines der Wahrzeichen von Madrid. Heute fließt der Verkehr um das Tor, das sich an der Stelle der ehemaligen Stadtmauer befindet. Das Gebäude mit seinen fünf Bögen wurde 1778 als Hauptzugang nach Madrid fertiggestellt.
225 F4 Plaza de la Independencia
Retiro

Der zentrale klassizistische Brunnen auf der Plaza de la Cibeles

Das Monumento a Alfonso XII aus den 1920er Jahren über dem See im Parque del Retiro

20 Parque del Retiro

Der Parque del Retiro (»Park der Zurückgezogenheit«) wurde in den 1630er-Jahren als Teil eines französischen Lustgartens entworfen und sollte den Monarchen zur Erbauung dienen. Der Tanzsaal des Palasts, der Casón del Buen Retiro, hat sich außerhalb der eigentlichen Parkanlage erhalten. Seit 1868, als der Park in den Besitz der Stadt fiel, ist er mit seinen vielen bunten Blumen, vereinzelten Statuen und Brunnen der Lieblingspark der *madrileños*; dort machen sie ihren Sonntagsspaziergang. Viele Leute eilen sofort zum See, der von einem Denkmal Alfons' XII. beherrscht wird, aber es gibt eigentlich noch viel mehr zu sehen, z. B. den Palacio de Cristal und die vermutlich weltweit einzige Statue von Luzifer, El Ángel Caído. Hier finden immer gute Konzerte und Ausstellungen statt.

225 F3 Calle de Alcalá, Calle de Alfonso XII, Avenida de Menéndez y Pelayo, Paseo Reina Cristina frei Retiro, Atocha

CASA DE CAMPO

Die Fahrt mit der **Drahtseilbahn Teleférico** (Paseo del Pintor Rosales; Tel. 902 345 002; www.teleferico.com; im Sommer tägl. 12–20/21; sonst wechselnd 11–18/19 Uhr, im Winter nur an den Wochenenden; einfache Fahrt 4 Euro, Hin- und Rückfahrt 5,75 Euro; Metro: Argüelles), bietet einen herrlichen Blick auf die Stadt und bringt Sie in den riesigen Park Casa de Campo westlich vom Palacio Real (Metro: Batán). Hier finden Sie einen See zum Bootfahren, Spazierwege und den Rummelplatz. **Parque de Atracciones** (Tel. 902 345 001; www.parquedeatracciones.es, Ende Juni bis Anfang Sept. 12–24 Uhr; sonst stark wechselnd 12–20/21/22 Uhr, mitunter nur an den Wochenenden; genaue Zeiten finden Sie auf der Website). Die Ticketpreise mit unbegrenztem Zugang zu allen Fahrgeschäften schwanken und beginnen bei Online-Bestellung bei 19,90 Euro, an der Kasse kostet das Tagesticket 29,90 Euro. Ältere Kinder werden den **Freefalltower La Lanzadera** und die **Wildwasserbahn Los Rápidos** lieben. Außerdem gibt es ein **Open-Air-Auditorium** und zahlreiche Paraden. Der Park ist auch das Zuhause des **Zoo-Aquariums** (Tel. 902 345 014; www.zoomadrid.com; im Sommer 10.30–20 Uhr, im Winter 11–18 Uhr; Eintritt 22,90 Euro, online auf der Zoo-Homepage je nach Vorbestellzeit etwas günstiger).

Symbolträchtiges Monument

Das Klosterschloss El Escorial war Kloster für Hieronymitenmönche, Grablege für Kaiser Karl V.(➤ 66), seinen Sohn Philipp II. sowie deren Angehörige und Nachkommen, Symbol für Philipps Sieg über Heinrich II. von Frankreich und für die Macht der Habsburger. Sein Grundriss bildet ein Eisenrost: Mit diesem Werkzeug war Laurentius von den Römern zu Tode gefoltert worden.

In der Bibliothek des Escorial befindet sich Philipps Privatsammlung

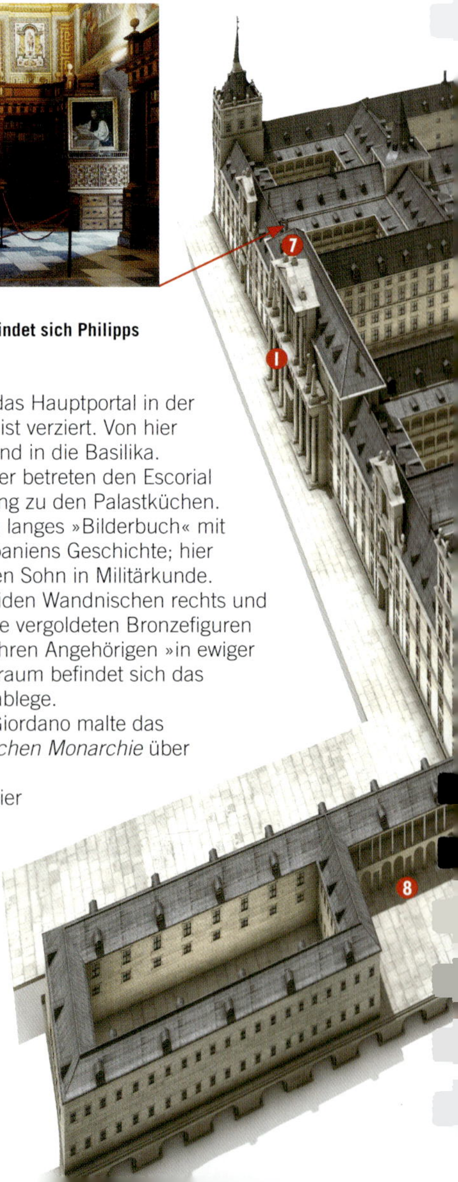

❶ Die Puerta Principal: Nur das Hauptportal in der festungsartigen Mauerflucht ist verziert. Von hier gelangt man in das Kloster und in die Basilika.
❷ Besuchereingang: Besucher betreten den Escorial durch den ehemaligen Zugang zu den Palastküchen.
❸ Sala de Batallas: Ein 55 m langes »Bilderbuch« mit wichtigen Schlachten aus Spaniens Geschichte; hier unterrichtete Philipp II. seinen Sohn in Militärkunde.
❹ Grabdenkmäler: In den beiden Wandnischen rechts und links vom Hochaltar knien die vergoldeten Bronzefiguren Philipps II. und Karls V. mit ihren Angehörigen »in ewiger Anbetung«. Unter dem Altarraum befindet sich das Pantheon, die königliche Grablege.
❺ Escalera Principal: Luca Giordano malte das Fresko *Die Glorie der spanischen Monarchie* über der Haupttreppe.
❻ Kloster: Seit 1885 leben hier Augustinermönche.
❼ Bibliothek: Die Bibliothek verbindet Kloster und Kolleg. Philipp maß ihr große Bedeutung bei, daher ihre reiche Ausstattung.
❽ Galerie der Rekonvaleszenten: Zwischen den Bögen dieser der Sonne zugewandten Galerie erholten sich kranke Mönche.

Patio de los Reyes: 5 m hohe Skulpturen der Könige des Alten Testaments schmücken die Kirchenfassade.

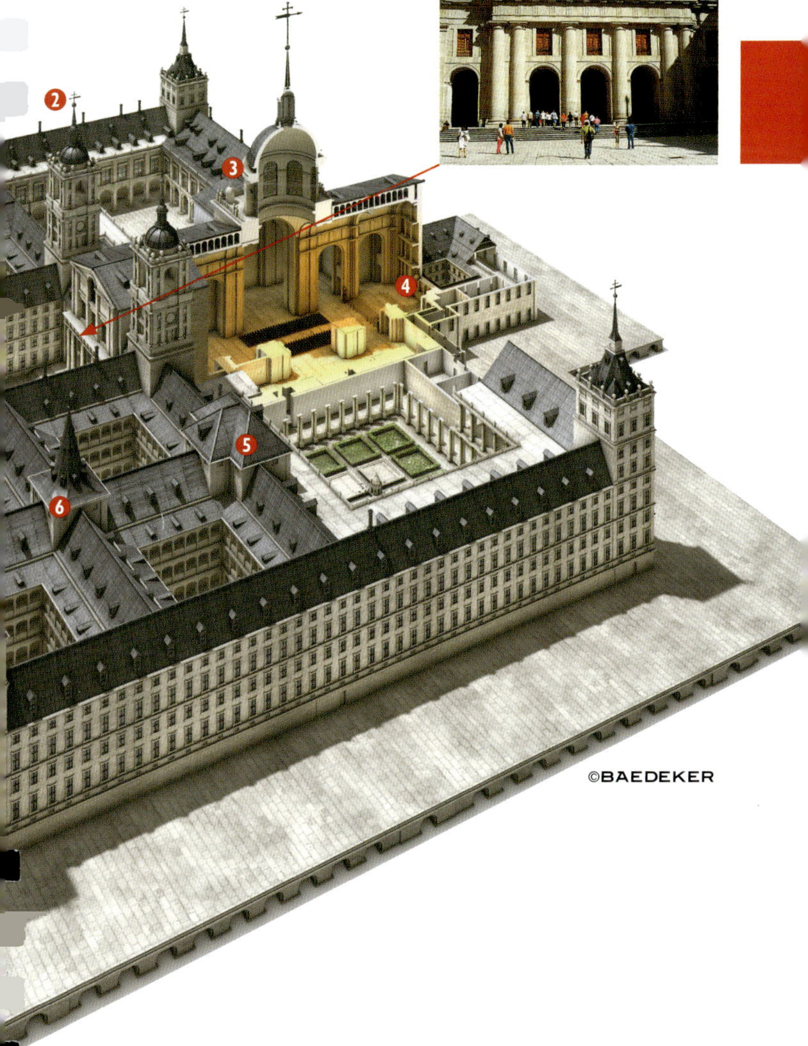

Etwas außerhalb

ANREISE

- Die einstündige Strecke nach El Escorial wird regelmäßig von Zügen (vom Estación de Atocha) und Bussen (vom Intercambiador de Moncloa) bedient.
- Wer mit dem **eigenen Wagen** kommt, sollte noch 7 km auf der Straße nach Ávila bis zum **Aussichtspunkt** Silla de Felipe II fahren. Von hier aus überwachte Philipp den Bau der Klosteranlage, und man genießt den schönsten Blick auf die Gebäude und die herrliche Landschaft.

21 El Escorial

Der riesige religiöse Komplex **El Escorial**, 50 km von Madrid entfernt, gehört zu den beeindruckendsten Monumenten Spaniens und bietet einen guten Einblick in den unermesslichen Reichtum und die außerordentliche Macht der spanischen Monarchie des 16. Jahrhunderts.

1557 schlugen die spanischen Streitkräfte die Franzosen bei St. Quentin. Als Dank ließ der tiefreligiöse Philipp II. ein Kloster zu Ehren des Heiligen Laurentius (San Lorenzo) erbauen, das auch als Königspalast und Grabstätte dienen sollte. Von 1563 bis 1584 bauten rund 1500 Arbeiter an dem riesigen Komplex, der von Juan Bautista de Toledo und Juan de Herrera entworfen wurde.

Von außen ist **El Escorial** rechteckig, aber sein Grundriss soll nach einem Muster entworfen sein, das an das Foltereisen erinnern soll, mit dem der Heilige Laurentius gemartert wurde.

Der **Patio de los Reyes** (Königshof) liegt gegenüber der riesigen Basilika mit 40 Seitenaltären und Philipps Sammlung heiliger Reliquien. Unter der monumentalen Kirche liegt das **Panteón de los Reyes** (königliches Pantheon), wo die meisten spanischen Könige seit Karl V. begraben liegen.

Die **Salones Reales** (königlichen Gemächer) wurden von den bourbonischen Königen erweitert, ihr überschwängliches Interieur ist ein deutlicher Kontrast zu der Einfachheit der Privatgemächer von Philipp II.

Eine überwältigend verzierte Decke ist das Highlight der **Biblioteca** (Bibliothek) im zweiten Stock, während das **Bildermuseum** Werke von Rubens, Tizian, Tintoretto, Roger van der Weyden und El Greco zu seinen Schätzen zählt.

217 E4 ✉ Calle Juan de Bourbón y Battemberg s/n, San Lorenzo de El Escorial ☎ 918 905 903; www.patrimonionacional.es ⏲ April–Sept. Di–So 10–20; Okt.–März Di–So 10–18 Uhr, Kassenschluss 1 Stunde vorher 10 Euro; Mi, Do nachm. 17–20 (April–Sept.) bzw. 15–18 Uhr (Okt.–März) frei für EU-Bürger ab Atocha ab Busbahnhof Intercambiador de Moncloa mit Bussen des Unternehmens Autocares Herranz (Tel. 918 904 122; http://autocaresherranz.com)

VALLE DE LOS CAÍDOS

Der Basilikakomplex im Valle de los Caídos (Tal der Gefallenen), angeblich eine Gedenkstätte für die Toten des Bürgerkriegs, wurde von 1940–58 von Zwangsarbeitern der Armee der Republik erbaut und ist eine eindeutige Glorifizierung des Franco-Regimes. Der Diktator liegt hinter dem Hochaltar begraben. Ein riesiges Kreuz steht auf dem Berg über der Basilika – doch all dies hinterlässt als Gesamterbe des Faschismus einen üblen Beigeschmack. Im Grund gilt: Das muss überhaupt nicht sein!

217, bei E4 ✉ Carretera de Guadarama, Valle de Cuelgamuros

Wohin zum ... Übernachten?

Preise
Für ein Doppelzimmer pro Nacht in der Vor- und Hauptsaison:
€ unter 80 Euro **€€** 80–130 Euro **€€€** 130–180 Euro **€€€€** über 180 Euro

Hostal Lido €

Das Lido, ein günstiges *Hostal*, liegt auf einer der lebendigsten Straßen Madrids. Es verfügt über 10 Zimmer mit eigenem Bad oder Etagenbad. Heizung und Kühlschränke sind im Preis inbegriffen. Einzelzimmer sind hier mit nur circa 35 Euro pro Nacht besonders günstig.
225 D3 Calle de Echegaray 5, 2° Izqda 914 296 207; www.hostallido.com Sevilla, Antón Martín

Hostal Persal €

Das große, beeindruckende Gebäude liegt in hervorragender Lage auf der unbefahrenen Plaza del Ángel zwischen der geschäftigen, für ihr Nachtleben bekannten Plaza Santa Ana und der prächtigen Plaza Mayor. Die funktionellen Zimmer mit Bad wirken vielleicht etwas anonym. Fragen Sie nach einem der helleren Zimmer in den oberen Stockwerken des Gebäudes. WLAN in den Zimmern ist kostenlos.
224 C3 Plaza del Ángel 12 913 694 643; www.hostalpersal.com Sol, Antón Martín

Hotel de las Letras €€€

Die großzügigen Zimmer dieses stilvollen Boutique-Hotels im Herzen der Stadt sind hell und farbenfroh. Der Service ist freundlich und professionell, und die hervorragende Ausstattung umfasst Bibliothek, Restaurant und eine Terrassenbar.
225 D4 Gran Vía 11 915 237 980; www.hoteldelasletras.com Gran Vía, Sevilla

Hotel Wellington €€€€

Ein luxuriöses Grandhotel im alten Stil mit komfortabler, klassischer Einrichtung und aufmerksamem, professionellem Personal. Zur Ausstattung gehören ein Außenpool im Sommer, ein Spa und ein Fitnessraum. Das Hotel liegt abseits des Trubels im Zentrum Madrids im eleganten Einkaufsviertel Salamanca, nur einen kurzen Spaziergang vom Park Retiro entfernt.
225 bei F4 Calle de Velázquez 8 915 754 400; www.hotel-wellington.com Retiro, Velázquez

La Macarena €

Das elegante weiß-beige Gebäude befindet sich in einer der reizendsten alten Straßen gegenüber von mehreren berühmten *tascas* (Kneipen) aus dem 18. Jahrhundert gleich westlich der Plaza Mayor. Alle Zimmer haben Satellitenfernsehen und fröhliche gelbe Wände. Für Familien oder andere Reisende interessant: Es gibt auch Dreier- und Viererzimmer.
224 B3 Calle Cava de San Miguel 8 913 659 221; www.silserranos.com Sol, Opera

Las Meninas €€–€€€

Das Mittelklassehotel in einer Seitenstraße nahe beim Palacio Real ist elegant und stilvoll, ohne es mit dem Design zu übertreiben. Das Hotel bietet eine Auswahl heller, geschmackvoll dekorierter Zimmer, darunter einige fantastische Dachboden-Suiten. Im ganz nahe gelegenen Partnerhotel Ópera können die Gäste den Fitnessraum kostenlos benutzen.
224 B4 Calle Campomanes 7 915 412 805; www.hotelmeninas.es Opera

Petit Palace Alcalá Torre €€–€€€

Das große Hotel liegt auf halber Strecke zwischen Sol und dem Paseo de la Castellana. Modernes Styling und Ausstattungsmerkmale wie WLAN und kostenlose Fahrradausleihe machen es zu einer hervorragenden Option. Das typische Gebäude mit 12 Stockwerken umfasst das modern aufgezogene Restaurant El Bilbaíno.

225 D3–4 Calle Virgen de los Peligros 2 915 321 901; www.hotelpetitpalacealcalatorre.com Sevilla

Radisson Blu, Madrid Prado €€€–€€€€

Das Boutique-Hotel ist in einem schön renovierten neoklassischen Gebäude auf einer hübschen Plaza in der Nähe des Paseo del Prado, den wichtigsten Kunstgalerien und dem pulsierenden Nachtleben der Stadt. Die 54 Zimmer des Hotels sind elegant und komfortabel, der Service ist freundlich und professionell. Zur Ausstattung zählen Innenpool, Health Club sowie ein gutes Restaurant und eine Bar.

225 E2 Calle Moratin 52 915 242 626; www.radissonblu.com Antón Martín

Ritz €€€€

Das 1910 in Nachbarschaft des Prado-Museums eröffnete Ritz kultiviert mit Hingabe sein historisches Ambiente. Es gibt eine Fülle an Dekors und Details. Die Vorzeigeansicht eröffnet sich gleich beim Eintritt: Was für eine fantastische Lobby! In dem Prachthaus ist schon extrem viel Prominenz abgestiegen. Hohe Maßstäbe dürfen Sie auch im Restaurant und in der Cocktailbar anlegen.

225 E3 Plaza de la Lealtad 5 917 016 767; www.ritzmadrid.com Banco de España

Room-mate Óscar €€

Als Teil einer kleinen Kette ist das Óscar eins von mehreren gut gelegenen unkonventionellen Mitbewohner-Hotels im Zentrum von Madrid. Die Zimmer sind hell und stilvoll, das Personal ist freundlich, und die wichtigsten Sehenswürdigkeiten liegen nur einen kurzen Spaziergang entfernt. Das köstliche Frühstücksbüffet steht bis mittags bereit – perfekt nach einer langen Nacht. Der herrliche Dachpool ist ein echter Bonus.

225 D4 Plaza de Vázquez de Mella 12 917 011 173; oscar.room-matehotels.com Gran Vía

Tijcal €

In einer der ruhigeren Straßen nur wenige Schritte von der Plaza Mayor entfernt, bietet das günstige *hostal* hilfsbereiten Service und helle Zimmer von angemessener Qualität. Die klimatisierten Zimmer haben ein eigenes Bad, gutes Preis-Leistungs-Verhältnis. Ein zweites Haus, das Tijcal II, liegt in der Calle Cruz 26.

224 C3 Calle Zaragoza 6, 3° 913 655 910; www.hostaltijcal.com Sol

Urban €€€€

Das zentral gelegene Urban verkörpert den ganzen Schick von Madrid. Das Hotel bietet ultimativen modernen Luxus und hat sogar eine eigene private Sammlung antiker ägyptischer und ethnischer Kunst. Zur gehobenen Ausstattung zählen ein kleiner Dachpool, ein feines Restaurant und eine Austernbar.

225 D3 Carrera de San Jerónimo 34 917 877 770; www.hotelurban.com Sevilla

Westin Palace €€€€

Dieses klassische Luxushotel aus dem Jahr 1912 gehört zu Starwood Hotels. Man fühlt sich hier wirklich wie in einem Palast. Die Lobby ist überladen; bemerkenswert ist die Glaskuppel der Empfangshalle. Das Hotel nimmt einen ganzen Block ein, hat über 400 Zimmer, eine holzverkleidete Bibliothek, Restaurants, Bars und ein modernes Fitnesscenter.

225 E3 Plaza de las Cortes 7 913 608 000; www.westinpalacemadrid.com Sevilla, Banco de España

Wohin zum …
Essen und Trinken?

Preise
Für ein Essen (z. B. auch ein typisches Tages-/Hausmenü, im Regelfall inkl. Wein):
€ unter 15 Euro **€€** 15–25 Euro **€€€** über 25 Euro

Al-Jayma €€
Kissen und gedämpftes Licht sorgen für marokkanische Atmosphäre. Wählen Sie einen Platz auf den Bodenkissen oder an den Holztischen und genießen Sie leckere Dips, *tagines* und gesunde Couscous-Portionen. Es sollte am besten im Voraus reserviert werden.
225 D4 Calle Barbieri 1 915 231 142 tägl. 13.30–16, 21.30–24 Uhr Chueca, Gran Vía

La Barraca €€
Der perfekte Ort für eine authentische valencianische Paella. Neben 13 verschiedenen Paellas ist das Restaurant für seine *buñuelos de bacalao* (frittierte Kabeljaubällchen) bekannt. Im Inneren sorgen weiß getünchte Wände und Keramik für eine valencianische Atmosphäre.
225 D4 Calle de la Reina 29 915 327 154; www.labarraca.es 13.30–16.30, 20.30–24 Uhr Gran Vía

El Bocaíto €–€€
Der zeitlose Klassiker mit Fliesenverkleidung bietet einige Tische im hinteren Bereich für ein entspannteres Essen. Für die eigentliche Atmosphäre sorgen die Tresenbereiche, deren Wände mit Stierkampfbildern und Reproduktionen der Meisterwerke von Goya dekoriert sind. Zu den klassischen Tapas gehören *pescaíto frito* (frittierter Breitling), exzellente *croquetas* (Kroketten) und leckere *embutidos* (Wurstwaren).
225 D4 Calle Libertad 4–6 915 321 219; www.bocaito.com Mo–Fr 12.30–16, 20–24 Uhr, Sa 20.30–24 Uhr. Aug. geschl. Chueca

El Botín €€€
Schon Ernest Hemingway besuchte das bei Amerikanern beliebte Lokal, eine der echten alten Tavernen der Stadt mit rustikaler Atmosphäre. Lage nicht weit von der Plaza Mayor, Speisetradition seit 1725. Spezialität des Hauses sind Spanferkel und jede Art von Braten.
224 B3 Calle Cuchilleros 17 913 664 217; www.botin.es tägl. 13–16, 20–24 Uhr Sol/Tirso de Molina

Café de Oriente €–€€
Café im Belle-Époque-Stil in wunderbarer Lage an der Plaza de Oriente. Tische im Freien mit Blick über die Plaza bis zum Palacio Real. Getränke im Freien sind teuer, das recht günstige Mittagsmenü wird aber nur drinnen serviert.
224 A3–4 Plaza de Oriente 915 413 974; www.grupolezama.es/portal/cafe-de-oriente Mo–Sa 8.30–1.30, So 9–1.30 Uhr Opera

La Casa del Abuelo €
Eine der vielen Tapas-Bars in diesen lauten Straßen, spezialisiert auf Krabbengerichte wie *gambas al ajillo* (Garnelen in Knoblauch). Setzen Sie sich in eine Ecke, bestellen Sie einen Drink und genießen Sie den Rummel Madrids. Dies hier ist allerdings nicht die einzige Casa del Abuelo, was übersetzt »Haus des Großvaters« bedeutet. Unter dem selben Namen firmieren Häppchen-Stützpunkte in der Calle Goya 57 und in der Calle Nuñez de Arce 3.
224 C3 Calle de la Victoria 12 910 000 133; www.lacasadelabuelo.es So–Do 12–24, Fr, Sa 12–1 Uhr Sol, Sevilla

El Estragón €–€€
Das vegetarische Restaurant bereitet gute und geschmackvolle Gerichte zu. Zum Angebot gehören gefüllte Paprika, Auberginen und Lasagne. Das Restaurant mit Terrasse liegt an einem der schönsten und ältesten Plätze Madrids und ist ein beliebter Treffpunkt für das jüngere Publikum. Unbedingt die kreativen Desserts mit dem gewissen Extra probieren!
224 A2 Plaza de la Paja 10 913 658 982; www.elestragonvegetariano.com tägl. 13–0.30 Uhr La Latina

La Finca de Susana €€
Perfektes Restaurant für besondere Gelegenheiten, ohne ein Vermögen ausgeben zu müssen. Elegante Einrichtung, gekonnter Service und eine umfangreiche Karte zu tollen Preisen sind der Garant für die Beliebtheit des Restaurants. Kommen Sie früh: Reservierungen sind nicht möglich, und es bilden sich bereits vor der Öffnungszeit Schlangen.
225 D3 Calle Arlabán 4 913 693 557; www.grupandilana.com/es/restaurantes/la-finca-de-susana tägl. 13–15.45, 20.30–23.45 Uhr Sevilla, Sol

José Luis €
Diese *cerveceria* und Tapas-Bar ist eine Institution. Legen Sie während eines Bummels durch die Shops dieses gehobenen Viertels eine Pause zur Stärkung ein. Profis der alten Schule servieren traditionelle Canapés mit *boquerones* (Anchovis in Essig), Räucherlachs oder gegrilltem Chorizo. Höherwertiger (€€) ist das angeschlossene Restaurant, in dem es in der Regel mittwochs den bekannten Madrider Eintopf *(cocido madrileño)* gibt. Die jahrzehntelange Speisetradition spricht für sich.
225 off F5 Calle de Serrano 89 915 630 958 tägl. 12.30–24 Uhr Serrano

Naïa €€€
Modernes Restaurant an der Plaza de la Plaja, einer der schönsten Plätze Madrids, an wärmeren Tagen mit Tischen im Schatten der Kirche. Die kreative Küche ist eine Mischung aus frischen Zutaten und außergewöhnlichen Aromen. Gerne bestellt wird eines der drei Menüs. In einer Chillout-Lounge im Untergeschoss können Sie hinterher entspannen.
224 A2 Plaza de la Paja 3 913 662 783; www.naiabistro.com Di–So 13.30–16.30, 20.30–24 Uhr La Latina

Ribeira do Miño €€€
Ein Genuss für Meeresfrüchteliebhaber: Dieses galicische Restaurant serviert eine herrliche Auswahl köstlicher Gerichte, die Sie mit einem Glas gekühltem Albariño begleiten können. Alternativ können Sie Drinks und Snacks an der Bar genießen. An Wochenenden sind Reservierungen empfehlenswert.
225 D5 Calle Santa Brigida 1 915 219 854; www.marisqueriaribeiradomino.com Di–So 13–17, 20–24 Uhr Tribunal, Gran Vía

La Terraza del Casino €€€
Der katalanische Superstar und Küchenchef Ferran Adrià steht hier offiziell in beratender Tätigkeit zur Seite. Küche und Ambiente sind erlesen, das von Jaime Hayón kreierte Design ist avantgardistisch. Hier wird Etikette aufs Höchste gepflegt. Mit dem *menú de degustación* (135 Euro) erhalten Sie eine gute Auswahl der preisgekrönten Küche des Restaurants.
225 D3 Calle de Alcalá 15 915 321 275; www.casinodemadrid.es Di–Sa 13.30–16, 21–23.45 Uhr Sol, Sevilla

El Tempranillo €
Die Holztische dieser lebhaften Bar in einer mit legendären Restaurants und Bars gesäumten Straße sind ideal, um ein Glas Wein und eine Platte *embutidos* (gemischter Aufschnitt) oder *tostas* (Toast mit einer Auswahl leckerer Beläge) zu genießen. Sichern Sie sich einen Platz an der Bar, wenn die Tische besetzt sind.
224 B2 Calle Cava Baja 38 913 641 532 La Latina Di–So 13–16, 20–24, Mo nur 20–24 Uhr

Wohin zum … Einkaufen?

Es macht großen Spaß, in Madrid die extravaganten kleinen Geschäfte zu erkunden. Viele sind seit Generationen in Familienbesitz und erinnern an die gute alte Zeit, als es noch keine Ladenketten gab.

Im Zentrum an der Plaza Mayor findet sich ein Kleinod, die 1886 gegründete **Casa Yustas** (Tel. 913 665 084; casayustas.com; Metro: Sol) mit Hüten aller Art. In der Nähe liegt die **Casa Hernanz** (Calle de Toledo, 18; Tel. 913 665 450; www.alpargateria-casahernanz.com; Metro: Sol), berühmt für Espadrilles, während **Capas Seseña** (Calle de la Cruz, 23; Tel. 915 316 840; www.sesena.com; Metro: Sevilla) für seine *mantillas* und Wollumhänge für Damen wie für Herren bekannt ist. **Loewe** (Gran Vía 8; Tel. 915 226 814; www.loewe.com; Metro: Gran Vía) punktet seit 1846 mit hochklassigen Handtaschen, Gürteln, Seidenartikeln etc. Weitere Loewe-Shops finden Sie in der Calle Serrano 26 und 47 (Accessoires) sowie im Hotel Palace (Plaza de las Cortes).

Das gut betuchte Viertel Salamanca ist die Heimat spanischer Klassiker wie **Purificación García** (Calle de Serrano 28; Tel. 914 358 013; www.purificaciongarcia.com, Metro: Serrano) mit eleganter Damenkollektion. **Ágatha Ruiz de la Prada** (Calle de Serrano 27; Tel. 913 190 501; www.agatharuizdelaprada.com, Metro: Serrano) hat sich als farbenfrohe Design-Gigantin einen Namen gemacht. In der Calle de Serrano finden Sie weitere Boutiquen und Juweliere, auch in den abzweigenden Gassen werden Sie fündig. Nachwuchs-Designer, internationale Namen und unabhängige Boutiquen finden Sie um die Calle Fuencarral in Chueca. Modegeschäfte drängen sich um die Plaza Puerta del Sol, Gran Vía, Calle del Carmen und Calle Preciados direkt im Zentrum. Hier finden Sie Filialen von Zara und Mango sowie andere bekannte internationale Marken.

KAUFHÄUSER

Im größten Kaufhaus der Stadt, dem **El Corte Inglés** (www.elcorteingles.es), bekommen Sie alles, was Sie sich wünschen. Über ganz Madrid sind Filialen verstreut; am zentralsten ist die in der Calle de Preciados 1–4 (Tel. 901 122 122; Metro: Sol). Legendär sind vor allem die Sommer- und Winterkampagnen.

MÄRKTE

Wenn Sie Schnäppchen oder Besonderheiten suchen, ist der **Rastro** (Calle de la Ribera de Curtidores; So vormittags bis ca. 14 Uhr; Metro: La Latina) Pflicht. Auf dem berühmtesten Flohmarkt des Landes wird alles von Nippes bis zu Antiquitäten (► 190f) verkauft.

Auch die Lebensmittelmärkte lohnen einen Besuch. Im Zentrum folgt man einfach den Einkaufskörben zum **Mercado de San Miguel** (Plaza de San Miguel; www.mercadodesanmiguel.es; Metro: Sol); Stil und Flair hat auch der **Mercado Antón Martín** (Calle de Santa Isabel, 5; www.mercadoantonmartin.com; Metro: Antón Martín) mit seiner altmodisch gekachelten Fassade.

KUCHEN UND KONFISERIE

Casa Mira (Carrera de San Jerónimo 30; www.casamira.es; Metro: Sevilla) produziert seit 1842 *turrón* sowie andere leckere Süßwaren. Die Spezialitäten von **La Mallorquina** (Plaza Puerta del Sol/Ecke Calle Mayor; www.pastelerialamallorquina.es; Metro: Sol) sind *napolitanas*, *trufas* und *reinas de nata*.

Wohin zum … Ausgehen?

Wer wissen will was los ist, besorgt sich das englischsprachige Monatsmagazin *In Madrid* (www.inmadrid.com) oder das spanische Wochenprogramm *Guía del Ocio* (www.guiadelocio.com/Madrid) mit Unterhaltungs-, Kino-, Theater- und Restauranttipps.

NACHTLEBEN

Feiern von früh bis spät lautet die Devise in der Kapitale des Nachtlebens. Starten Sie in den ***bares de copas*** (► 45), in der häufig DJs auflegen. Für eine Bar-Tour bieten sich v. a. die Calle de las Huertas, die Plaza Santa Ana oder – noch cooler – die als Gay-Viertel bekannte Gegend um Chueca an. Insbesondere im Sommer finden Sie in La Latina einige interessante Locations, wie das legendäre **El Viajero** (Plaza de la Cebada; www.elviajeromadrid.com; Metro: La Latina).

Jazz-Liebhaber gehen ins **Café Central** (Plaza del Ángel 10; Tel. 913 694 143; www.cafecentralmadrid.com; Konzerte ab 21 Uhr; ab 9 Euro; Metro: Antón Martín) oder ins **Café Populart** (Calle Huertas 22; Tel. 914 298 407; www.populart.es; Metro: Antón Martín), das zu fortgeschrittener Stunde tolle Konzerte bietet.

Zu späterer Stunde geht es weiter in Diskotheken und Discobars (oft Eintritt, in dem in der Regel ein Getränk enthalten ist). Im **Kapital** (Calle de Atocha, 125; Tel. 914 202 906; www.grupo-kapital.com; Metro: Atocha) kann man unter mehreren Tanzflächen wählen, während die zur Kapital-Gruppe gehörige **Fabrik** (viele Events) weit vor den südlichen Stadttoren liegt (Avenida de la Industria 82, Km 3, Carretera Fuenlabrada; Tel. 902 030 322; www.grupo-kapital.com). In der Live-Music Bar **Honky Tonk** steigen Unmengen an unterschiedlichen Konzerten (Calle de Covarrubias 24; Tel. 914 456 191; www.clubhonky.com).

KLASSISCHE MUSIK UND THEATER

Kaum zu überbieten ist das **Teatro Real** (Plaza de Oriente; Tel. 915 160 600; www.teatro-real.com; Metro: Ópera), ein aufpoliertes ehemaliges Theater und das beste Opernhaus der Stadt. In Madrid ist die *zarzuela* zu Hause, die man sich am besten im **Teatro de la Zarzuela** (Calle Jovellanos, 4; Tel. 915 245 400; http://teatrodelazarzuela.mcu.es; Metro: Banco de España) anhört.

Klassik-Liebhaber sollten sich das Programm des **Teatro Monumental** (Calle de Atocha, 65; Tel. 914 292 181; Metro: Antón Martín) ansehen. Theater, Musik und Tanz werden in der ganzen Stadt angeboten; die schönsten Musicaltheater namens **Lope de Vega** und **Coliseum** liegen an der Gran Vía.

FLAMENCO

Zu den besten der zahlreichen *tablaos* (Flamencolokale) zählt das **Café de Chinitas** (Calle de Torija, 7; Tel. 915 471 502; www.chinitas.com; Metro: Santo Domingo).

Eine weitere Option ist das **Corral de la Morería** (Calle de la Morería 17; Tel. 913 658 446; www.corral-delamoreria.com), wo Flamencoshows steigen. Wer dorthin gelangen will, spaziert vom Königspalast die Calle Bailén hinunter, bis man die Calle Segovia überquert; kurz darauf nach rechts. Wer *sevillanas*, einen anderen sinnlichen Tanz aus Andalusien, liebt, geht ins **Almonte** (Calle de Juan Bravo 35; Tel. 915 635 470; www.almontesalarociera.com; Metro: Núñez de Balboa); in der **Sala Rociera** steigen gelegentlich Live-Shows.

Kastilien-León & La Rioja

Kleine Erlebnisse

Mysteriöses Bildnis

Die **Christusskulptur** in der Capilla del Santísimo Cristo (Kathedrale Burgos, ➤80) trägt echtes Menschenhaar!

Sturm auf den Turm

Das i-Tüpfelchen des Alcázar in Segovia (➤82) ist der **Aufstieg auf den Turm** – das kostet extra und 141 Stufen Kraft.

Schatzkammer

Wer im **Panteón von San Isidoro** in León (➤88) der Wendeltreppe hinauffolgt, steht in der Schatzkammer das Kirchenkomplexes.

Erste Orientierung

Das Spanienbild vieler Menschen ist vom Sonne-und-Strand-Image der Costa del Sol geprägt. Dazu gibt es keinen größeren Kontrast als Kastilien (Castilla), León & La Rioja. Hier erstreckt sich Kilometer um Kilometer eine einsame Hügellandschaft unter weitem Himmel, unterbrochen von vereinzelten Bergen und schmalen Flüssen; in den Ebenen und Tälern liegen nur wenige abgelegene Dörfer. Aus dieser leer wirkenden Landschaft ragen einige herrliche Städte der spanischen Meseta auf, Burgos, Segovia, Salamanca und León, die mit ihren vielen Baudenkmälern von der reichen Vergangenheit zeugen.

Für europäische Verhältnisse sind die Entfernungen hier relativ groß, und bisweilen wirken sie wegen der Einsamkeit des Landes sogar noch größer. Allerdings verstärken die langen Strecken zwischen den einzelnen Städten auch das Gefühl für die Bedeutung dieser schönen und geschichtsträchtigen Oasen. Wem der Sinn nicht nach langen Autofahrten steht, der konzentriere sich auf das Rechteck, das die Städte Burgos, Segovia, Salamanca und León bilden. Dann bekommt man die herrlichsten Kathedralen und Bauten zu sehen und erhält einen guten Eindruck vom gebirgigen Landesinneren Spaniens.

Gleich im Osten dieser historischen Region liegt die Hügellandschaft La Rioja, berühmt für ihre Weingüter. Elegante Provinzstädte und verträumte Dörfer wechseln sich ab mit faszinierenden *bodegas* (Weingütern), einige davon in überwältigenden Gebäuden, die von weltberühmten Architekten entworfen wurden.

Abseits dieser wichtigen Städte liegen in idyllischer Landschaft malerische Dörfer wie Covarrubias, und das ehemals bedeutende Ávila bildet einen hübschen kulturellen Kontrast zu den Naturschönheiten der Sierra de Guadarrama. Mit dem Auto herumzufahren ist problemlos; die Straßen sind sehr gut und wenig befahren, denn das gesamte Gebiet wurde vom ausländischen Tourismus vergleichsweise wenig entdeckt. Die größte Schwierigkeit ist wohl, eine Entscheidung zu treffen, was man auslassen muss, denn meist hat man nur wenig Zeit.

Detail der gotischen Kathedrale von Burgos

Die gewaltigen Granitbögen des römischen Aquädukts von Segovia

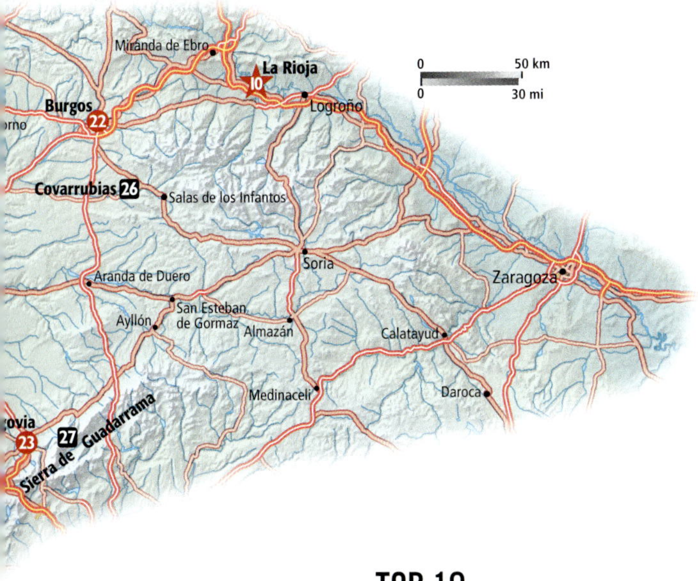

TOP 10

Nicht verpassen!

Nach Lust und Laune!

In sieben Tagen

Mindestens sieben Tage benötigen Sie, um die wichtigsten Ziele in Kastilien-León und im Rioja-Gebiet zu besuchen. Folgen Sie unserem Tagesprogramm und Sie werden kein Highlight verpassen.

Erster Tag

Den Vormittag verbringen Sie in der Altstadt von ㉒ **Burgos** (➤ 80f). Besichtigen Sie die **Kathedrale**, bevor Sie in einem der Restaurants in der überschaubaren Altstadt zu Mittag essen. Nun überqueren Sie den Fluss, um das **Real Monasterio de las Huelgas** (➤ 81) zu besuchen; anschließend kehren Sie in die Innenstadt zurück und machen einen Schaufensterbummel, bevor Sie sich auf dem **Paseo del Espolón** zum Abendspaziergang unters Volk mischen. An der **Plaza del Rey San Fernando** in der Nähe der Kathedrale können Sie sich einen Aperitif genehmigen, bevor Sie sich ein Restaurant fürs Dinner suchen. Wenn Sie nicht die Absicht haben, am Ende Ihres Urlaubs nach Burgos zurückzukehren, sollten Sie einige Tage in der Region Rioja (➤ 78f) verbringen, bevor Sie nach Segovia weiterreisen.

Zweiter Tag

Nehmen Sie die A1 in Richtung Süden nach Segovia, und machen Sie vielleicht einen Abstecher nach ㉖ **Covarrubias** (Abb. rechts, ➤ 90) und **Santo Domingo de Silos** (➤ 90), wo man auch zu Mittag essen kann. Weiter geht es nachmittags zunächst auf der A1, dann biegen Sie nach Südwesten auf die N110 nach ㉓ **Segovia** (➤ 82f) ab. Einen ersten Überblick erhält man, wenn man beim Aquädukt auf die Altstadt schaut. Ein Drink in einem Straßencafé an der **Plaza Mayor** ist ein guter Start in den Abend. Dann gehen Sie Essen und machen später noch einen Bummel.

Dritter Tag

Verlassen Sie Segovia über die **Iglesia de la Vera Cruz** (➤ 83), und fahren Sie in Richtung Südwesten nach ㉘ **Ávila** (➤ 90), wo Sie eine Mittagspause einlegen können, bevor Sie ein Stück auf der Stadtmauer entlangspazieren. Über die N501 geht es nachmittags gen Nordwesten nach ㉔ **Salamanca** (➤ 84f), wo Sie gerade rechtzeitig eintreffen, um über die **Plaza Mayor** zu flanieren.

Vierter Tag

Am Vormittag besichtigen Sie am besten die Hauptsehenswürdigkeiten von Salamanca, die **Kathedrale** und die **Universität**, bevor Sie sich an der **Plaza Mayor** oder im näheren Umkreis beim Mittagessen entspannen. Nun ist es an der Zeit, einige Kirchen und Klöster der Stadt zu bewundern. Anschließend fahren Sie in Richtung Norden über Zamora nach 25 **León** (➤ 88f).

Fünfter Tag

Bewundern Sie die **Kathedrale** in der Morgensonne, bevor Sie sich dem Kircheninnenraum zuwenden. Als Nächstes sind **San Isidoro** (➤ 88) und das **Panteón** (➤ 88) an der Reihe. Zum Mittagessen bleiben Sie in der Altstadt. Danach unternehmen Sie einen Schaufensterbummel im neuen Teil von León, dann spazieren Sie durch die Gartenanlagen am Fluss, wo Sie sich in der Bar des *parador* **San Marcos** (➤ 88f) eine Erfrischung gönnen.

Den Abend verbringen Sie am besten in der historischen Altstadt in einem der stimmungsvollen Lokale rund um die **Plaza de San Martín** (➤ 89).

Sechster Tag

Nach dem Besuch der großen Städte können Sie für ein entspanntes Urlaubsende nach 10 **La Rioja** (➤ 78f) zurückkehren. Brechen Sie früh auf und nehmen Sie die A231 nach Burgos. Wechseln Sie auf die sehr schöne N120, die nach **Logroño** (➤ 78) und ins Herz von Rioja Alta führt. Zum Mittagessen können Sie eine Pause in Santo Domingo de la Calzada einlegen. Erkunden Sie die alten Steinstraßen und Plätze mit Säulengängen von Logroño. Die schöne Kathedrale und beeindruckenden Kirchen sind seit Jahrhunderten Anlaufpunkte der Pilger auf dem **Camino de Santiago** (➤ 31ff). Am Abend nach 21 Uhr, wenn das Nachtleben beginnt, bieten sich die berühmten Tapas-Bars auf der Calle Laurel und Calle de San Juan an, die sich auf unterschiedliche Gerichte spezialisiert haben. Viele sind allerdings am Sonntag- und Montagabend geschlossen.

Siebter Tag

Nehmen Sie an einer Weinprobe teil (Infos beim Tourismusbüro ➤ 79), um nicht selbst fahren zu müssen. Wenn Sie sich lieber auf eigene Faust auf Entdeckungstour begeben möchten, überqueren Sie den Fluss zu den berühmten *bodegas* von **Rioja Alavesa** (➤ 78). Kehren Sie am Abend zurück nach **Logroño** und machen Sie einen Spaziergang am Fluss oder legen Sie eine Pause am grünen Ufer ein, bevor Sie sich wieder aufmachen, um die Tapas zu probieren, die Sie am Vorabend nicht mehr geschafft haben.

10 La Rioja

Die Weingüter in der Hügellandschaft entlang des Ebro produzieren Rioja, den bekanntesten Qualitätswein Spaniens. Weinliebhaber verbringen problemlos mehrere Tage damit, den Weinrouten der Region zu folgen, zu probieren und zu kaufen. Alternativ können Sie die Region individuell erkunden – zu Fuß, per Fahrrad oder auf dem Pferd.

Haro

Haro ist die Hauptstadt der oberen Weinregion Rioja Alta, ausstaffiert mit einer kleinen Altstadt und vielen Möglichkeiten zu Weinproben. Berühmte Weinproduzenten wie Bodegas Bilbainas, Cune und rund ein Dutzend mehr liegen in Gehweite zur Stadt. Fragen Sie in den Tourismusbüros nach den Besuchszeiten der *bodegas*, von denen die meisten für die Öffentlichkeit zugänglich sind. Allerdings müssen Sie sich vorher im Regelfall zu einer Führung anmelden!

Logroño und Laguardia

Weiter das Tal hinunter liegt Logroño, eine wohlhabende Stadt mit einer schönen Kathedrale, grünen Uferzonen am Ebro und fantastischen Tapas. Am gegenüberliegenden Ufer, in Rioja Alavesa und damit im Baskenland, liegt Laguardia, eine alte Festungsstadt. Sie ist nur wenige Kilometer entfernt von den markanten, tempelähnlichen Bodegas Ysios des spanischen Architekten Santiago Calatrava und den beeindruckenden Bodegas Marqués de Riscal von Frank Gehry. Auch andere bodegas der Region sind gute Beispiele für erstklassige zeitgenössische Architektur.

KLEINE PAUSE

Appetit auf Tapas, die köstlichen Häppchen? Dann machen Sie sich auf in die Calle Laurel und Calle de San Juan im Zentrum von Logroño. Die Straßen sind gesäumt von Bars, die sich auf verschiedene Tapas spezialisiert haben.

Rechts: Weingüter im fruchtbaren Tal des Ebro produzieren die Rioja-Weine

Links: Die Rioja-Weine reifen in Eichenfässern

La Rioja

213 D3

Touristeninformation, Haro
Plaza de la Paz
941 303 580; www.haroturismo.org
Di–So 10–14, Sa auch 16–19 Uhr

Touristeninformation, Logroño
c/ Portales 50
941 291 260; www.lariojaturismo.com
im Sommer Mo–Fr 9–14, 17–20, Sa 10–14, 17–20, So 10–14, 17–19; sonst Mo–Fr 9–14, 16–19, Sa 10–14, 17–19, So 10–14 Uhr

Touristeninformation, Laguardia
Calle Mayor 52
945 600 845; www.laguardia-alava.com

Bodegas Bilbainas
Calle Estación 3, Haro
941 310 947; www.bodegasbilbainas.com
Führungen: tägl. aber nur nach Voranmeldung

Cune
Barrio del Estación, Haro
941 304 800; www.cvne.com
Führungen: Mo–Sa, So nur bis zur Mittagszeit; Reservierung erforderlich.

Bodegas Ysios
Camino de la Hoya, Laguardia
945 600 640; www.ysios.com
Führungen: Mo–Fr 11, 13, 16, Sa, So 11, 13 Uhr; Reservierung erforderlich.

Bodegas Marqués de Riscal
C/ Torrea 1, Elciego 945 180 888; www.marquesderiscal.com
aktuelle Öffnungszeiten telefonisch erfragen; Besuche sind tägl., auch Online-Reservierungen möglich

BAEDEKER TIPP

Im Südteil der Rioja lösen noch ältere Sehenswürdigkeiten die Weingüter ab – tolle Familienziele! Bei Orten wie Enciso und Cornago finden Sie frei zugänglich in der Natur **versteinerte Dinosaurierspuren**. Auch riesige Dinosauriernachbildungen neueren Datums gibt es zu entdecken.

22 Burgos

Aus dem Flachland von Kastilien ragt die alte Stadt Burgos mit ihrer prächtigen Kathedrale auf; sie ist geschichtlich untrennbar mit den glorreichen Tagen der Reconquista und dem Pilgerweg nach Santiago de Compostela verbunden. Auf das moderne Burgos sind die Bürger sehr stolz, denn die vielen geschichtsträchtigen Gebäude und die Lage am Fluss geben eine schöne Kulisse für das städtische Leben in dieser Provinzhauptstadt ab.

Burgos war im Mittelalter vorübergehend die Hauptstadt von Kastilien. Von hier aus eroberte Ferdinand III. Murcia, Córdoba und Sevilla von den Mauren zurück, und unter seiner Herrschaft wurde auch mit dem Bau der Kathedrale begonnen. Einen ersten Überblick verschafft man sich, wenn man durch die Fußgängerzone zur **Plaza Mayor** spaziert. Dabei sollte man auf die vielen verglasten Galerien an den Gebäuden achten; sie sind typisch für diesen Teil Kastiliens.

Die Innenstadt

Die Statue von El Cid zu Pferd im Stadtzentrum

Über den Fluss Arlanzón führen zwei historische Brücken. Wer Bekanntschaft mit El Cid, dem Helden aus dem 11. Jahrhundert, machen möchte, spaziert zur **Puente de San Pablo**, wo Sie kurz zuvor ein dramatisches Reiterstandbild des Nationalhelden sehen und zum modernen Komplex des Museums der Menschheitsgeschichte hinüberblicken. Auf der Cid-Seite geht es über den baumbestandenen Paseo del Espolón – beliebt für den Abendspaziergang – am Wasser entlang hinunter zur **Puente de Santa María**, der zweiten Brücke, und zum weißen **Arco de Santa María**. Dieses Tor mit Zinnen und Türmchen gehörte einst zur Stadtmauer und war im 16. Jahrhundert mit Figuren geschmückt. Eine der Skulpturen zeigt ebenfalls El Cid.

Das Tor führt zu den hübschen Plätzen rund um die **Kathedrale**, wo man eine erholsame Kaffeepause einlegen kann. Hier bekommt man zum ersten Mal die vielen gen Himmel strebenden Pfeiler und Fialen, die reichen Steinmetzarbeiten und den Figurenschmuck aus nächster Nähe zu sehen, die dieses **Meisterwerk der Gotik** auszeichnen. Die Kirche wurde 1221 unter Ferdinand III. begonnen und ist die drittgrößte Kathedrale Spaniens. An ihr lässt sich die Entwicklung der Gotik vom 13. bis zum 15. Jahrhundert nachvollziehen. Innen verbinden sich Elemente aus dem Norden mit maurischen Traditionen zu einer überwältigenden Fülle von Gängen, Kapellen, Gewölben und Skulpturen. Die Kirche beeindruckt also durch Vielfalt, nicht durch die Geschlossenheit der Form. Konzentrieren Sie sich deshalb auf die Besonderheiten: den schlichten **Grabstein von El Cid** unter der Vierung des Querschiffs, das herrliche,

Die gotische Kathedrale von Burgos, eine architektonische Glanzleistung

maurisch inspirierte **Sternengewölbe** und vor allem die Kapellen, die alle so groß sind, dass sie schon wie eine eigene Kirche erscheinen. Die schönste ist die achteckige **Capilla del Condestable** hinter dem Hochaltar aus dem Jahr 1482; sie ist größtenteils das Werk von Simon von Köln. In der Nähe kann man die herrliche **Escalera Dorada** (Goldene Treppe) bewundern, eine doppelläufige Treppe im nördlichen Querschiff. Die **Capilla del Santísimo Cristo** in der Südostecke des Kirchenschiffs ist dagegen erheblich schlichter, beherbergt dafür aber eine »lebensechte« Christusfigur aus dem 14. Jahrhundert.

Real Monasterio de las Huelgas

Dieses Kloster liegt etwas abgeschieden am Stadtrand und wurde 1187 als Lustschloss für Alfons VII. und seine Gattin Eleonore von England gegründet, eine Tochter Heinrichs II. Das **Kloster** war einst eines der mächtigsten in ganz Spanien und diente auch als Grablege vieler kastilischer Monarchen. Es ist für seinen **Mudéjar-Stil** bekannt, den man an der Decke des gotischen Kreuzgangs bewundern kann. Man achte auf die typischen Sternenmuster und Pfauenmotive. Das Museum präsentiert schöne Textilien aus dem Mittelalter und Schmuck.

BAEDEKER TIPP

Für eine ausführliche Besichtigung der Kathedrale stehen **Audioführer** zur Verfügung, die im Eintrittspreis enthalten und auch auf Deutsch einstellbar sind.

- Bei der **Besichtigung von Las Huelgas** sollte man sich nach einer **deutschen oder englischen Führung** erkundigen und ggf. eine solche abwarten.
- Hinter der Kathedrale geht es zur Burg mit dem **Mirador del Castillo** hinauf; von dort oben hat man einen **herrlichen Blick über die Stadt**. Eine Besichtigung der Burg ist auch für Familien mit Kindern spannend.

Außerdem: Es lohnt sich, am **Fluss** eine Pause einzulegen, um sich die vielen wilden Blumen, Bäume, Büsche und Gräser anzusehen – eine Oase der Ruhe in der Innenstadt, wie man sie selten findet.

---

212 C3

Touristeninformation
Plaza Alonso Martínez 7 947 203 125; www.aytoburgos.es Juli bis Mitte Sept. Mo–Sa 9.30–14, 17–20, So 9.30–17; sonst Mo–Sa 9.30–14 , 16–19, So 9.30–17 Uhr

Kathedrale
Plaza Santa María 947 204 712; www.catedraldeburgos.es Mitte März bis Anfang Nov. 9.30–19.30; sonst 10–19 Uhr, Kassenschluss 1 Stunde vorher 7 Euro

Real Monasterio de las Huelgas
Compases 947 201 630; www.patrimonionacional.es Di–Sa 10–14, 16–18.30, So 10.30–15 Uhr; Kassenschluss 1 Stunde vorher 7 Euro; Führungen vor allem in spanisch; Mi, Do nachm. für EU-Bürger frei

23 Segovia

Segovia ist einfach herrlich. Die Stadt ist voll von Denkmälern, Kirchen, Herrenhäusern und Plätzen und liegt auf einem spitz zulaufenden Felsen vor der Kulisse der imposanten Sierra de Guadarrama. Die Stadt wurde im 11. Jahrhundert den Mauren abgenommen; hier wurde Isabella die Katholische zur Königin von Kastilien gekürt. Die schönsten Bauwerke haben ihre Wurzeln im Mittelalter. In Segovia geht es relativ beschaulich zu, dennoch bietet die Stadt viel Abwechslung und hat v. a. eine ganz eigene Atmosphäre. Es ist sicher eines der Topziele, wenn man die Großregion Kastilien-León erkunden will.

Der römische Aquädukt

Der imposante römische **Aquädukt** (*acueducto*, 1. Jh. n. Chr.) brachte das Wasser aus über 15 km Entfernung in die Stadt. Er ragt hoch über der Plaza del Azoguejo in der hübschen Unterstadt auf. Die bemerkenswerte Konstruktion zählt 167 Granitbögen, ist in ihrem Endstück 800 m lang und maximal 28 m hoch und steht ohne Zement oder Mörtel fest und solide da, wobei der moderne Verkehr und die Umweltverschmutzung allerdings ihren Tribut fordern.

Die Kathedrale

1525 begann Karl V. mit dem Bau der **Kathedrale**; die Arbeiten sollten 200 Jahre dauern. Außen wachsen Fialen, Kuppeln und Strebepfeiler in den Himmel; innen ist der Kirchenraum von einem schweren Marmorchor geprägt. In den Räumen am Kreuzgang befindet sich auch das **Museum** der Kathedrale; auf einer Seite wacht ein frei stehender Turm über die ganze Pracht.

BAEDEKER TIPP

- Im Alcázar kann man zum Zusatzpreis von 3 Euro einen **Audioführer** (einstellbar auf Deutsch) mieten, und es gibt auch eine Broschüre.
- Etwas außerhalb der Stadt genießt man immer wieder einen anderen Blick auf die Kathedrale und den Alcázar. Die **schönste Gesamtansicht** bietet sich von der Straße nach Cuéllar 2 km nördlich der Stadt.
- **Bummeln** Sie einfach ein bisschen durch Segovia, und lassen Sie sich von den verschwiegenen Ecken und schönen Gebäuden überraschen.
- In den **Cafés an der Plaza Mayor** sollten Sie sich einen Tisch am Rand suchen, um die Atmosphäre und das bunte Treiben besser beobachten zu können.
- Wer ein Faible für **romanische Kirchen** hat, besuche **San Martín**, **Santísima Trinidad**, **San Millán** und **San Justo** (wechselnde Öffnungszeiten; hier Mo–Sa 10.45–13.45, 16–19 Uhr). In Santísima Trinidad gibt es in der doppelbögigen Apsis herrliche Säulenkapitelle zu sehen; San Millán besitzt einen für Segovia typischen offenen Portikus und einen mozarabischen Turm (► 18).
- In Segovia tanzen die Puppen! Seit 1986 wird hier alljährlich im Mai das **internationale Marionettenfestival Titirimundi** (www.titirimundi.es) abgehalten; vor Ort gibt es Tickets zu verschiedenen Spielstätten.

Der Alcázar

Noch phantastischer ist der **Alcázar** von Segovia mit seinen markanten Türmchen und schrägen Dächern. Er befindet sich am westlichen Ende des Felsens, also am weitesten vom Aquädukt entfernt. Der Alcázar entstand im 14. und 15. Jahrhundert als Residenz der Könige; der heutige Bau ist größtenteils eine Rekonstruktion aus dem Jahr 1862, da die Originalburg abbrannte. Es lohnt sich, die Räumlichkeiten mit viel Gold und Friesen im Mudéjar-Stil, Gemälden und Möbeln zu besichtigen. Auch der Blick von hier ist herrlich.

Iglesia de la Vera Cruz

Jenseits der Stadtmauer, also außerhalb von Segovia, steht ein bemerkenswerter Kirchenbau, die zwölfeckige **Iglesia de la Vera Cruz** (Heilig-Kreuz-Kirche), die im 13. Jahrhundert für den Templerorden errichtet wurde. Sie ist der Grabeskirche in Jerusalem nachempfunden und einzigartig in Europa. Im zweigeschossigen Innenraum sollen die Tempelritter einst ein Stück vom Kreuz Christi bewacht haben.

Segovias märchenhafter Alcázar

KLEINE PAUSE

Im **La Concepción** (Plaza Mayor 15; Tel. 921 460 930) erhält man die besten Gerichte der kastilischen Küche und viele phantasievolle Tapas.

---

212 B1

Touristeninformation
Plaza del Azoguejo 1 · 921 466 070; www.turismodesegovia.com · 10–19 Uhr

Kathedrale
Plaza Mayor · 921 462 205
April–Sept. tägl. 9.30–18.30, Okt.–März tägl. 9.30–17.30 Uhr
3 Euro; So 9.30–13.15 Uhr frei

Alcázar
Plaza de la Reina Victoria Eugenia
921 460 759; www.alcazardesegovia.com · April–Sept. tägl. 10–19; Okt.–März 10–18 Uhr · 4,50 Euro (Turm zusätzlich 2 Euro); jeden 3. Di im Monat (sofern kein Feiertag) für EU-Bürger frei

Iglesia de la Vera Cruz
Carretera de Zamarramala
921 431 475 · April–Sept. Di 16–19, Mi–So 10.30–13.30 und 16–19, Okt.–März Di 16–18, Mi–So 10.30–13.30 und 16–18 Uhr · 2 Euro; Di nachm. frei

24 Salamanca

Salamancas einmaliges Ensemble aus eleganten Kirchen, Adelshäusern und Plätzen, der alten Universität und akademischen Traditionen macht die Stadt zu einer der schönsten in Spanien. Sie ist von überschaubarer Größe, und ihre honigfarben schimmernden Gebäude machen sie noch attraktiver. Zu sehen gibt es viel. Deshalb streift man am besten durch die Straßen und lässt die Atmosphäre einer Stadt auf sich wirken, die mehr zu bieten hat als nur die Summe ihrer Sehenswürdigkeiten.

Die Besichtigungstour beginnt man am besten an der **Plaza Mayor**, die Philipp V. im 18. Jahrhundert als einen der größten Plätze der Welt anlegen ließ. Die Symmetrie der dreigeschossigen Gebäude mit ihren Arkaden wird durch das imposante Ayuntamiento (Rathaus) an der Nordseite akzentuiert. Über den Arkadenbögen ist eine Reihe von Porträtmedaillons angebracht; sie zeigen die spanischen Könige und Berühmtheiten wie El Cid und Christoph Kolumbus.

Überqueren Sie nun die Straße an der Südseite, um die Rúa Mayor hinunterzuspazieren. Auf halber Höhe steht an der Ecke rechts die **Casa de las Conchas** (Haus der Muscheln), ein Gebäude aus dem 15. Jahrhundert mit über 400 Steinmuscheln an der Fassade – sie erinnern an die Pilgerreise nach Santiago de Compostela (► 31ff). Gegenüber ragt die **Clerecía** auf, eine Barockkirche mit Kreuzgang aus dem 17. Jahrhundert.

Die harmonische Plaza Mayor aus dem 18. Jahrhundert ist das Herz der Stadt

Der Blick vom Convento de las Dueñas auf die Kathedrale ist spektakulär

Die Universität von Salamanca

Die **Universität** der Stadt wurde im 13. Jahrhundert gegründet und avancierte wegen ihrer Liberalität und ihres überragenden akademischen Niveaus rasch zu einem intellektuellen Zentrum Europas. Über 500 Jahre lang blühte hier die Wissenschaft; erst im 18. Jahrhundert nahm der Einfluss der Universität durch den extremen Klerikalismus und später wegen der Zerstörungen durch napoleonische Truppen ab. Heute wird die Hochschule zwar von Madrid und Barcelona überflügelt, doch genießt sie noch immer ein sehr hohes Prestige und ist bei ausländischen Studenten, die Spanisch lernen wollen, sehr beliebt.

Der kleine **Patio de las Escuelas** wird von mehreren Gebäuden im plateresken Stil flankiert. Hier befindet sich auch das Hauptportal der Universität, deren formvollendete platereske **Fassade** (1534) man an dieser Stelle am besten bewundern kann. Ihre Ranken, Wappen und Medaillons – das in der Mitte zeigt Isabella und Ferdinand, die Katholischen Könige – machen sie zu einem großartigen Kunstwerk.

Hinter dem Eingang gelangt man in einen Innenhof, der von Hörsälen umgeben ist; sie sind bis heute in Betrieb. Von hier lässt sich der ganze Gebäudekomplex erkunden. Sie beginnen mit der **Aula Fray Luís de León** mit Mobiliar aus dem 16. Jahrhundert. Der gelehrte Mönch, nach dem der Saal benannt ist, hatte fünf Jahre in den Kerkern der Inquisition verbracht. 1578 kehrte er hierher zurück und begann seine Vorlesung mit den Worten: »Dicebamus hesterna die …« – »Wie wir gestern gesagt haben …« Im Obergeschoss befindet sich die **Bibliothek** aus dem 18. Jahrhundert mit 40 000 Inkunabeln, frühen Drucken und vielen Bänden aus dem 16. bis 18. Jahrhundert.

Die Kathedralen

Am Eingang zur **Catedral Nueva** (Neue Kathedrale) gleich hinter der Universität sind weitere plateresken Reliefs zu bewundern. Die Arbeiten an dieser Kirche begannen 1513.

Sie sollte vom Prestige Salamancas zeugen und auch die **Catedral Vieja** (Alte Kathedrale) abstützen, denn diese drohte einzustürzen. Der Gegensatz zwischen den beiden Kirchen – die eine ist üppig dekoriert, die andere schlicht – macht den Gebäudekomplex zu etwas Besonderem. Die neue Kathedrale war in den 1560er-Jahren weitgehend vollendet, doch kamen noch größere barocke Anbauten hinzu. Eine Tür im südlichen Seitenschiff führt in die Alte Kathedrale, die mit viel Licht und goldenem Stein überrascht. Hinter dem Hauptaltar schimmert ein riesiger Altaraufsatz aus dem 15. Jahrhundert von Nicolás Florentino mit 53 Bildern, die Szenen aus dem Leben Christi und der Jungfrau Maria darstellen. Der angrenzende Kreuzgang ist von Kapellen gesäumt, die teils von der Universität als Seminarräume genutzt werden. Der eigentliche Höhepunkt ist die **Capilla de Anaya** mit zwei edlen Alabastergrabmälern und einer kleinen Orgel, angeblich der ältesten Europas.

Der Eingang zur Universidad Pontificia de Salamanca

Hinter der Kathedrale bietet das **Museo Art Nouveau y Art Déco** einen krassen Gegensatz. Es präsentiert hübsche Glas- und Porzellanarbeiten, Lampen und Mobiliar, doch das eigentliche Prunkstück ist das Gebäude selbst, die Casa Lis. Es wurde um 1900 für einen Jugendstilliebhaber größtenteils aus Buntglas errichtet, ist lichtdurchflutet und in lebendigen Farben gehalten.

Weitere Kirchen

Ein Stück weiter östlich liegt der **Convento de San Esteban** (Kloster des hl. Stephanus) mit einer wunderbaren Fassade im plateresken Stil, einem schönen Portikus und einem sehenswerten Kreuzgang aus dem 16. Jahrhundert in einer Stilmischung aus Gotik und Renaissance. Innen wird die Kirche im Osten von einem barocken Altaraufsatz von José Churriguera beherrscht, einer Ansammlung von dekorativen Säulen, Figuren und Blumenschmuck. Einen weiteren, sogar zweigeschossigen Kreuzgang kann man im **Convento de las Dueñas** bewundern. Man erklimmt die Treppen ins Obergeschoss, um den herrlichen Blick auf die Kathedrale – umrahmt von den unregelmäßig geformten Kreuzgängen – zu genießen.

In Richtung Norden geht es zum **Convento de Santa Clara** mit seinen zahllosen Schätzen. Die Fresken wurden erst in den 1980er-Jahren freigelegt. Am spektakulärsten ist sicher die Kirchendecke aus dem 14. Jahrhundert. Sie war unter einer vermeintlichen Barockdecke verborgen und ist mit Burgen und Löwen, dem Wappen von Kastilien und León, geschmückt.

KLEINE PAUSE

Begeben Sie sich zur Plaza Mayor, und suchen Sie sich unter den zahllosen Lokalen, die den Platz umgeben, eines aus, in dem Tapas angeboten werden. **Don Mauro** (Plaza Mayor 19; Tel. 923 281 487; www.restaurantedonmauro.es) zählt zu den Besten.

216 C5

Touristeninformation
Plaza Mayor 32 923 218 342; www.salamanca.es im Sommer Mo–Fr 9–14, 16.30–20, Sa 10–20, So 10–14 Uhr; sonst ab 18.30 Uhr geschl.

Casa de las Conchas
Calle Compañia 923 269 317
Mo–Fr 9–21, Sa 9–14, 17–20, So 10–14, 16–19 Uhr frei

La Clerecía
Calle Compañia 923 277 100
Di–Fr 10.30–12.45, 17–18.30 (Winter 16–17.30), Sa 10.30–13.30, 17–19.15, (Winter 16–17.30), So 10.30–13.30 Uhr 3 Euro

BAEDEKER TIPP

Wer in Zeitnot ist, konzentriert sich auf die **Plaza Mayor**, die **Kathedralen** und die **Universität** und sollte sich unbedingt etwa eine Stunde zum Bummeln gönnen.

- Der günstigste Zeitpunkt, um an der **Plaza Mayor** etwas zu trinken, ist bei Dunkelheit, denn dann erstrahlt der Platz im **Flutlicht**.
- Es lohnt, hinter der Kathedrale zum **Puente Romano** hinunterzubummeln; von dieser 400 Meter langen eleganten Brücke genießt man einen herrlichen Blick auf die Altstadt und den Berg.
- Beim Puente Romano über den Tormes liegt das **Museum der historischen Mehlfabrik** (Museo de la Fábrica de Harinas; Calle La Pesca 5; Tel. 923 281 628; 11–20 Uhr; Eintritt frei).

Universität
Calle Libreros
923 294 400
Mo–Sa 10–19, So 10–14 Uhr
10 Euro

Catedral Nueva und Catedral Vieja
Plaza de Anaya
923 217 476
tägl. 10–17.30 Uhr (im Sommer teilw. länger) 4,75 Euro

Museo Art Nouveau y Art Deco
Calle Gibraltar 14 923 121 425; www.museocasalis.org
April bis Mitte Okt. Di–Fr 11–14, 17–21, Sa, So 11–21, sonst Di–Fr 11–14, 16–19, Sa, So 11–20 Uhr
4 Euro; Do frei

Convento de las Dueñas
Plaza del Concilio de Trento
923 215 442
Mo–Sa 11–12.45, 16.30–17.30 Uhr
2 Euro

Convento de San Esteban
Plaza del Concilio de Trento
923 215 000
tägl. 10–13.30, 16–19.15 Uhr
3 Euro

Convento de Santa Clara
Calle Santa Clara
923 269 623
Mo–Fr 9.30–12.45, 16.25–18.10, Sa, So 9.30–14.10 Uhr
3 Euro

25 León

Die Stadt war zuerst eine Siedlung der Römer, dann die Kapitale des nördlichen Königreichs der Christen zur Zeit der Reconquista und erreichte vom 11. bis 13. Jahrhundert den Höhepunkt ihrer Macht. Die schönsten Baudenkmäler stammen aus dieser Epoche; sie befinden sich – von einer Ausnahme abgesehen – in der verwinkelten Altstadt. Um diesen historischen Kern breitet sich die moderne Stadt bis zum Fluss Bernesga aus; hier findet man alles, was man von einer stilvollen Provinzhauptstadt und Universitätsstadt erwarten kann.

Die großartigen Baudenkmäler von León zeugen davon, wie die romanische Architektur aus Frankreich über die Pyrenäen kam. Sie breitete sich entlang des Jakobsweges (► 31ff) über ganz Nordspanien aus. In León, eine der bedeutendsten Stationen am Jakobsweg, machten die Pilger Rast, um in der 1205 begonnenen Kathedrale zu beten.

Die hoch aufragenden Türme und die Fensterrosette in der Fassade von Leóns gotischer Kathedrale

Die Kathedrale

Die hoch in den Himmel ragende **Kathedrale** mit ihren Strebepfeilern und den großartigen Fensterrosetten ähnelt frappierend den gotischen Kathedralen in Frankreich. Der Kirchenraum mit den **schönsten Buntglasfenstern Spaniens** ist reich an glühenden Farben: Leuchtendes Rot und Gelb ersetzt die sanften Rosa- und Blautöne, wie man sie aus Frankreich kennt. Außen flankieren zwei Türme den mit Szenen vom Jüngsten Gericht verzierten **Haupteingang**.

San Isidoro

Von hier durch die Altstadt in Richtung Nordwesten, erreicht man in 10 Minuten **San Isidoro** (2. Hälfte des 11. Jh.). Die Kirche mit ihren maurischen Bögen ist jünger als das zugehörige **Panteón**, eines der frühesten romanischen Gebäude Spaniens, das Ferdinand I. als Mausoleum errichten ließ. Massive, gedrungene Pfeiler und Säulen tragen das Kirchengewölbe mit **Malereien aus dem 12. Jahrhundert**; sie zeigen Christus als Weltenherrscher und die Evangelisten, umgeben von Bibelszenen und Schmuckelementen. Die pastoralen Motive symbolisieren die zwölf Monate eines Jahres und sind so ansprechend wie vor Jahrhunderten.

Hostal de San Marcos

Weiter westlich, ein gutes Stück außerhalb des mittelalterlichen León, steht das 1168 als Pilgerherberge gegründete **Hostal de San Marcos**. Das Originalgebäude wurde im 16. Jahrhundert ersetzt, als das Kloster zum Hauptquartier des Santiago-Ritterordens wurde. Über dem Eingang ringt der heilige Jakobus mit den Mauren. Hinter der eleganten **plateresken Fassade** verbirgt sich ein wunderschöner Kreuzgang; ein Teil des Gebäudekomplexes fungiert heute als Parador. Die Hauptfassade der Kirche ist mit zahlreichen steinernen Jakobsmuscheln besetzt.

KLEINE PAUSE

In der Nähe der Kathedrale befindet sich das **Restaurante Catedral Bar** (Calle Mariano Domínguez Berrueta 17; Tel. 987 215 918). Dort bekommt man leckere Tapas an der Bar und im Restaurant dahinter auch komplette Mahlzeiten.

211 F3

Touristeninformation
Plaza de la Regla 3 · 987 237 082; www.turismoleon.org
Juli–Mitte Sept. Mo–Sa 9.30–14, 17–20, So 9.30–17,
Mitte Sept.–Juni Mo–Sa 9.30–14, 16–19, So 9.30–17 Uhr

Kathedrale
Plaza de la Regla · 987 875 770; www.catedraldeleon.org
Mai–Sept. Mo–Fr 9.30–13.30, 16–20, Sa 9.30–12, 14–18,
So 9.30–11, 14–20, Okt.–April Mo–Sa 9.30–13.30, 16–19, So 9.30–14 Uhr
5 Euro (inkl. Audioführer und separatem Eintritt in den Kreuzgang)

Museo Diocesano
Plaza de la Regla · 987 875 770 · Mai–Sept. Mo–Fr 10–13.30, 16–20,
Sa 10–12, 16–19; So 10–11, 14–20 Uhr, Okt.–April Mo–Sa 10–13.30, 16–19 Uhr
5 Euro (3 Euro, sofern man ein Ticket für die Kathedrale vorweisen kann)

Panteón y Museo de San Isidoro
Plaza de San Isidoro · 987 876 161; www.sanisidorodeleon.net
Juli–Aug. Mo–Sa 9–20, So 9–14; Sept.–Juni Mo–Sa 10–13.30, 16–18.30,
So 10–13.30 Uhr · 5 Euro

Hostal de San Marcos
Plaza San Marcos 1 · 987 228 578 · Di–Sa 10–14, 17–20 (Juli–Sept.)
16–19 (Okt.–Juni), So 10–14 Uhr · 0,60 Euro; Sa, So frei

BAEDEKER TIPP

- Nicht versäumen sollten Sie Antoni Gaudís neugotische **Casa de Botines** gegenüber dem Palacio de los Guzmanes.
- Die beste Möglichkeit, das **Hostal San Marcos** zu besuchen und den schönen Kreuzgang zu besichtigen, bietet sich im Rahmen einer Übernachtung im *parador*.
- In den Straßen rund um die **Plaza de San Martín** findet man die lebhaftesten und stimmungsvollsten Kneipen und Restaurants.
- Wenn Sie mit dem Auto unterwegs sind, können Sie nahe der Flussuferbereiche parken. Von hier aus erreichen Sie alle wichtigen Sehenswürdigkeiten gut.
- An den **Flusspromenaden** am Bernesga oder im kleinen **Stadtpark** hinter der Puente de San Marcos, der Brücke der Jakobspilger, kann der Nachwuchs Dampf ablassen!

Nach Lust und Laune!

26 Covarrubias

Südöstlich von Burgos liegt eine der hübschesten Kleinstädte Kastiliens, **Covarrubias**, mit einer historischen *colegiata* (Stiftskirche), malerischen Fachwerkhäusern, Arkaden und mit ihren weiß getünchten, mit Blumen geschmückten Häusern. Ein Stück weiter im Süden befindet sich die Benediktinerabtei **Santo Domingo de Silos**. Hauptattraktion ist ihr zweigeschossiger romanischer Kreuzgang (11. Jh.) mit heraussragenden Figurenreliefs und Säulenkapitellen. Eindrucksvoll ist die Atmosphäre: Ruhe und Frieden und das sanfte Geplätscher des Brunnens. Die berühmten gregorianischen Choräle der Mönche können Sie sich abends in der Kirche anhören.

212 C3

Monasterio de Santo Domingo de Silos
Valle de Tabladillo 947 390 039; www.abadiadesilos.es Di–Sa 10–13, 16.30–18, So 12–13, 16–18 Uhr 3,50 Euro

27 Sierra de Guadarrama

Der Gebirgszug zwischen Madrid und Kastilien, erstreckt sich bis in den Nordwesten von Madrid und ist für Tausende von *madrileños* ein bevorzugtes Naherholungsgebiet. In der herrlichen Bergwelt liegen zwei Parks, **Peñalara** und **La Pedriza**. Eine Eisenbahn fährt von **Cercedilla** nach **Puerto de Navacerrada**, in **Manzanares el Real** lohnt das zauberhafte Schloss einen Besuch. Auf der anderen Seite des Gebirges befinden sich zwei Sommerpaläste der Bourbonen, **La Granja** mit sehenswerten Brunnen, und **Riofrío**, inmitten eines Parks gelegen.

212 C1

Die Burg bei Manzanares el Real

28 Ávila

Nach der Rückeroberung Ávilas ließ Alfons VI. die Stadtmauer von muslimischen Gefangenen errichten. Die Altstadt ist deshalb von diesem massiven Bollwerk mit 88 Wehrtürmen umgeben; man sollte zumindest ein Stück davon zu Fuß erkunden. Die Kathedrale ist ein architektonisches Durcheinander; die Bauarbeiten begannen im 11. Jahrhundert, die Apsis ist Teil der Stadtmauer. Gleich mehrere Klöster und Museen pflegen das Andenken der heiligen Teresa. Sie ist neben dem heiligen Jakobus die Schutzpatronin von Spanien und dient bis heute – in konservativeren Kreisen – spanischen Mädchen als Vorbild.

217 E5

Touristeninformation
Avenida de Madrid 39 920 354 000; www.avilaturismo.com im Sommer Mo–Fr 9–20; sonst tägl. 9–18 Uhr

Murallas (Stadtmauer)
Puerta del Alcázar, Puerta del Rastro Juli, Aug. tägl. 10–20, April–Juni, Sept., Okt. Di–So 10–20, sonst Di–So 10–18 Uhr; letzter Zugang 45 Minuten vorher 5 Euro

Kathedrale
Plaza de la Catedral 920 211 641; catedralavila.blogspot.com.es Zeiten wechseln, meist Mo–Fr 10–17.30, Sa 10–19, So 12–15 Uhr; Kassenschluss 45 Min. früher 4 Euro

Wohin zum ... Übernachten?

Preise
Für ein Doppelzimmer pro Nacht in der Vor- und Hauptsaison:
€ unter 80 Euro **€€** 80–130 Euro **€€€** 130–180 Euro **€€€€** über 180 Euro

BURGOS

El Mesón Del Cid €€
Mitten in der Altstadt hat dieses komfortable Hotel eine wunderbare Lage gegenüber der Kathedrale mit Blick auf die Plaza de Santa María. Die Zimmer (auch Familienzimmer) sind hell und heiter. Freundliches Personal, das angeschlossene Restaurant bietet eine gute Auswahl typisch kastilischer Spezialitäten.
212 C3 Plaza de Santa María 8
947 208 715; www.mesondelcid.es

Norte y Londres €–€€
Die für Burgos typischen hübschen Balkone und verglasten Galerien zieren die Fassade dieses schönen alten Hotels in der Altstadt. Die 50 geräumigen Zimmer mit Parkettboden sind einfach und klassisch eingerichtet. Das Frühstück wird im eleganten Speisesaal serviert.
212 C3 Plaza Alonso Martínez 10
947 264 125; www.norteylondreshotel.com

LA RIOJA

Hotel Marqués de Vallejo €€
Stilvolles, kleines Hotel in einem historischen Gebäude von 1911 im Zentrum von Logroño. Das Erdgeschoss bietet moderne Designelemente, während die komfortablen Gästezimmer in geschmackvollen Farben dekoriert sind. Die schicken Bäder sind ein Genuss. Das Personal ist freundlich und hilfsbereit. Das Frühstücksbüffet kostet extra.
213 D3
Calle Marqués de Vallejo 8, Logroño
941 248 333; www.hotelmarquesdevallejo.com

Hotel Villa de Laguardia €€–€€€
Das elegante 4-Sterne-Hotel bietet die perfekte Basis zur Erkundung der umliegenden Dörfer und Weinkeller. Die Zimmer sind einfach, aber ansprechend eingerichtet und mit allem ausgestattet. Zum Angebot gehören ein luxuriöses Spa, Leihfahrräder, eine schöne Außenterrasse und ein hervorragendes Restaurant – und das alles zu angemessenen Preisen.
213 D3 Paseo de San Raimundo 15, Laguardia 945 600 560; www.hotelvilladelaguardia.com

LEÓN

Hotel La Posada Regia €€€
Dieses kleine Mittelklassehotel bietet einen herzlichen Empfang und viel Komfort in der Nähe der Fußgängerzone der Altstadt. Das Hotel verfügt über komfortable ziegelverkleidete Zimmer, dekoriert in warmen, kräftigen Farben, sowie ein eigenes Restaurant, das sich auf lokale Gerichte spezialisiert hat.
211 F3 Calle Regidores 9–11
987 213 173; www.regialeon.com

Parador Hostal San Marcos €€€€
Dieser luxuriöse *parador* ist eines der besten Hotels in Spanien. Er stammt aus dem 16. Jahrhundert, doch die Einrichtung ist hochmodern. Die meisten Zimmer befinden sich in einem Anbau. Die Gemeinschaftsräume dieser ehemaligen Pilgerherberge sind mit Wandbehängen, Teppichen und Gemälden ausgestattet, die den Charakter eines bewohnten Museums vermitteln,

die herrlichen Kreuzgänge verströmen klösterliche Ruhe.
211 F3 Plaza San Marcos 7
987 237 300; www.parador.es

SEGOVIA

Infanta Isabel €–€€

Dieses traditionelle alte Hotel mit Blick auf die Plaza Mayor und die Kathedrale hat Holzböden und ist mit blumigen Drucken dekoriert. Viele der komfortablen Zimmer mit Bad bieten einen herrlichen Blick auf die Stadt.
212 B1 Plaza Major 12 921 461 300; www.hotelinfantaisabel.com

Parador de Segovia €€–€€€

Etwas außerhalb der Stadt gelegenes, modernes 4-Sterne-Haus mit vielen Annehmlichkeiten wie Sommerpool, Hallenbad und regionales Spezialitäten-Restaurant. Schöne Ausblicke auf die Stadt.
212 B1 Carretera de Valldolid s/n
921 443 737; www.parador.es

SALAMANCA

Petit Palace Las Torres €€

Dieses geschmackvolle moderne Boutique-Hotel ist in einem historischen Gebäude untergebracht, von dem viele Zimmer einen Blick auf die Plaza Mayor bieten. Die stilvollen Zimmer mit Bad sind gut ausgestattet und bieten ADSL-Verbindung und Flachbildfernseher.
211 F1 Plaza Mayor 26 und Calle Concejo 4 923 212 100; www.hotelpetitpalacelastorres.com

Hostal Sara €

Mit komfortablen Zimmern mit Bad und einer guten, zentralen Lage in der Nähe der Plaza Mayor ist dieses freundliche *hostal* ein gutes preisgünstiges Angebot. Fragen Sie nach einem Zimmer auf der Innenseite, denn in der Fußgängerzone vor dem Gebäude kann es ziemlich laut werden.
211 F1 Calle Meléndez 11
923 281 140; www.hostalsara.org

Wohin zum … Essen und Trinken?

Preise
Für ein Essen (z. B. auch ein typisches Tages-/Hausmenü, im Regelfall inkl. Wein):
€ unter 15 Euro **€€** 15–25 Euro **€€€** über 25 Euro

BURGOS

Casa Ojeda €€€

Dieses etablierte, gemütliche und beliebte Restaurant bietet klassische Gerichte aus Burgos. Die Atmosphäre wird bestimmt von maurischen Fliesen und niedrigen Decken voller interessanter Winkel und Ecken. Zu den typischen Gerichten zählen Seehecht auf baskische Art, geröstetes Lamm und *Alubias con Chorizo y Morcilla* (weiße Bohnen mit würziger Wurst). Es gibt auch das erlesene Gastronomische Menü *(menú gastronómico)*.
212 C3 Calle Vitoria 5 947 209 052; restauranteojeda.com Mo–Sa 13.30–16, 20.30–23.30; So 13.30–16 Uhr

Gaona Jardín €€

Versteckt in einer Gasse gleich um die Ecke von Kathedrale und der Fußgängerzone Calle de la Paloma liegt dieser kleine andalusische Garten. An der Bar werden leckere *pinchos* serviert, die als die besten der Stadt gelten. Zahlreiche dieser

Snacks stehen zur Auswahl: Probieren Sie Ziegenkäse mit Himbeeren, Foie mit Apfel, Blutwurst mit Paprika oder Wachteleier mit Wildpilzsoße. Die Portionen *(raciones)* sind ebenfalls gut und einfallsreich.
212 C3 Calle de la Sombrereria 29 947 206 191; gaonajardin.com Di–So 13–16, 20.30–23.30 Uhr

LEÓN

Boccalino €
Das schöne, großzügige Restaurant hat zur wärmeren Jahreszeit Tische im Freien an einem hübschen Platz. Eine gute Auswahl an *embutidos* (kaltes Fleisch), Salaten, aber auch Spezialitäten der Region wird geboten, daneben ein Tagesmenü. Wer möchte, kann gleich im angegliederten Hotel (€) übernachten.
211 F3 Plaza de San Isidoro 9 987 223 060; www.hotelboccalino.es 7–24 Uhr

Restaurante El Palomo €–€€
Typisches Einheimischen-Restaurant mit solider Küche. Zwei Menüs stehen zur Wahl. Die Auswahl ist breit gefächert, die Nachtische sind hausgemacht. Gute Weinkarte.
211 F3 Calle Escalerilla 8 987 254 225 Mo, Di, Do–Sa 13.30–16, 21–23.30, So 13.30–16 Uhr

SEGOVIA

El Descanso de Juan Pacheco €–€€
Die Tapas in dieser für Segovia typischen Bar in der Nähe des Plaza Mayor sind hervorragend und die Preise günstig. Sie gehört zum José María, einem der Top-Restaurants (€€€) der Stadt, das die traditionellen Klassiker der Region mit moderner Note serviert.
212 B1 Calle Cronista Lecea 11 921 461 111; restaurantejosemaria.com Tapas-Bar: 9–2 Uhr, Rest.: 13–16, 20–23.30 Uhr

Mesón de Candido €€€
In diesem historischen Gebäude aus dem 15. Jahrhundert unterhalb des Aquädukts ist Essen eine ernste Angelegenheit, denn das preisgekrönte Restaurant hält die Tradition der kastilischen Küche hoch. Absoluter Klassiker ist das Spanferkel *(cochinillo)*. Die *judiones a la Granja*, riesige weiße Bohnen, werden mit Schweineohren und -füßen serviert und sind ebenso eine Spezialität wie Lamm. Probieren sollte man auch die *tarta de ponche segoviano*, einen mit Alkohol getränkten Kuchen. Da das Restaurant sehr beliebt ist, wird eine Reservierung empfohlen.
212 B1 Plaza del Azoguejo 5 921 425 911; www.mesondecandido.es tägl. 13–16, 21–24 Uhr

SALAMANCA

El Mesón de Gonzalo €€€
Eine Treppe führt hinunter ins Gewölbe zu den schönen Speiseräumen dieses Gourmettempels von Salamanca. Die Ausstattung ist zurückhaltend, um die Tische gibt es viel Platz, und die Bedienung ist aufmerksam. *Cochinillo asado* (gebratenes Spanferkel) ist die Spezialität des Hauses, doch auch die anderen Fleischgerichte zeigen, welchen Wert man hier auf qualitativ erstklassige Zutaten legt.
211 F1 Plaza del Poeta Iglesias 10 923 217 222; www.elmesondegonzalo.es Mo–Sa 13–16, 21–24, So 14–17 Uhr

Mesón Las Conchas €–€€
Günstige Tapas-Bar inmitten von verlockenden Geschäften und in einer der attraktivsten Fußgängerzonen der Stadt. Neben der urigen Bar im Erdgeschoss, in der Tortillas mit Käse serviert werden, gibt es im ersten Stock ein überraschend elegantes Restaurant. Hier tragen die Kellner schwarze Fliegen. Auf der umfangreichen Speisekarte finden Sie Salate, vegetarische Gerichte, Fisch und zahlreiche Fleischgerichte. Das Hausmenü ist recht günstig.
211 F1 Rúa Mayor 16 923 212 167 tägl. 9–24 Uhr

Wohin zum … Einkaufen?

Kunsthandwerk – Textilien, Keramik und Lederwaren – können überall in der Region erworben werden, aber die guten Rioja-Weine und verschiedene regionale Süßigkeiten gehören mit zu den besten Souvenirs.

KUCHEN UND SÜSSIGKEITEN

Der *ponche segoviano* (ein in Likör getunkter Kuchen mit Vanillecremefüllung und Marzipan) wird in ganz Segovia verkauft. In Ávila sollten Sie die *yemas de Santa Teresa* probieren, ein klebriges gelbes Gebäck, das traditionell in den Klöstern der Stadt hergestellt und überall verkauft wird. Die Spezialitäten Salamancas sind *turrón* (harter Nougat aus Honig und Mandeln), *paciencias* (Mandelkuchen) und *chochos* (Mandel- und Schokoladenkuchen).

DER KAUF VON RIOJA

Schnäppchen werden Sie in Rioja kaum finden, dafür gute Weine, deren Preis ihrer Qualität und dem Renommee der Marke entspricht. Gran Reserva sind Weine, die mindestens zwei Jahre in Eichenfässern und weitere drei in der Flasche gereift sind. Als Nächstes auf der Qualitätsleiter kommen die Reservas, Weine mit drei Jahren Reifezeit, davon eins in Eiche. Crianzas sind in ihrem dritten Jahr und mindestens ein Jahr in Holz gereift. *Cosecha* oder *vino del año* sind junge Weine, häufig mit leichtem, fruchtigem Charakter. Günstige junge Weine findet man zu etwa 2,50–3 Euro pro Flasche. Gelegentlich sind deutlich preisgünstigere Abfüllungen in Plastikflaschen oder -kanister möglich, die man selbst mitbringen muss.

Wohin zum … Ausgehen?

Burgos, Segovia, Salamanca und León haben hohe Studentenzahlen, so dass es immer mindestens eine Straße in der Stadt gibt, in der das Nachtleben erst nach Mitternacht beginnt.

Insbesondere Salamanca ist für sein lebendiges Nachtleben bekannt, zu dem zum Teil die zahlreichen ausländischen Studenten an der Universität und den Sprachschulen beitragen. Besonders viel los ist in den Gassen um den Convento de las Úrsulas und Plaza de San Justo, in der Calle Varillas nahe am Markt und in den Arkaden der Gran Vía. Die Calle Clavel 6 ist ein guter Ort, um den Abend zu beginnen. Denken Sie daran, in Ihrem Hotel nach einem Zimmer auf der Innenseite zu fragen, wenn Sie vor dem frühen Morgen schlafen möchten.

Außerhalb der großen Städte verbringen die Besucher den Abend gerne beim *paseo* (Spaziergang am frühen Abend) mit den Einheimischen und genießen einen Drink und ein gutes Abendessen in der milden Abendluft mit Blick auf eine der faszinierenden Fassaden (nach Einbruch der Dunkelheit sind die Hauptgebäude angestrahlt). In einigen kleineren Städten und Orten wird sich das Angebot wahrscheinlich darauf beschränken.

Wenn Sie die Lokalkultur erleben möchten, fragen Sie in den **Tourismusbüros** (www.turismocastillayleon.com) nach Informationen zu den großen Fiesta-Wochen. Abgesehen von der Semana Santa (Osterwoche), die in León groß gefeiert wird, finden die meisten Festivals im Sommer statt, wenn der ganze Ort mit viel Lärm, zahlreichen Veranstaltungen, Essen und Trinken feiert.

Küstenregionen im Norden

Kleine Erlebnisse

Traumhafte Aussicht

Im **Stadtpark von Santiago de Compostela** (➤ 104) haben Sie die beste Aussicht auf die Kathedrale – traumhaft im Abendlicht!

Herrliches Küstenpanorama

Steigen Sie oberhalb der Hafenpromenade von Ribadesella (➤ 103) zur Kapelle, **Ermita de Guía**, auf. Welch ein Küstenpanorama!

Auf zu Hund und Spinne!

Nehmen Sie sich am **Guggenheim-Museum** (➤ 100) Zeit für die Tiere: oben der Blumenhund *Puppy*, unten die Bronzespinne *Maman*.

Erste Orientierung

Der Atlantik und die Berge prägen Nordspaniens Küstenregionen – Ebbe und Flut, die Wetterfronten, die von Westen herantreiben, die Lebensweise, die einem anderen Rhythmus unterliegt als im von der Sonne ausgedörrten Süden. All das macht den besonderen Zauber dieses abseits der Hauptbesucherströme liegenden Landesteils aus.

Die Szenerie ist beeindruckend: endlose Küsten und das Meer, grüne Felder und Wälder, Hügel und Berge. Man unternimmt hier an einem fast menschenleeren Strand einen Spaziergang, vertrödelt die Zeit in einem abgelegenen Dorf an der Costa Verde und folgt den Buchten der Rias Baixas, wo die Flüsse ins Meer münden. Galicien hat einen ganz besonderen Charakter: Hügel, weiße Sandstrände und fjordartige Einschnitte. Weiter östlich liegt die Costa Verde mit ihren grünen Ebenen, schönen Sandstränden und dem türkisfarbenen Meer. Hinter dieser herrlichen Küste erheben sich die grünen Hügel von Asturien und Kantabrien sowie die majestätischen Berge der Picos de Europa. Noch ein Stück weiter östlich befindet man sich

Die ruhige Playa del Tero nahe Llanes

Erste Orientierung

Die romanische *colegiata* (Stiftskirche) von Santillana del Mar aus dem 12./13. Jahrhundert

TOP 10

Nicht verpassen!

Nach Lust und Laune!

im Kernland der Basken mit seinen freundlichen Menschen, seinem ganz besonderen Individualismus und einer kulturellen Identität, die jedem Besucher auffällt. Das Baskenland erstreckt sich landeinwärts ins benachbarte Navarra. In dieser abwechslungsreichen Landschaft liegen historische Orte wie Pamplona oder Puente la Reina.

Davon abgesehen, kann die Region aber auch mit schönen Städten und großen Kulturschätzen aufwarten; so ist Santiago de Compostela eine der am besten erhaltenen mittelalterlichen Städte Spaniens, Santillana del Mar zählt zu den schönsten Dörfern der Region, Bilbao ist dank seines Guggenheim-Museums zum dynamischen Kulturzentrum avanciert.

In fünf Tagen

Fünf Tage sollten Sie für die Küstenregionen im Norden einplanen. Folgen Sie unserem Tagesprogramm, wenn Sie kein Highlight verpassen wollen.

Erster Tag

Vormittags

Am Vormittag besuchen Sie zunächst in 29 **Santiago de Compostella** die **Kathedrale** (➤ 104), das **Museo y Tesoro de la Catedral** (➤ 104) und die Gebäude rund um die **Praza do Obradoiro** (➤ 104f).

Nachmittags

Nach dem Essen in der Altstadt begeben Sie sich ins **Museo das Peregrinacións** (➤ 105); danach verbringen Sie vielleicht noch eine Stunde im **Museo do Pobo Galego** (➤ 105f).

Abends

Den *paseo* in der Altstadt vor dem Abendessen sollten Sie keinesfalls versäumen. Nach dem Essen bummeln Sie dann zur Praza do Obradoiro, um das Ambiente bei **Flutlicht** zu bewundern.

Zweiter Tag

Vormittags

Verlassen Sie nach dem Frühstück Santiago und nehmen Sie die *autopista* oder die Nationalstraße in Richtung 32 **La Coruña** (A Coruña; ➤ 109). Am Stadtrand geht es über die A6 in Richtung Lugo, von wo aus die N640 nach Nordosten zur Küste führt. Bei Ribadeo biegen Sie nach Osten auf die N634 oder die neue Autobahn ab.

Nachmittags und abends

Sobald die 9 **Costa Verde** (➤ 102f) erreicht ist, fahren Sie nach **Luarca** (Abb. rechts oben; ➤ 102), um ein paar Stunden die lockere Atmosphäre zu genießen; dann geht es weiter nach **Llanes** (➤ 103), wo Sie übernachten.

Dritter Tag

Weiter geht die Fahrt nach **Cangas de Onís**, dem Ausgangspunkt für einen landschaftlich herrlichen Tagesausflug zu den **Picos de Europa** (➤ 192f). Anschließend kehren Sie nach Llanes zurück oder fahren weiter in Richtung Osten, um die Nacht in dem malerischen Ort 30 **Santillana del Mar** (➤ 107) zu verbringen.

Vierter Tag

Vormittags

Brechen Sie früh am Morgen auf, um im 30 **Museo de Altamira** (➤ 107f) bei Santillana zu sein, bevor die Menschenmassen eintreffen.

Nachmittags

Nun ist es Zeit für eine Erkundung der Dörfer und Strände, die sich an der Costa Verde reihen. Machen Sie einen Abstecher ins **»Dinosaurier«-Museum in Lastres** (➤ 103), bevor es nach Santillana zurückgeht, wo Sie den Abend verbringen.

Fünfter Tag

Vormittags

Fahren Sie auf der Autobahn nach 8 **Bilbao** (Abb. unten; ➤ 100f). Nach Erreichen der Stadtgrenze, halten Sie nach den Wegweisern zum 8 **Museo Guggenheim Bilbao** (➤ 100) Ausschau. Den restlichen Vormittag verbringen Sie in der Ausstellung; danach essen Sie im Museumsrestaurant zu Mittag.

Nachmittags

Lassen Sie Bilbaos **Casco Viejo** (Altstadt) auf sich wirken, und widmen Sie sich dann den Geschäften – Bilbao hat einige der besten der Region, und außerdem gibt es abends ein reiches Unterhaltungsangebot.

8 Bilbao & Museo Guggenheim Bilbao

Anfang der 1990er-Jahre hielt sicher noch niemand Bilbao (bask.: Bilbo) für ein wichtiges Touristenziel. Heute hat es sich genau dazu entwickelt, und zwar dank des Museo Guggenheim. Dieses beeindruckende avantgardistische Gebäude war der Beginn einer umfassenden Umgestaltung der Stadt, die das gesamte Zentrum geprägt hat.

Museo Guggenheim Bilbao

Der Entwurf des Museums stammt von dem in Kanada geborenen Architekten Frank O. Gehry. Seit seiner Eröffnung im Jahr 1997 präsentiert es moderne und zeitgenössische Kunst. Am Ufer des Flusses Nervión gelegen, verblüfft das Bauwerk durch seine Konstruktion mit geschwungenen Linien aus Glas und schillerndem Titan. Das Gebäude ist rund um ein über 50 m hohes Atrium angelegt, von dem unregelmäßig geformte Galerien abgehen – die längste misst über 130 m. Glasaufzüge befördern die Besucher in die oberen Etagen von denen man wiederum zu den Ausstellungsräumen gelangt. Außen blickt man von einer Terrasse auf ein spiegelndes Wasserbecken über dem Fluss. Allein die meisterhafte Architektur, die die ganze Stadt beherrscht, lockt die Besuchermassen an, doch bietet das Museum auch abwechslungsreiche Ausstellungen von ganz unterschiedlicher Zielsetzung.

Das Museo Guggenheim Bilbao, ein spektakuläres Werk des Architekten Frank O. Gehry

Die Stadt

Das übrige Bilbao sollte man nicht einfach links liegen lassen, denn hier handelt es sich um eine florierende, freundliche Stadt im Tal des Nervión mit Blick auf grüne Hügel. Im **Casco Viejo** (Altstadt) auf der anderen Seite des Flusses liegen die gotische Kathedrale, die elegante Plaza Nueva und das **Museo Vasco**. Letzteres ist in einem schönen alten Gebäude um einen Kreuzgang herum untergebracht und widmet sich der Geschichte und Kultur der Basken. Hier im Casco Viejo findet man auch die besten Kneipen und Restaurants. Wieder auf der anderen Flussseite lohnt sich der Besuch des **Museo de Bellas Artes**. Dort gibt es großartige Gemälde von El Greco, Goya und Murillo, dazu die Werke verschiedener Künstler aus dem Baskenland. Erfahrungsgemäß sind auch die Wechselausstellungen von sehr guter Qualität. In der Nähe ist der riesige, phantasievolle Palacio Euskalduna ein gutes Beispiel für die architektonische Neugestaltung der Stadt. Ebenso wenig zu übersehen ist ganz in der Nähe der 165 m hohe Iberdrola-Turm.

KLEINE PAUSE

Zu neuen Kräften kommt man im **Bistró Guggenheim Bilbao** (Avenida Abandoibarra 2; Tel. 944 239 333; www.bistro guggenheimbilbao.com). Hier gibt es kleine Gerichte und für den großen Appetit ein Menü.

---

213 D4–5

Museo Guggenheim Bilbao
Avenida Abandoibarra 2 944 359 000; www.guggenheim-bilbao.es
Juli, Aug. tägl. 10–20; sonst Di–So 10–20 Uhr
meist 11–13 Euro (inkl. Audioführer), abhängig von den Wechselausstellungen

Touristeninformation, Bilbao
944 795 760; www.bilbao.net
Alameda Mazarredo 66 (beim Museo Guggenheim)
Sommer Mo–Sa 10–19, So 10–18; sonst Di–Fr 11–18, Sa 11–19, So 11–15 Uhr
Plaza Circular 1, Edificio Terminus tägl. 9–21 Uhr

Museo Vasco
Plaza Miguel de Unamuno 4 944 155 423; www.euskal-museoa.org
Di–Sa 11–17, So 11–14 Uhr 3 Euro; Do frei

Museo de Bellas Artes
Plaza del Museo 2 944 396 060; www.museobilbao.com
Di–So 10–20 Uhr 6 Euro; Mi frei

BAEDEKER TIPP

- Die **Eintrittskarte** zum Guggenheim-Museum ist den **ganzen Tag gültig**, man kann also durchaus einmal unterbrechen und wiederkommen.
- Für das Museo Guggenheim und das Museo de Bellas Artes gibt es für 13,50 Euro ein Kombiticket. Fragen Sie nach dem *Bono Artean.*
- Eine **Vorreservierung** ist online über die oben genannte Museumshomepage möglich – folgen Sie einfach den Anweisungen.
- Der **Museumsladen** bietet eine große Auswahl an Büchern und Mitbringseln.
- Bilbao hat ein gutes **U-Bahn-Netz**, das den Casco Viejo mit der übrigen Stadt verbindet.

9 Costa Verde

Die Grüne Küste ist in Sachen Tourismus eines der am besten gehüteten Geheimnisse Spaniens. Sie liegt in Asturien und hat mit Fischerdörfern und bescheideneren Ferienorten, Stränden und ins Meer abfallenden Klippen für jeden etwas zu bieten. Kiefern, Eukalyptus, Grasflächen und das klare grüne Meer haben der Gegend ihren Namen verliehen. Bereichert wird die Schönheit der Natur noch durch das bewaldete Hinterland mit seinen Bergen. Östlich schließt sich die ähnlich grüne Küste Kantabriens an, die Costa de Cantabria.

Westlich von Gijón

Wer die Küste von Westen her entlangreist, sollte in **Luarca** den ersten Stopp einlegen. Die hübsche kleine Stadt an der Mündung des Negro vereint den Charme eines altmodischen Seebads mit seiner Rolle als Fischerhafen. Hübsche Häuser säumen die Straßen und Plätze und gruppieren sich auch um den Hafen, der von einem Felsvorsprung mit einer Kirche und einem Leuchtturm geschützt wird.

Ein Stück gen Osten liegt **Cudillero**, das mit seinen bunten Häusern mit Arkaden rund um den Hafen nicht minder reizvoll ist. Dort findet man viele hervorragende Fischlokale.

Das nahe gelegene **Salinas** ist ein Ferienort mit gehobenen touristischen Einrichtungen. Hauptattraktion sind die Kiefernwälder und der Strand, einer der längsten an dieser Küste. Man kann auch einen Abstecher zum **Cabo de Peñas** einplanen, dem nördlichsten Punkt der asturischen Küste.

Östlich von Gijón

Hinter Gijón empfiehlt sich eine Pause in **Lastres**, das sich an die Steilklippe schmiegt. Etwas im Hinterland

Cudillero, einer der charmanten Spots an der Costa Verde

liegt das **Museo del Jurásico de Asturias**, das eine wirklich exzellent aufgezogene Sammlung von Dinosaurier-Überresten der Welt zeigt. Der kleine Ferienort **La Isla** ist berühmt für Meeresfrüchte und Cidre. **Ribadesella** an der Mündung des Sella ist größer, besitzt einen Hafen und ist bei Touristen wegen seiner hervorragenden Strände beliebt. Östlich von hier ist **Llanes** einer der besten Standorte, wenn es darum geht, die Küste zu erkunden. Die Altstadt liegt an einer Flussmündung, es gibt einen schönen Klippenweg, alles ist grün und von Tamarisken bestanden, und der Blick ist einfach herrlich.

El Capricho in Comillas, Höhenflug des Architekten Antoni Gaudí

Kantabrien

Jenseits der Grenze zu Kantabrien ist **San Vicente de la Barquera** schon allein wegen seiner Lage einen Besuch wert. Die Altstadt scheint sich über dem Meer festzuklammern; man erreicht sie über einen Damm. In **Comillas** führen hübsche Gassen mit Kopfsteinpflaster zu zwei wunderschönen Stränden. Dort gibt es ein kleines Naturschutzgebiet für Wasser- und Seevögel. El Capricho ist eine großartige, von Gaudí entworfene Villa, die besichtigt werden kann. Von hier ist es nicht mehr weit bis **Santillana del Mar** (► 107) und nach **Santander**, der Hauptstadt Kantabriens mit herrlich gelegenen Stränden.

KLEINE PAUSE

An der **Playa de Comillas** können Sie in der netten Bar **La Caracola** (Playa de Comillas; Tel. 942 720 741) einen Imbiss einnehmen.

BAEDEKER TIPP

- Nehmen Sie zu den kleineren Stränden ein **Picknick** mit und stellen Sie sich auf einen **Fußmarsch** ein.
- Die neu ausgebauten Autobahnabschnitte sind Schnellstraßen und verlaufen nicht am Meer entlang. Von der Costa Verde sieht man also nichts. Besser ist es, die kleinen **Nebenstraßen** zu nehmen.
- Die Costa Verde kann man am besten **außerhalb der Hochsaison** (Juli–Aug.) erkunden, wenn nicht so viele Urlauber aus Spanien und Frankreich unterwegs sind. Seien Sie mit Regenschutz stets auf Niederschläge vorbereitet!

Touristeninformation, Llanes
212 A5 Calle Posada Herrera (Casa Municipal de Cultura) 985 400 164; www.infoasturias.com; www.llanes.com im Sommer tägl. 10–14, 17–21; im Winter Mo–Sa 10–14, 16–18.30, So 10–14 Uhr

Touristeninformation, Santander
212 B5 Jardines de Pereda s/n 942 203 000; www.turismodecantabria.com Mitte Juni bis Mitte Sept. 9–21; Mitte Sept. bis Mitte Juni Mo–Fr 9–19, Sa–So 10–19 Uhr

Museo del Jurásico de Asturias, Lastres
212 bei A5 La Rasa de San Telmo 902 306 600; www.museojurasico asturias.com Juli, Aug. tägl. 10.30–20; sonst Mi–Fr 10–14.30, 15.30–18, Sa, So 10.30–14.30, 16–19 Uhr, Jan. geschl. 7 Euro; Mi frei

29 Santiago de Compostela

Santiago de Compostela, im Mittelalter eines der drei großen Heiligtümer der Christenheit, hat im Lauf der Jahrhunderte Millionen von Pilgern angelockt. Sie alle sind den Jakobsweg (➤ 31ff) gewandert, um den Schutzheiligen Spaniens, den heiligen Jakobus zu verehren. Santiago ist eine der am besten erhaltenen mittelalterlichen Städte, eine prachtvolle Mischung aus Sakral- und Profanbauten, mit einer alten, florierenden Universität und einer einzigartigen Atmosphäre.

Catedral de Santiago

Die Hauptattraktion von Santiago ist zweifellos die Kathedrale. Sie stammt aus dem 11. bis 13. Jahrhundert, und die schlichte romanische Linienführung des Innenraums steht in wunderbarem Kontrast zur reich verzierten Hauptfassade aus dem Jahr 1750, wo sich auch der Eingang befindet. Dahinter liegt der ursprüngliche Eingang aus dem 12. Jahrhundert, der **Pórtico da Gloria**, ein Kleinod der Bildhauerkunst. Das dreibogige Tor zeigt Propheten und Apostel, die Christus den Erlöser umringen, sowie die vier Evangelisten und etwas tiefer den heiligen Jakobus. Der Kirchenraum mit seinen enormen Dimensionen und der Altarumgang hinten wurden eigens so geplant, dass möglichst viele Pilger Platz und Bewegungsfreiheit erhalten. Hoch oben in der Vierung fällt ein Flaschenzug auf. Damit wird der **Botafumeiro** betrieben, ein gewaltiges Weihrauchgefäß für Festtage. Acht Messner sind notwendig, um es durch das Querschiff zu schwenken. Im Gegensatz zu den schlichten Granitflächen der Kathedrale ist der Hauptaltar reich mit silbernem Dekor und vergoldeten Figuren verziert, die im Licht der Kandelaber funkeln.

Von der Kathedrale aus gelangt man zum **Museo y Tesoro de la Catedral**, das an den schönen Kreuzgang aus dem 16. Jahrhundert stößt. Der angegliederte Museumsbereich ist sehr weitläufig und verwinkelt. Eine Treppe führt hinauf zur Galerie, die 1590 fertig gestellt wurde und eine gute Sicht über den Platz bietet.

Stadtbesichtigung

Die Kathedrale ragt majestätisch an der **Praza do Obradoiro** im Herzen der Altstadt auf. Hinter dem gewaltigen Gotteshaus nehmen zwei Straßen ihren Anfang, die Rúa do Franco und die Rúa do Vilar; beide sind von Geschäften, Restaurants und Lokalen

Die Puerta del Perdon an der Ostseite der Kathedrale

Blick auf die Kathedrale von Santiago de Compostela

gesäumt. Das älteste Bauwerk am Platz ist das **Hostal dos Reis Católicos**, ein von Ferdinand und Isabella (► 13) gegründetes Pilgerhospiz, das sich zum Vorzeigeobjekt der nationalen Parador-Hotels entwickelt hat (► 112). Gegenüber steht das **Colegio de San Jéronimo** mit seinem reizenden Balkon. Es stammt aus dem 17. Jahrhundert, während das **Ayuntamiento** (Rathaus) im 18. Jahrhundert errichtet wurde. Östlich der Kathedrale ist die weitläufige **Praza da Quintana** von bemerkenswerten Gebäuden gesäumt – der hübschen **Casa de la Canónica**, dem Kapitelhaus mit seinen Arkaden und mit Blick auf die Treppe, die zur **Casa da Parra** aus dem 17. Jahrhundert hinaufführt. Schräg gegenüber sieht man die strenge Fassade des Klosters **San Paio de Antealtares**. Weiter nördlich erhebt sich der riesige Gebäudekomplex des **Monasterio de San Martiño Pinario** mit einer imposanten Kirche und drei Kreuzgängen.

Die Museen von Santiago

Absolute Nr. 1 ist natürlich **Museo das Peregrinacións**, das ein paar Minuten von der Kathedrale entfernt in einer Seitenstraße liegt. Das Pilgermuseum widmet sich der Geschichte der Pilger im Allgemeinen und der Pilgerreisen nach Santiago im Besonderen. Verwirrend ist, dass es unterhalb der Südfassade der Kathedrale ein gleichnamiges Museum gibt. Bis zur geplanten Verlegung des alten Pilgermuseums im Jahr 2016 werden dort Wechselaustellungen veranstaltet.

Östlich der Altstadt präsentiert das **Museo do Pobo Galego** (Museum des galicischen Volkes) Geschichte und Kultur Galiciens. Die Ausstellungsräume sind interessant aufgezogen. Um einen benachbarten Kreuzgang aus dem 17. Jahrhundert herum sind mehrere Räume angeordnet; in einem davon gelangt man in der Ecke zu einer dreifachen Wendeltreppe, die in die Obergeschosse führt.

KLEINE PAUSE

Ein paar Schritte von der Kathedrale entfernt findet man **Sant-Yago** (Rúa da Raiña 12; Tel. 981 582 444) in einem traditionellen Steingebäude. Hier serviert man Ihnen hervorragende Schinken- und Käsegerichte und bietet eine breite Auswahl an Spezialitäten aus Galicien an.

---

210 B4

Touristeninformation
Rúa do Vilar 30–32 981 584 081; www.turgalicia.es, www.santiagoturismo.com
Mo–Fr 10–20, Sa 11–14, 17–19, So 11–14 Uhr; jahreszeitliche Abweichungen möglich

Kathedrale
Praza do Obradoiro
981 569 327; www.catedraldesantiago.es
tägl. 7–21 Uhr frei

Museo y Tesoro de la Catedral
Praza do Obradoiro Tickets im Besucherzentrum im Unterbereich der Westfassade der Kathedrale 902 557 812 (gebührenpflichtig)
Apr. bis Okt. 9–20, Nov.–März 10–20 Uhr
6 Euro

Heute ein Parador: Hostal dos Reis Católicos

Museo das Peregrinacións
Rúa San Miguel 4 981 581 558; www.mdperegrinacions.com
Di–Fr 10–20, Sa 10.30–13.30, 17–20, So 10.30–13.30 Uhr frei

Museo do Pobo Galego
Rúa de San Domingos de Bonaval 981 583 620; www.museodopobo.es
Di–Sa 10.30–14, 16–19.30, So 11–14 Uhr 3 Euro; So frei

BAEDEKER TIPP

- Wenn man ein Gespür dafür bekommen will, was Santiago einem Pilger bedeutet, sollte man die **Pilgermesse** besuchen, die jeden Tag um 12 Uhr mittags in der Kathedrale abgehalten wird. Überteuert sind die vom Besucherzentrum der Kathedrale angebotenen weiteren Besichtigungen (bis zu 15 Euro), u. a. die Dachbereiche.
- In Santiago sollte man für **Regen** gerüstet sein; die Stadt liegt in einer der feuchtesten Gegenden Galiciens, der regenreichsten Region Spaniens.
- Die **Praza do Obradoiro** sollte man **bei Dunkelheit** besuchen, um die spektakuläre Flutlichtbeleuchtung zu sehen und auch den Straßenmusikern zuzuhören.
- Den Kontrast zum Alten gibt außerhalb der Stadt auf dem Hügel von Gaiás die sogenannte Kulturstadt, **Cidade da Cultura**, ein moderner Komplex aus mehreren Gebäuden. Objekt der Polemik und Geldverschwendung im Krisenland Spanien. Für dieses hat Stararchitekt Peter Eisenman verantwortlich gezeichnet. Gelegentlich gibt es Kulturveranstaltungen (Monte Gaiás; www.cidadedacultura.org).
- Im **Stadtpark** mit der Promenade **Paseo da Ferradura** kann sich auch der Nachwuchs etwas auspowern.

30 Museo de Altamira & Santillana del Mar

Dieser Teil Kantabriens gehört zum Pflichtprogramm. Im Museum von Altamira erfährt man alles über den größten prähistorischen Schatz Europas, und das winzige malerische Dorf Santillana del Mar lockt mit seinem sanften Charme – die perfekte Mischung!

Die paläolithischen Höhlenmalereien von Altamira sind so bedeutend, dass die Öffentlichkeit heute nur noch Replikate zu sehen bekommt

Museo de Altamira

1879 entdeckte der Archäologe Marcelino de Sautuola die großartigen Felsmalereien und Ritzzeichnungen in **Altamira** – die ersten **prähistorischen Höhlenmalereien**, die je gefunden wurden. Einige sind 25 000 Jahre alt. Die Höhle mit den Wisentdarstellungen (15 000–12 000 v. Chr.) begründet den Ruhm Altamiras – und sorgt für die hohen Besucherzahlen. Im 20. Jahrhundert wurde klar, dass die Menschenmengen die fragilen Meisterwerke zerstören oder zumindest beschädigen. Um sie zu schützen, wurde das bemerkenswerte **Museo de Altamira** gebaut; es präsentiert Kopien der Höhlenmalereien.

Die Tour durch diese sogenannte **Neohöhle** erzählt die Geschichte aus der Zeit, als die Menschen noch in Höhlen hausten. Der Höhepunkt ist eine meisterhafte Kopie der Felsmalereien. Man sieht, wie die Künstler einst die Felsformationen nutzten, um Form und Bewegung zu suggerieren. Neben Wisenten sind auch andere Tiere wie Hirsche, Wildschweine und Urpferde zu sehen. Die Künstler zeichneten zuerst mit Kohle die Umrisse – bis zu 1,5 m groß, und malten sie dann mit Farbe aus. Dafür verwendeten sie natürliche Pigmente, vor allem Ocker, das sie mit tierischem Fett mischten.

Santillana del Mar

Nur 3 km von Altamira entfernt ist dieses Bilderbuchdorf – das seinem Namen zum Trotz nicht am Meer liegt – einen Besuch wert. Das architektonisch geschlossene Kleinod entstand im 15. Jahrhundert rund um das Kloster Santa Juliana. Die meisten der mit Balkonen versehenen Häuser stammen aus dem 15. bis 18. Jahrhundert, die Colegiata (Stiftskirche) mit ihrem romanischen Kreuzgang dagegen ist aus dem 12. bis 13. Jahrhundert. Santillana ist winzig und lockt Scharen von Touristen an. Man sollte deshalb recht früh oder sehr spät kommen, wenn die Touristenbusse schon abgefahren sind. Etwas außerhalb von Santillana del Mar liegt ein täglich ab 9.30 Uhr bis Sonnenuntergang geöffneter Zoo (www.zoosantillanadelmar.com; 18 Euro).

KLEINE PAUSE

Am besten legt man im **Café-Restaurant des Museums** eine Pause ein. Es ist freundlich und geräumig.

---

212 B5

Museo de Altamira
Santillana del Mar 942 818 005; http://museodealtamira.mcu.es
Mai–Okt. Di–Sa 9.30–20, So 9.30–15; sonst Di–Sa 9.30–18, So 9,30–15 Uhr
3 Euro; Sa ab 14 Uhr frei

Touristeninformation, Santillana del Mar
Jesús Otero 20 942 818 251; www.santillana-del-mar.com
tägl. 9.30–13.30, 16.30–19.30 Uhr

BAEDEKER TIPP

Nach Möglichkeit sollte man sich **vor der Neohöhle zuerst die Ausstellung ansehen**, – dann hat man mehr von dem Besuch.

- Der Eintritt zum Neocave ist uhrzeitgebunden. Ihre Eintrittszeit steht auf Ihrem Ticket. Wenn viel Betrieb ist, müssen Sie eventuell lange warten. Sie können eine Eintrittszeit für das Museum per Telefon unter 902 242 424 reservieren. Wenn Sie bereits in Spanien sind, können Sie auch an einem Bankautomaten der Banco Santander reservieren – folgen Sie einfach den Anweisungen auf dem Bildschirm.
- Die Höhlen selbst können aufgrund der ständigen Verschmutzung nicht mehr besichtigt werden. Weitere Informationen finden Sie auf der Website.
- In Santillana del Mar kann man in den vielen Geschäften gut Kulinaria einkaufen, z. B. Kuchen und Wildschweinwurst.

Außerdem: Die Kalksteinhöhlen in **Puente Viesgo**, 24 km von Santander entfernt, sind sowohl wegen ihrer Felsformationen als auch wegen der Höhlengemälde, die Schätzungen zufolge älter sind als die von Altamira, einen Besuch wert. Führungen werden nur auf Spanisch angeboten.

Nach Lust und Laune!

31 Rias Baixas (Rías Bajas)

Urlauber aus dem Ausland entdecken erst allmählich die Schönheit der Rias Baixas, dieser fjordartigen Flussmündungen an der Westküste Galiciens am Atlantik. Es gibt insgesamt vier: Vigo, Pontevedra, Arousa und Muros e Noia. Die beiden südlichsten, Vigo und Pontevedra, sind touristisch am besten erschlossen. Die beiden nördlichen sind bescheidener; hier haben noch Fischerdörfer und Landwirtschaft den Vorrang. Alle vier Rias bieten jedoch ein mildes Klima und eine beeindruckende Küste, akzentuiert durch leuchtend weiße Sandstrände vor der Kulisse baumbestandener Hügel. Die Ferienorte sind hübsch, man kann hervorragend segeln oder leckere Meeresfrüchte und Fisch genießen.

210 A3–4 www.riasbaixas.depo.es

Touristeninformation, Vigo
210 B3 Rúa Cánovas del Castillo 3
986 224 757; www.turismodevigo.org
April bis Sept. tägl. 10–17,
Okt.–März Di–So 8–15 Uhr

Touristeninformation, Pontevedra
Calle Marqués de Riestra 30 bajo
986 850 814; www.visit-pontevedra.com
Mo–Fr 9.30–14, 16.30–18.30,
Sa 10–12.30 Uhr, im Sommer z. T. länger

32 La Coruña (A Coruña)

Die Altstadt von La Coruña liegt zusammengedrängt auf einer Halbinsel mit der Ria auf der einen und dem offenen Meer auf der anderen Seite. Die Stadt wurde schon von den Römern eingenommen, und die Geschichte des Leuchtturms, des **Torre de Hércules**, reicht bis ins 2. Jahrhundert zurück. Hier stach 1588 die Armada in See. Im Jahr 1809, während des Freiheitskriegs, zogen sich die mit den Spaniern verbündeten Engländer hierhin zurück. Hinter dem mittelalterlichen Viertel liegt die hübsche Praza de María Pita mit vielen balkongeschmückten Häusern in den Straßen ringsum. Weiter westlich brechen sich an der Praia del Orzán die Wellen des Atlantiks an einem Sandstrand im Herzen der Stadt.

210 B5

WEITERE TIPPS FÜR ENTDECKUNGEN IM GEBIET DER RIAS BAIXAS:

- O Grove und Vilagarcía de Arousa sind Ausgangspunkte für Bootstouren zu den künstlichen Muschelzuchtinseln in der Ria von Arousa.
- Die meisten Unterkünfte gibt es im Feriengebiet von Sanxenxo.
- Südwestlich von Pontevedra lohnt eine Rundfahrt über die Halbinsel von Morrazo, die zwischen den Rias von Pontevedra und Vigo liegt; dort finden Sie einige Strände und nette Ortschaften wie Cangas und Bueu.
- Der Hafen von Vigo ist im Sommer Ausgangspunkt für Bootstouren zu den Illas Cíes, einem Archipel, der Heimat vieler Seevögel ist.

Die Bucht von San Sebastián (Donostia) im Abendlicht

Touristeninformation
✉ Plaza de María Pita 6 ☎ 981 923 093; www.turismocoruna.es 🕒 Febr.–Okt. Mo–Fr 9–20.30, Sa 10–14, 16–20, So 10–15, Nov.–Jan. Mo–Fr 9–19.30, Sa 10–14, 16–19, So 10–15 Uhr

33 San Sebastián (Donostia)

Die Basken sind mit Recht stolz auf San Sebastián, eine elegante, florierende Stadt in herrlicher Umgebung. Zwei grüne Landzungen schützen den halbmondförmigen Strand mit der vorgelagerten Insel. Weiter östlich überspannen elegante Brücken die Mündung des Urumea. Auf der Landzunge östlich der Bahía de la Concha liegt die mittelalterliche Stadt. Die engen Gassen rund um die Plaza de la Constitución sind dicht besetzt mit Bars und Restaurants. Der Monte Urgull ragt über der Altstadt auf; vom Gipfel mit der Christusstatue hat man einen herrlichen Blick. Die Stadt hat sich an beiden Seiten des Flusses ausgebreitet; am anderen Ende der Bucht erhebt sich der Monte Igueldo. Man kann mit der Seilbahn hinauffahren, wenn man noch mehr Panorama genießen möchte, oder es sich einfach an einem der vier traumhaften Strände bequem machen. San Sebastián wurde im 19. Jahrhundert als Badeort berühmt. Zum Filmfestival im September finden sich regelmäßig Hollywoodstars ein, die Sterneköche der Stadt sind berühmt. Nahe dem Fischerhafen gibt es ein interessantes Aquarium (www.aquariumss.com; tägl. ab 10 Uhr; 13 Euro). San Sebastián ist Europäische Kulturhauptstadt 2016.
213 E5

Touristeninformation
✉ Calle Boulevard 8 ☎ 943 481 166; www.sansebastianturismo.com; turismo.euskadi.net 🕒 Juni–Sept. Mo–Sa 9–20, So 10–19; sonst Mo–Do 9–13.30, 15.30–19, Fr, Sa 10–19, So 10–14 Uhr

BAUERN UND FISCHER IN GALICIEN

Wer in Galicien mit dem Auto unterwegs ist, wird winzige Felder bemerken. Sie sind Relikte des alten Erbrechts, das das Land über Generationen in immer kleinere Parzellen aufteilte. Halten Sie auch nach den ***hórreos*** Ausschau. Es handelt sich hierbei um belüftete Häuschen auf Stelzen, die Feuchtigkeit und Ungeziefer abhalten und mit Heiligenfiguren geschmückt sind. Zu den beliebtesten Feldfrüchten zählen bizarre Kohlköpfe und Rüben – die Hauptzutaten der galicischen Küche. In den Rias sammeln Fischer alle möglichen Krustentiere, die unter Kennern einen vorzüglichen Ruf genießen.

34 Pamplona (Iruñea)

Ernest Hemingway setzte Pamplona auf die Liste der internationalen Touristenziele, als er in seinem Roman Fiesta auch die Freuden der **Fiesta de San Fermín** beschrieb. Vom 6.–14. Juli beteiligt sich die ganze Stadt an einer Nonstop-Massenfeier zu Ehren ihres Schutzpatrons mit Paraden, Feuerwerk, Musikgruppen, Jahrmarkt, Tanz auf den Straßen und vor allem dem *encierro*, bei dem die Stiere durch die Straßen getrieben werden. Jeden Morgen um 8 Uhr werden sechs Tiere aus der Koppel geholt, um durch die engen Gassen zur Arena zu rasen. Vor ihnen rennen die Menschen und versuchen, den wilden Stieren in einer spannenden Mischung aus Angst und Vergnügen zu entkommen. Die johlenden und brüllenden Zuschauer stoßen die, die aufgeben wollen, zurück auf die Bahn der Stiere. Das alles ist gefährlich, und jedes Jahr gibt es Verletzte. Die Stiere kommen dann abends beim Stierkampf zu Tode.

Vor und nach dieser Fiesta ist Pamplona eine angenehme historische Stadt mit vielen Grünflächen. Auf einer von ihnen stehen die Ruinen der **Ciudadela** (Zitadelle). Die gotische Kathedrale bietet einen schönen Kreuzgang und ein sehenswertes Museum mit sakraler Kunst aus ganz Navarra. Spaziergänge verdienen die alten Stadtmauern und die Wege im Stadtpark Taconera. Pamplona liegt auf der alten Pilgerstrecke am berühmten Jakobsweg.

✚ 213 E4

Touristeninformation, Pamplona
✉ Avenida Roncesvalles 4
☎ 848 420 420; www.turismodepamplona.es
🕐 Mai–Okt. Mo–Sa 10–17, So 10–14, Nov.–April Mo–Fr 10–17, Sa, So 10–14 Uhr

35 Puente la Reina

Nur wenige Ortschaften in Navarra erinnern so sehr an die Geschichte des Jakobswegs (► 31ff) wie Puente la Reina, das in der alten Sprache der Basken Gares heißt. Bei diesem kleinen Ort treffen die beiden Routen des Pilgerweges über die Pyrenäen zusammen, und so ist er das perfekte Beispiel dafür, wie sich entlang des Camino de Santiago Städte entwickelt haben. Der Ort hat seinen Namen von der wunderschönen Brücke aus dem 11. Jahrhundert, die erbaut wurde, um den Pilgern das Weiterkommen zu erleichtern. Es gibt hier zwei sehenswerte Kirchen, die Iglesia del Crucifijo, eine ehemalige Templerkirche, und eine weitere, die dem heiligen Jakobus geweiht ist.

Östlich der Stadt zählt die achteckige romanische Kirche von **Eunate** zu den schönsten am Pilgerweg. Wer sich dort einfindet, sieht die Pilger eintreffen und vorbeiziehen – wie vor 800 Jahren. Die Pyrenäen liegen schon hinter ihnen, doch gilt es noch rund 700 km bis Santiago de Compostela zu bewältigen.

✚ 213 E4

Touristeninformation, Puente la Reina
✉ Calle Mayor 105
☎ 948 341 301; www.turismo.navarra.es, www.puentelareina-gares.es
🕐 im Sommer Di–Sa 10–14, 16–19, So 11–14; sonst Di–Fr 9.30–16.30, Sa 10–14, So 11–14 Uhr

Bei der Ruderregatta in San Sebastián

Wohin zum …
Übernachten?

Preise
Für ein Doppelzimmer pro Nacht in der Vor- und Hauptsaison:
€ unter 80 Euro €€ 80–130 Euro €€€ 130–180 Euro €€€€ über 180 Euro

BILBAO

Pensión Mardones €
Dieses einfache, aber gut geführte Gasthaus bietet günstige Unterkünfte in den engen Straßen der stimmungsvollen Altstadt von Bilbao nahe beim Fluss. Es gibt Zimmer mit und ohne Privatbad.
213 D3–4 Calle Jardines 4
944 153 105; www.hostalmardones.com

COSTA VERDE

Hotel Luzón €–€€
Schönes Hotel mit Garten im attraktiven San Vicente de la Barquera nahe der Küste, gleich hinter der Grenze in Kantabrien. Die schicken Zimmer, viele mit Meerblick, sind attraktiv eingerichtet und mit Holzfußböden ausgestattet.
212 A5 Avenida de Miramar 1, San Vicente de la Barquera
942 710 050; www.hotelluzon.net

Hotel Sablón €–€€
Das Haus steht an der Stadtmauer von Llanes auf einer niedrigen Klippe mit Blick auf einen Sandstrand. Komfortable, geräumige Zimmer und ein hervorragendes Restaurant – und das alles in einer der hübschesten Kleinstädte an der Costa Verde. Attraktive Nebensaison-Tarife!
212 A5 Playa del Sablón 1, Llanes
985 400 787; www.hotelsablon.com

SANTIAGO DE COMPOSTELA

Casa Hotel As Artes €€
Diese Unterkunft ist ein glänzendes Steingebäude mit Holzläden nahe der Kathedrale und wird in einem historischen, über 200 Jahre alten Gebäude betrieben. Die Zimmer sind alle in unterschiedlichen Dekors gehalten, haben Bad, Flachbildschirm und kostenloses WLAN. Heiße Getränke sind kostenlos rund um die Uhr erhältlich. Das Frühstück wird zwischen 8 und 11 Uhr serviert.
210 B4 Travesía Dúas Portas 2
981 572 590; www.asartes.com

Parador Hostal de los Reyes Católicos €€€€
Die Katholischen Könige, Ferdinand und Isabella (► 13), ließen eine Pilgerherberge gleich gegenüber der Kathedrale von Santiago errichten. Heute zählt sie zu den berühmtesten *paradores* von Spanien und ist immer noch im Originalgebäude aus dem 16. Jahrhundert untergebracht. Dieses historische Hotel mit Terrasse, Restaurant und Gemeinschaftsräumen ist sicher eine der besten Adressen in Spanien.
210 B4 Praza do Obradoiro 1
981 582 200; www.parador.es

SANTILLANA DEL MAR

Parador Gil Blas/Parador de Santillana del Mar €€–€€€
Zwei schöne Herrenhäuser wurden im Herzen des Städtchens zu zwei Häusern der Paradores-Kette umfunktioniert. Balkendecken, alte Möbel und komfortable Zimmer mit allem Luxus machen die Häuser zu Top-Adressen.
212 B5 Plaza Ramón Pelayo
942 028 028, 942 818 000; www.parador.es

Wohin zum ...
Essen und Trinken?

Preise
Für ein Essen (z. B. auch ein typisches Tages-/Hausmenü, im Regelfall inkl. Wein):
€ unter 15 Euro **€€** 15–25 Euro **€€€** über 25 Euro

BILBAO

Víctor Montes €€€
Traditionslokal an der Plaza Nueva, spezialisiert auf baskische Küche. Hier gibt es *bacalao* (Kabeljau), Seehecht und Schalentiere sowie traditionelle Kartoffel- und Paprikagerichte. Sie können zwischen dem formellen Restaurant (€€€), der Bar (€) und der Außenterrasse wählen.
213 D3–4 Plaza Nueva 8 944 157 067; www.victormontes.com 13–16, 21–24 Uhr

COSTA VERDE

Casa Eutimio €€€
Das freundliche Restaurant liegt etwas versteckt im Hafen von Lastres im gleichnamigen Hotel. Der Fisch kommt frisch aus dem Meer. Eine wirkliche Empfehlung für Anspruchsvolle ist das Hausmenü.
212 bei A5 San Antonio s/n, Lastres 985 850 012; www.casaeutimio.com Di–So 13.30–15.30, 20.30–22.30 Uhr

El Barómetro €€–€€€
Das Ambiente ist eher schlicht, doch man sitzt gleich am Hafen, und der tägliche Fang bestimmt die Speisekarte. Bestellen Sie, was das freundliche Personal empfiehlt.
211 E5 Paseo del Muelle 5, Luarca 985 470 662 Mo, Mi–Sa 12.30–16, 20.30–23.30, Di, So 12.30–16 Uhr

SANTIAGO DE COMPOSTELA

O Beiro €–€€
Genießen Sie die verführerische Auswahl von *empanadas* (herzhafte Pasteten), Käse und Schinken mit einem lokalen Wein in dieser stimmungsvollen *bodega*, nur wenige Schritte von der Kathedrale entfernt. Auch eine gute Auswahl lokaler Produkte und nationaler Weine zum Mitnehmen gehören zum Angebot.
210 B4 Rúa da Raiña 3 981 581 370 im Sommer 10–24 Uhr; sonst Mo geschl.

Don Gaiferos €€–€€€
Das alteingesessene Restaurant in der Nähe der Santa María Salome (nicht weit von der Kathedrale) ist sowohl bei Touristen als auch bei Einheimischen beliebt. Der Speisesaal hat eine klassische, aber bescheidene Atmosphäre und ist berühmt für die hervorragenden Meeresfrüchte. Die Preise dafür sind eher hoch, aber die Qualität und die Größe der Portionen rechtfertigen den Preis. Auch das Hausmenü ist einen Test wert.
210 B4 Rúa Nova 23 981 583 894; www.dongaiferos.com meist 13.15–15.45, 20.15–23 Uhr, So, Mo abends manchmal geschlossen

SANTILLANA DEL MAR

Gran Duque €€–€€€
Hier werden typische Gerichte aus Kantabrien serviert, inklusive Fisch, Meeresfrüchten und Bergeintopf *(cocido mantañés)*. Es gibt auch ein gutes Hausmenü, darüber hinaus ein Feinschmeckermenü für zwei Personen. Freundliche Leitung.
212 B5 Calle Jesús Otero 7 942 840 386; www.granduque.com tägl. 13–16, 20–23 Uhr, Okt.–Febr. So abends und Mo mittags geschl.

Wohin zum ... Einkaufen?

Wer aus dem Urlaub gern ein Andenken mit nach Hause nehmen möchte, ist an der Nordküste mit traditionellen Töpferwaren am besten bedient. Der Stil variiert je nach Gegend; es gibt viele Formen und Glasuren.

Die Geschäfte in La Coruña und Santiago de Compostela bieten eine große Auswahl der Region; es lohnt sich auch, in kleinere Töpferwerkstätten hineinzuschauen.

Korbwaren sind der Renner in Galicien; sie werden aus Kastanien- und Weidenruten geflochten. Halten Sie Ausschau nach Krügen mit schlankem Hals; sie dienen als Weinkaraffen. Man findet sie auch auf Märkten. Ebenso traditionell sind lederne Weinbeutel *(botas de vinos).*

Seit Jahrhunderten wird **Gagat** zur Herstellung von Schmuck verwendet. Den schönsten findet man in Santiago de Compostela, wo es auch Devotionalien mit der Jakobsmuschel als Andenken gibt. Auch die Buchläden sind gut bestückt und bieten Lektüre zum Jakobsweg (➤ 31ff), auch auf Deutsch.

Weiter östlich sieht man in Asturien **Pantoletten** *(madreñas)* in den Schaufenstern; sie sind wirklich bequem. Zur baskischen Tracht gehören **Barett** sowie blau-rot karierte Taschentücher und Strickjacken mit Quasten. In guten Lebensmittelgeschäften bekommt man **Delikatessen der Region** wie Käse, Kuchen, Kekse und aromatischen Berghonig. Wem der Sinn weniger nach einheimischen Produkten steht, der findet in Bilbao und San Sebastián riesige Einkaufszentren am Stadtrand, dazu Kaufhäuser mit einem großen Angebot und zahllose Boutiquen in der Innenstadt.

Wohin zum ... Ausgehen?

Die Touristeninformation weiß über alle Veranstaltungen vor Ort Bescheid. Im Sommer finden in der ganzen Region Feste statt, selbst im kleinsten Ferienort wird viel geboten, und in den Bars geht es hoch her.

GALICISCHE KULTUR

In Santiago ist der Höhepunkt des Jahres Ende Juli gekommen, wenn die **Fiesta zu Ehren des heiligen Jakobus** über einen Zeitraum von etwa zwei Wochen gefeiert wird; es gibt Konzerte, Prozessionen, Straßenmusikanten und Märkte.

OPER, THEATER UND KONZERTE

Bilbao und San Sebastián haben Hochkarätiges zu bieten. Die Kulturszene von **Bilbao** ist mit Oper, Theater und Konzerten überaus attraktiv; nehmen Sie sich in der Touristeninformation den alle zwei Monate erscheinenden *Bilbao Guide* mit einer Gesamtübersicht mit.

In **San Sebastián** findet um den 20. Januar das von Trommelparaden begleitete Patronatsfest und im August die **Semana Grande** statt, eine Woche mit vielen Veranstaltungen und einem Feuerwerk, und im September das **Internationale Filmfest** (www.sansebastianfestival.com). Weitere Informationen halten die Tourismusbüros bereit.

STIERTREIBEN

Das größte und berühmteste Fest ist **San Fermín** in **Pamplona**; vom 6. bis 14. Juli geht es mit Stiertreiben, ausufernden und eher abstoßenden Massenbesäufnissen sowie anderen Veranstaltungen hoch her.

Barcelona & Katalonien

Kleine Erlebnisse

Über den Dächern von Barcelona …

… spazieren Sie, wenn Sie in der Kathedrale (➤ 126f) ein Ticket für die ***terrazas*** lösen. Ein beeindruckendes Zusatz-Erlebnis!

Platzstimmung

Für viele Besucher ist die **Plaça Reial** (➤ 126) der schönste Platz. Kleines Kunst-Plus: Die Laternen entwarf Meister Antoni Gaudí.

Hafen ahoi!

Nahe dem unteren Teil der Rambles (➤ 129) starten die **Hafenrundfahrten** der *Golondrinas* (www.lasgolondrinas.com).

Erste Orientierung

Das laute, selbstbewusste Barcelona hat alles, was eine Großstadt braucht, wenn nicht mehr. Es ist schön gelegen und wohlhabend, kann sich einiger der besten Museen Spaniens rühmen und bietet zudem herausragende Architektur. Über die Stadt hinaus gibt es noch viel anderes, auf das die Katalanen stolz sind. Von den beeindruckenden Gipfeln der Pyrenäen bis zu den Resorts an der Costa Brava und den historischen Städten Tarragona und Girona.

Direkt hinter der Uferpromenade beginnen die weltberühmten Rambles (span.: Ramblas), eine Verkehrsader von magischer Anziehungskraft, auf der sich Passanten, Händler und Straßenkünstler tummeln. Östlich davon erstreckt sich das Barri Gòtic (Gotisches Viertel) mit der Kathedrale. Hier säumen schöne Kirchen und Anwesen aus dem Mittelalter das enge Straßengewirr; dazwischen finden sich einige der besten Museen der Stadt. Im Norden breitet sich die neuere Stadt aus dem 19. Jh. aus – mit verblüffenden Bauwerken der Modernisme-Architektur, für die Barcelona berühmt ist. Hier, im eleganten Viertel Eixample, steht auch Gaudís großartige Sagrada Família. Wer ein Faible für Museen hat, kommt in Montjuïc westlich vom Hafen auf seine Kosten. Barcelona ist die Hauptstadt der autonomen Region Katalonien (Catalonia bzw. Catalunya). Nordöstlich der Stadt reichen die Strände bis zu den Klippen und Dörfern der Costa Brava. Girona ist das Zentrum des Binnenlandes, eine Stadt mit alter Stadtmauer über dem Fluss Onyar. Weiter nördlich, wenige Stunden entfernt vom Zentrum Barcelonas, erheben sich die Gipfel der Pyrenäen. Das zweite Feriengebiet Kataloniens ist die Costa Daurada (Costa Dorada) im Südwesten. Rund um Tarragona, einer Hafenstadt, die einst von den Römern unterworfen wurde, gibt es viele schöne Strände. Im Landesinnern ist es gebirgig; spektakulär ist das Felsmassiv mit dem Kloster Montserrat.

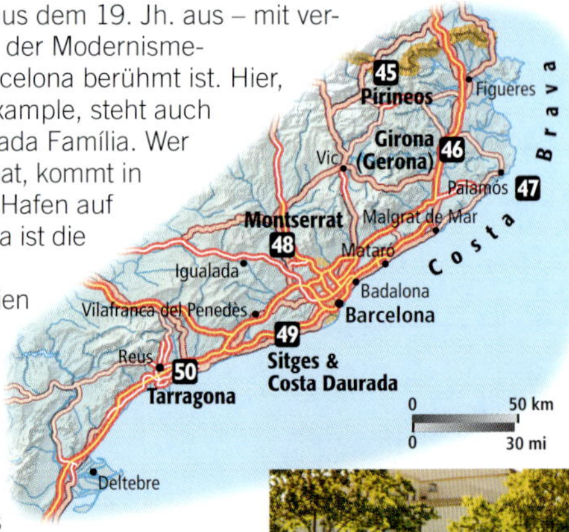

Erste Orientierung

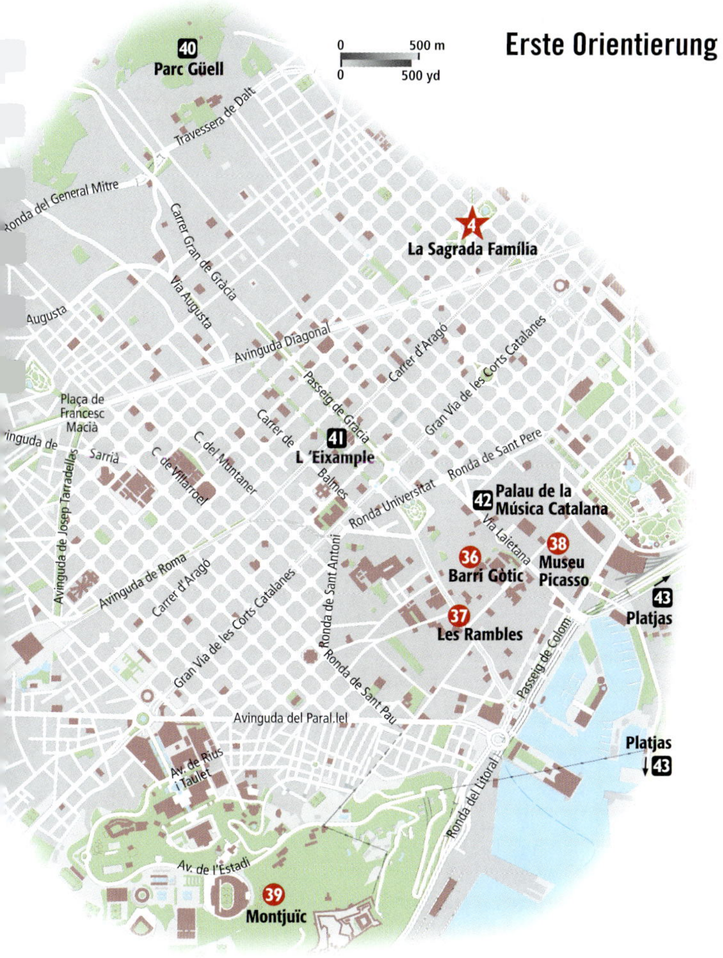

TOP 10

Nicht verpassen!

Die Rambles sind eine Freilichtbühne

Nach Lust und Laune!

Etwas außerhalb

In drei Tagen

Mindestens drei Tage benötigen Sie für die wichtigsten Sehenswürdigkeiten Barcelonas und Umgebung. Folgen Sie unserem Tagesprogramm und Sie werden kein Highlight verpassen.

Erster Tag

Vormittags

Lassen Sie die Atmosphäre und die Sehenswürdigkeiten des ㊱ **Barri Gòtic** (► 125ff) auf sich wirken. Nach der Besichtigung der **Plaça de Sant Jaume** (► 125) und der **Seu** (► 126ff), der Kathedrale aus dem 13. Jahrhundert, besuchen Sie das **Museu d'Història de la Ciutat** (► 126); so können Sie das Gesehene besser einordnen. Zum Mittagessen eignet sich eine der Kneipen an den Plätzen um **Santa Maria del Pi** (► 127).

Nachmittags

Verbringen Sie nun ein paar Stunden im ㊳ **Museu Picasso** (► 131f), bevor Sie den pulsierenden ㊲ **Rambles** (► 129f) im Herzen der Stadt einen Besuch abstatten. An der eleganten **Plaça Reial** (Abb. rechts; ► 126) lohnt sich eine Pause, um etwas zu trinken.

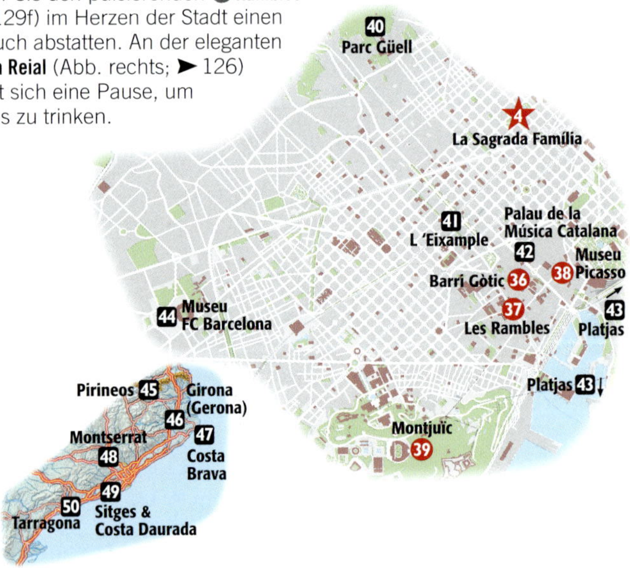

Abends
Essen Sie in der Nähe des **Barri Gòtic** zu Abend, unternehmen Sie dann nachts noch einen Spaziergang und gönnen sich einen Schlummertrunk an der Meerespromenade des **Port Vell** (➤ 194f).

Zweiter Tag

Vormittags
Brechen Sie zum 39 **Montjuïc** (➤ 133f) auf, um sich ein paar Stunden dem **Museu Nacional d'Art de Catalunya** (➤ 133) zu widmen. Zur Abwechslung streifen Sie dann durch die Parks und trinken etwas in einem Café im Schatten. Alternativ können Sie gegenüber vom Fundació Joan Miró die Seilbahn Telefèric hoch zur alten Burg nehmen und die atemberaubende Aussicht genießen oder die **Anella Olímpica** (➤ 144) besichtigen. Kunstfreunde besuchen vielleicht lieber die **Fundació Joan Miró** (➤ 133).

Nachmittags
Mit der Seilbahn geht es nun den Montjuïc hinunter und in die Metro, um zu Gaudís ★4 **Temple de la Sagrada Família** (➤ 120ff) zu fahren. Wer auch noch Gaudís Profanstil kennenlernen will, besucht den 40 **Park Güell** (Abb. oben; ➤ 135) mit herrlichem Blick über die Stadt.

Abends
Den Abend verbringen Sie im Viertel 41 **Eixample** (➤ 135). Hier gibt es hervorragende Geschäfte, gute Bars, die typische Architektur des Modernisme und viele Restaurants.

Dritter Tag

Vormittags
Einen Eindruck von Katalonien außerhalb von Barcelona erhalten Sie bei einem Ausflug zum großartigen Kloster 48 **Montserrat** (➤ 139), das vor einer herrlichen Felskulisse in den Bergen liegt. An einem schönen Tag kann man unterwegs etwas für ein Picknick einkaufen, das man sich dann an einem der Wege rund ums Kloster schmecken lässt.

Nachmittags
Sie kehren nach Barcelona zurück und verbringen den restlichen Nachmittag an einem der 43 **Strände** (➤ 136), wo Sie den Tag mit einem Fischessen in **La Barceloneta** (➤ 195) ausklingen lassen.

4 La Sagrada Família

Antoni Gaudís unvollendete Kirche Sagrada Família (Heilige Familie) ist das berühmteste Bauwerk in Barcelona. Es setzt dem visionären Architekten ebenso ein Denkmal wie dem Geist der Katalanen. Überschwänglich in den Himmel strebend ragen die Türme im Osten des Stadtteils Eixample über die anderen Gebäude weit hinaus. Dimension und Ausdruckskraft dieses einzigartigen Gebäudes bleiben unvergesslich.

Gaudís Vision

Der Publizist Josep Bocabella hatte 1882 die Idee, die Zunahme liberalen Gedankenguts in Barcelona durch eine Art Sühnetempel zu kompensieren, und so wurde die Sagrada Família ursprünglich als eine traditionelle, bescheidene neugotische Kirche geplant. Ende 1883

übergab man das Projekt dann Gaudí, und in seiner Hand sollte es bis zu seinem Tod 1926 auch bleiben. Seine Vision war revolutionär und von religiösem wie nationalistischem Eifer geprägt. Anstatt einer schlichten Kirche schwebte ihm eine riesige Kathedrale vor, die alle Symbole der katholischen Lehre beinhalten sollte. Sein Gebäude sollte deshalb drei Fassaden haben, um Geburt, Tod und Auferstehung Christi zu versinnbildlichen. Darüber sollten 18 organisch wirkende Türme mit Mosaiken aufragen, die an die zwölf Apostel, die vier Evangelisten, die Jungfrau Maria und Christus erinnern. Die Fassaden sollten mit Szenen aus dem Leben Christi bedeckt sein, die Vorhallen waren den drei Haupttugenden gewidmet: Glaube, Liebe und Hoffnung.

An der Ausgestaltung der Passionsfassade wirkte der katalanische Bildhauer Josep Maria Subirachs mit

Die Geburtsfassade

An der östlichen Weihnachtsfassade symbolisieren drei reich verzierte Portale ebenfalls die drei Tugenden. Darüber ragen naturalistische Skulpturen auf.

ANTONI GAUDÍ

Der berühmteste Architekt der Modernisme-Bewegung wurde 1852 geboren, kurz bevor Barcelona expandierte und eine signifikante wirtschaftliche Blütezeit erlebte. Unter dem Einfluss des katalanischen Nationalismus war die Zeit reif für die wahre Explosion regionaler Kreativität, die im besagten Modernisme zum Ausdruck kam – Gaudí wurde dessen führender Vertreter. Er war stark von der maurischen und gotischen Architektur beeinflusst und zudem auch von den architektonischen Möglichkeiten der neuen Industrietechniken fasziniert; diese Elemente sollte er dann zu seinem einzigartigen Stil verbinden. Beispiele seiner Visionen finden sich in ganz Barcelona. Die Sagrada Família ist jedoch sein mächtigstes Monument. Gaudí starb 1926 an den Folgen eines Trambahnunfalls. In der Krypta der Sagrada Família liegt er begraben.

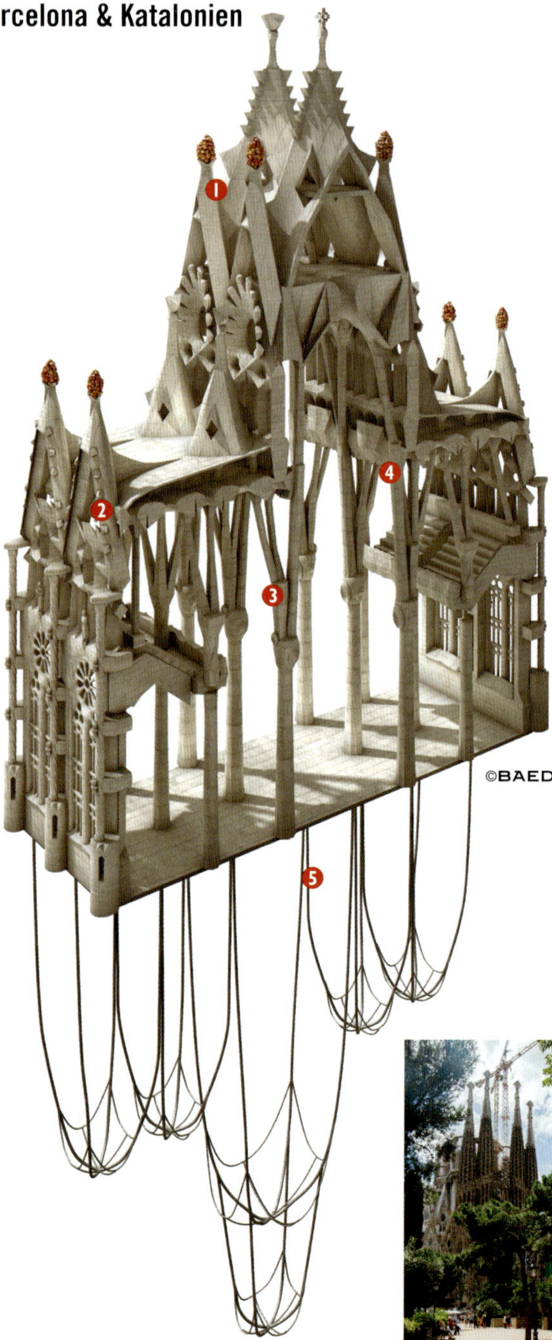

Die wahrscheinlich meistbesuchte Baustelle der Welt: die Sagrada Família

Gaudís Meisterwerk

Der Architekt Antoni Gaudí soll mit einer Bauzeit der Sagrada Família von rund 200 Jahren gerechnet haben. Das links abgebildete Modell zeigt einen Ausschnitt des im Bau befindlichen Längsschiffes, das inzwischen überdacht ist.

Der Innenraum der Sagrada Família wurde 2010 fertig

Die nach Osten gewandte Geburtsfassade wurde als einzige noch zu Lebzeiten Gaudís vollendet

❶ Kuppel und Türme: Es wird noch einige Jahre dauern, bis die Zentralkuppel und die dazu gehörenden Türme vollendet sind. Das zentrale Kuppelgewölbe soll Christus symbolisieren, zwei Türme stehen für Maria und vier für die Evangelisten.

❷ Wald aus Stein: Die Lasten tragenden Stützen der Sagrada Família befinden sich im Inneren und erinnern an Bäume, die sich in mehrere Äste gabeln.

❸ Stein gewordene Manifestation: Nach Gaudís Wunsch soll der Innenraum der Sagrada Família nachts stets erleuchtet sein, so dass das Licht durch das durchbrochene Mauerwerk nach außen strahlt – als Stein gewordene Manifestation der Worte Christi.

❹ Sängeremporen: Die einander gegenüber liegenden Emporen sollen den Chören vorbehalten sein.

❺ Kettenmodell von Gaudí: Eine durchhängende Schnur oder Kette repräsentiert den optimalen Kräfteverlauf eines Bogens oder einer Kuppel, nur eben auf dem Kopf. Wenn man das Modell dann umdreht, bekommt man die Gewölbe, Bögen und Baumstruktur der Sagrada Família.

Denkmal für Antoni Gaudí am Passeig de Manuel-Girona

Die Passionsfassade

Nach Gaudís Tod kam es zu Diskussionen, ob sein Werk nicht besser als Mahnmal unvollendet bleiben sollte; viele wandten aber ein, dass es immer Gaudís Wunsch gewesen sei, sein Werk von jemand anderem vollenden zu lassen. Die Arbeiten wurden deshalb in den 1950er-Jahren wieder aufgenommen und dauern bis heute an. Ehrfurcht gebietend ragen die riesigen Türme in den Himmel, die Fassaden – bis auf die Glorienfassade – haben längst Gestalt angenommen. Die Gestaltung der Passionsfassade ist ein Werk von Josep Maria Subirachs. Gaudí hinterließ keine detaillierten Pläne, und so haben viele Kritiker den Eindruck, dass die Skulpturen von Subirachs nichts mit den Vorstellungen des Meisters gemein haben. Ein Bildhauer aus Japan, Etsuro Sotoo, kommt Gaudís Intentionen angeblich näher. Neueste (aber mit Vorsicht zu genießende) Prognose der Vollendung der Sagrada Família ist 2026, pünktlich zum hundertsten Todesjahr Antoni Gaudís.

KLEINE PAUSE

Nahe der Sagrada Família gelegen, ist das Restaurant **Babilonia** (Avinguda de Gaudí 1–3, Tel. 934 366 730; Mi–Mo 12–24 Uhr) auf mediterrane Küche spezialisiert.

---

215 E2
Plaça de la Sagrada Família **935 132 060; www.sagradafamilia.cat**
April–Sept. 9–20; Okt.–März 9–18 Uhr
Basilika: 14,80 Euro, Basilika und Turmbereiche: 19,30 Euro
Sagrada Família **10, 19, 33, 34, 43, 44, 50, 51**

BAEDEKER TIPP

- Machen Sie sich auf Menschenmassen gefasst, und planen Sie Ihren Besuch **morgens** oder **um die Mittagszeit** ein.
- Der Haupteingang befindet sich an der Westseite an der Plaça de la Sagrada Família. Bevor man die Kirche betritt, sollte man bis ans Ende der Plaça de la Sagrada Família gehen und das Gebäude **aus der Ferne** auf sich wirken lassen. So bekommt man den besten Eindruck, bevor man dann alle Einzelheiten in Augenschein nimmt.

Außerdem: Wer die Kirche aus nächster Nähe betrachten möchte, nimmt den **Aufzug** auf den Turm bei der Fensterrosette. Von dort sieht man die außergewöhnlichen Steinmetzarbeiten und Keramiken am besten; zudem kann man auf den Nachbarturm gelangen – nichts für Leute mit Höhenangst. Bei starkem Regen oder Wind können die Aufzüge kurzfristig geschlossen werden.

- Wer mehr über die Geschichte der Kirche und ihren Platz in der Entwicklung Gaudís als Architekt erfahren möchte, sollte etwas Zeit für den integrierten **Museumsbereich** einplanen; Fotos, Modelle und Skizzen liefern dort die nötigen Informationen. Der Online-Ticketverkauf (www.sagradafamilia.cat) lässt Warteschlangen vermeiden.

36 Barri Gòtic

Das Barri Gòtic mit seinen verwinkelten Gassen, den sonnenbeschienenen Plätzen und alten Bauwerken, die an das goldene Zeitalter Barcelonas erinnern, vergegenwärtigt einem die lange Geschichte der Stadt und ist bis heute das Herz Kataloniens. Hier findet man großartige Gebäude, die wahre Schätze beherbergen, Märkte, Antiquitätengeschäfte, Bars und Restaurants – alles in einem Viertel versammelt, das für Einheimische ebenso verlockend ist wie für Touristen.

Der fünfstöckige Mirador del Rei Martí auf der mittelalterlichen Plaça del Rei

Plaça de Sant Jaume

Das Barri Gòtic, wie es sich heute präsentiert, stammt größtenteils aus dem 14. und 15. Jahrhundert, einer Epoche, in der Barcelona seine wirtschaftliche Blütezeit als eine der bedeutendsten Handelsstädte am Mittelmeer erlebte. Das dicht bebaute Viertel gleicht einem Labyrinth; es entwickelte sich innerhalb der alten römischen Stadtmauern. Die größte Freifläche ist die **Plaça de Sant Jaume**; sie entstand, wo sich einst das römische Forum und der Marktplatz befanden. An der Südseite beeindruckt das **Ajuntament** (Rathaus), ein herrliches katalanisch-gotisches Gebäude aus dem 14. Jahrhundert. Im ersten Stock befindet sich der alte Ratssaal, der Saló de Cent. Auf der anderen Seite des Platzes tagt im **Palau de la Generalitat** die autonome Regierung Kataloniens. Die Arbeiten an diesem Palast begannen 1403, das elegante Portal an der Plaça stammt aus der Zeit der Renaissance. Um die Ecke kann man die Fassade aus dem 15. Jahrhundert in Augenschein nehmen – achten Sie auf die Statue des heiligen Georg (Sant Jordi), des Schutzheiligen von Katalonien mit dem Drachen.

Catedral (La Seu)

Von diesem Platz kann man nun die Carrer del Bisbe hinaufbummeln, über die sich eine kunstvolle Brücke spannt, und dann seitlich zur großartigen gotischen Kathedrale **La Seu**. Sie ist der heiligen Eulàlia geweiht. Die Arbeiten an dem Kirchenbau begannen im Jahr 1298 auf den Fundamenten einer früheren Kirche und konnten um 1448 beendet werden – wenngleich die Fertigstellung der Fassade noch 500 Jahre dauerte. Der Innenraum mit seinem geschnitzten Chor und 28 Seitenkapellen erstrahlt in einem Licht, das auch die schlanken Pfeiler erhellt und sich in Gold und Silber widerspiegelt. Nicht versäumen sollte man den wunderschönen Kreuzgang aus dem 14. Jahrhundert, der eine üppige Grünfläche mit Palmen, Magnolien und einer Schar weißer Gänse umschließt. Die 13 Gänse symbolisieren im Übrigen das Alter der heiligen Eulàlia, die zu Römerzeiten mit 13 Jahren ihr grausames Martyrium erlitt

Die Seufzerbrücke über der Carrer del Bisbe ist eine Nachbildung der berühmten Brücke in Venedig

Plaça Reial

Im Osten der Seu liegt die von schönen historischen Bauwerken gesäumte **Plaça Reial**. Der Platz war ursprünglich der Hof des Palastes der Grafen von Barcelona, des **Palau Reial Major**. Dessen Hauptsaal, der großzügige Saló del Tinell aus dem 14. Jahrhundert, ist noch erhalten. Auf den Treppen zu diesem Palast sollen König Ferdinand und Königin Isabella Christoph Kolumbus bei der Rückkehr von seiner ersten Reise nach Amerika im Jahr 1493 empfangen haben. Der fünfgeschossige Turm mit Bogenstrukturen ist der Mirador del Rei Martí aus der Zeit der Renaissance (nicht besuchbar). Zu sehen gibt es außerdem noch die einschiffige Capella de Santa Àgata mit Buntglasfenstern. Der Saló del Tinell und die Kapelle gehören zum hervorragenden **Museu d'Història de la Ciutat** (Stadtmuseum), das die 2000-jährige Geschichte Barcelonas vermittelt. Am faszinierendsten in diesem

Museum sind wohl die freigelegten römischen und westgotischen Straßen, die unter dem Platz liegen; sie wurden in den 1930er-Jahren entdeckt.

Santa Maria del Pí

In ein paar Minuten kann man nun wieder an der Kathedrale vorbei zu den verwinkelten Gassen und Plätzen spazieren, die sich rund um die gotische Kirche **Santa Maria del Pí** aus dem 14. Jahrhundert befinden. Sie ist nach der Kiefer benannt, die früher hier wuchs. Die schlichte Erhabenheit des Kirchenraums wird durch leuchtende Glasfenster erhellt. Die Plätze in diesem Viertel zählen zu den schönsten im Barri Gòtic.

Im Kreuzgang der gotischen Kathedrale haben es sich Gänse gemütlich gemacht

Plaça de Sant Felip Neri nahe der Kathedrale

KLEINE PAUSE

Sichern Sie sich einen Tisch im Freien in der **Bar Bilbao-Berria** (Plaça Nova 3; Tel. 933 170 124; www.bilbaoberria.com) und wählen Sie aus dem Angebot köstlicher *pintxos* an der Bar.

Catedral (La Seu)
215 E2 Plaça de la Seu 933 428 262; www.catedralbcn.org
Mo–Sa 8–12.45, 17.15–19.30, So 8–13.45, 17.15–19.30 Uhr; der Kreuzgang schließt immer etwas früher Kathedrale: frei; Kombiticket (Museum, Chor und Dachbereiche): 6 Euro Jaume I/Liceu

Museu d'Història de la Ciutat
215 E2 Calle Beguer s/n 932 562 100; www.bcn.cat/museuhistoriaciutat
April–Sept. Di–So 10–20, Okt.–März Di–Sa 10–14, 16–19, So 10–15 Uhr
7 Euro; So ab 15 Uhr sowie an jedem 1. So im Monat frei Jaume I/Liceu

BAEDEKER TIPP

- Für den Besuch der Kathedrale sollte man sich **angemessen kleiden**, d. h. kein ärmelloses Oberteil, keinen Minirock oder Shorts tragen.
- Auf der Plaça de Sant Jaume werden manchmal an Sonntagnachmittagen sehenswerte katalanische **Volkstänze** – Sardanas – aufgeführt.
- Im Gassengewirr kann man sich leicht verirren. Als Faustregel gilt: Alle Straßen, die **bergab** gehen, führen aus dem Viertel heraus.
- Keinesfalls sollten Sie die alte **römische Stadtmauer** zwischen der Ostseite der Kathedrale und der Via Laietana auslassen. Sie wurde von 270 bis 310 errichtet und kennzeichnete bis ins 11. Jahrhundert die Stadtgrenze.
- Gleich bei der Kathedrale sollten Sie sich die **Casa de l'Ardiaca** (Haus des Erzdiakons) und den **Palau Episcopal** (Bischofspalast) ansehen. Man kann die Gebäude nicht von innen besichtigen, doch besitzen beide einen schönen Hof mit Außentreppen, ein Kennzeichen der Paläste von Barcelona. Die Treppe des Palau Episcopal ist oben mit einem romanischen Fresko geschmückt.

37 Les Rambles

Die Rambles (span.: Ramblas) im Herzen von Barcelona sind einer der imponierendsten Straßenzüge am Mittelmeer – für die Einheimischen wie auch für Touristen. Hier kann man sehen und gesehen werden, und man kommt immer wieder gern zurück. Bummeln Sie unter den Bäumen, setzen Sie sich in eines der Straßencafés und beobachten Sie Leute und Straßenkünstler, oder stöbern Sie an Kiosken und Blumenständen.

Ein Spaziergang auf den Rambles ist bei jedem Besuch Barcelonas ein Muss

KLEINE WORTGESCHICHTE

Ramla ist das arabische Wort für das sandige Flussbett, das hier einst parallel zur Stadtmauer verlief. Da es im Sommer ausgetrocknet war, avancierte es zur Verbindung zwischen Hafen und Stadt und wurde im 14. Jahrhundert erstmals gepflastert. Nun ist diese Rambla den Bürgern so ans Herz gewachsen, dass sie gleich zwei Wörter daraus abgeleitet haben: *ramblejar*, »über die Rambla flanieren«, und *ramblista*, »jemand, der gern auf der Rambla flaniert«.

Die Rambles nehmen an der **Plaça de Catalunya** ihren Anfang, die das mittelalterliche Barcelona mit dem gitterartigen Straßennetz des Eixample (➤ 135) aus dem 19. Jahrhundert verbindet. Von hier verläuft der Boulevard in Richtung Süden zum Hafen quer durch die **Ciutat Vella** (Altstadt). In der Mitte befindet sich eine Fußgängerzone, gesäumt von schönen Gebäuden und Platanen. Der Verkehr ist an den Rand verbannt. Jeder Abschnitt der Rambles – es sind insgesamt fünf – hat seinen ganz besonderen Charakter.

Der nördliche Teil

Man beginnt den Bummel am nördlichen Ende, an der **Rambla de Canaletes**. Der moderne Gusseisenbrunnen ist das Ziel, wenn die Fans von Barça, dem berühmten Fußballclub, ihren Sieg feiern. Wer hier

Im Mercat de la Boqueria

einen Schluck trinkt, wird nach Barcelona zurückkehren, so die Legende. Hinter der ersten Kreuzung ist die **Rambla dels Estudis** erreicht; die Kirche auf der rechten Seite ist die Església de Betlem.

Rambla de Sant Josep

Dahinter beginnt die **Rambla de Sant Josep**. Rechter Hand befindet sich der schmiedeeiserne Torbogen zum schönen **Mercat de la Boqueria** (offiziell: Mercat de Sant Josep) aus dem 19. Jahrhundert. Er ist einer der besten Lebensmittelmärkte im Mittelmeerraum und sollte Sie auf jeden Fall animieren, das tolle Frischeangebot zu sichten. Obst und Gemüse werden zu herrlichen Kunstwerken drapiert.

Rambla dels Caputxins und Rambla Santa Mònica

Ein Stück weiter rechts hinter dem runden Fußbodenmosaik von Joan Miró beeindruckt die Fassade des **Gran Teatre del Liceu**, die Oper von Barcelona aus dem Jahr 1847. Nach 100 m, wo die Straße zur **Rambla dels Caputxins** wird, befindet sich links der Torbogen zur **Plaça Reial**, einem eleganten Platz aus dem 19. Jahrhundert.

Den letzten Abschnitt bildet die **Rambla de Santa Mònica**. Sie endet an der Plaça del Portal de la Pau mit dem **Monument a Colom** (Kolumbusdenkmal) aus dem Jahr 1888.

KLEINE PAUSE

Die Bars in **La Boqueria** servieren Zwischenmahlzeiten oder Mittagessen in einer lebhaften, authentischen Atmosphäre. Die **Bar Pinotxo** (► 142) gleich neben dem Haupteingang zählt zu den beliebtesten.

---

215 E2 Catalunya, Drassanes, Liceu

BAEDEKER TIPP

Wer den **Boqueria-Markt** zur besten Zeit kennenlernen möchte, muss frühmorgens kommen. Montags ist der eindrucksvolle Fischmarkt geschlossen.

- Wer ein Faible für den Modernisme hat, macht einen Abstecher zum **Palau Güell** unweit der Rambles. Das erstaunlich phantasievolle Gebäude war eine frühe Auftragsarbeit für Meister Antoni Gaudí, der Name weist auf seinen Gönner Eusebi Güell (Carrer Nou de la Rambla, 3–5; Tel. 934 725 775, palauguell.cat; April–Okt. Di–So 10–20, Nov.–März Di–So 10–17.30 Uhr, Kassenschluss 1 Stunde vorher; 12 Euro; im der Regel erster So des Monats frei).
- Der frühe Abend ist der beste Zeitpunkt, um an der **Plaça Reial** etwas zu trinken.
- Achten Sie jederzeit auf Ihre Wertsachen, insbesondere in Menschenmengen und am späten Abend. Taschendiebstähle sind häufig.

38 Museu Picasso

Das Museu Picasso steht im Spitzenclub der meistbesuchten Sehenswürdigkeiten in Barcelona. Alle, die hierher kommen, fühlen sich von dieser überragenden und legendären Künstlerpersönlichkeit des 20. Jahrhunderts angezogen. Das Museum ist in mehreren mittelalterlichen Gebäuden untergebracht und präsentiert neben dem Picasso-Museum in Málaga (➤ 182) eine der bedeutendsten Sammlungen weltweit.

In seiner Serie zu Velázquez *Las Meninas* ersetzte Picasso die Dogge durch seinen Dackel Lump

Es ist vielleicht wichtig zu wissen, dass diese große Sammlung nicht wirklich repräsentativ ist. Man wird hier nicht die berühmtesten Werke Picassos zu sehen bekommen oder viel aus seiner kubistischen Periode. Man hat vielmehr Gelegenheit, die Entwicklung des Malers nachzuvollziehen, von den ersten Bildern, die er als Kind malte, bis hin zu Werken, die ein paar Jahre vor seinem Tod entstanden.

Das Museum wurde 1963 eröffnet und beruht hauptsächlich auf der Sammlung von Jaume Sabartés, einem

PABLO PICASSO

Pablo Ruiz Picasso, der Sohn eines Zeichenlehrers, war einer der bedeutendsten Künstler des 20. Jahrhunderts. 1881 in Málaga (➤ 182) geboren, zog er 1895 nach Barcelona. Sein ganzes Leben fühlte er sich eher als Katalane denn als Andalusier; die Jahre, die er in Barcelona verbrachte, prägten ihn besonders. Im Jahr 1900 besuchte er zum ersten Mal Paris, wo ihn die Arbeiten Toulouse-Lautrecs zu seiner Blauen Periode (1901–04) inspirierten. Sein Werk durchlief verschiedene stilistische Entwicklungen, bis mit *Les Demoiselles d'Avignon* (1909) das Hauptwerk begann, das einen Bruch mit der gegenständlichen Malerei bedeutete. Von 1910 an widmete Picasso sich dem Kubismus, der die Objekte aus mehreren Perspektiven gleichzeitig darstellt. Anfang der 1930er-Jahre verband er dann den Kubismus mit dem Surrealismus, indem er die menschliche Anatomie neu gestaltete; gleichzeitig wurde für ihn die Kunst zu einer Form von Protest, der seinen Höhepunkt mit dem Gemälde *Guernica* (➤ 60) erreichte. Picassos Werk war bis zum Ende seines Lebens ideenreich und innovativ, voll von erstaunlicher Kraft und Schönheit. Er starb 1973.

Der Innenhof des Museu Picasso

Freund und Sekretär Picassos. Es sind mehrere Porträts von ihm zu sehen, sogar ein abstraktes. Besonders zahlreich sind die Frühwerke Picassos; sie sind noch vom Naturalismus seines Vaters beeinflusst und stammen aus der Zeit vor seiner ersten Reise nach Paris im Jahr 1900. Es handelt sich um Zeichnungen, Porträts der Familie sowie Landschaften und Meeresbilder. Halten Sie auch nach der Speisekarte Ausschau, die der Künstler für das Café Els Quatre Gats entwarf; sie erinnert an den Stil Toulouse-Lautrecs. Picasso begann dann seine Blaue Periode, am schönsten repräsentiert durch *Los Desemperados*, gefolgt von der Rosa Periode und kubistischen Arbeiten, die das Alterswerk kennzeichnen. Zu den Highlights zählen Werke wie *El abrazo* von 1900, *Los pichones* von 1957 und *Hombre sentado* von 1969. Interessant auch: Picassos eigene Version von *Las Meninas* (vgl. ➤ 53).

KLEINE PAUSE

Entlang der Carrer de Montcada finden Sie einige gute, authentische Einkehrstätten. Dazu zählt die **Bar del Pla**, die verschiedenste Tapas und Wein auffährt (Carrer de Montcada 2; Tel. 932 683 003; www.bardelpla.cat; Mo–Do 12–23, Fr, Sa 12–24 Uhr).

215 E2
Carrer de Montcada 15–19
932 563 000; www.museupicasso.bcn.cat
Di–So 9–19, mit Sonderöffnungen Do bis 21.30 Uhr; Kassenschluss 30 Min. vorher
Eintritt (inkl. Wechselausstellungen) 11 Euro; So ab 15 Uhr, sowie an jedem 1. So im Monat frei
Jaume I

BAEDEKER TIPP

- Die beste Zeit für den Besuch des Museums ist morgens und mittags. Vermeiden Sie die Sonntagnachmittage, an denen der Eintritt frei ist. (Eintrittskarten vorab online bestellen unter www.bcn.cat/museupicasso)
- Nehmen Sie sich Zeit, auch das Gebäude anzusehen – fünf extra umgebaute mittelalterliche Herrenhäuser an der Carrer de Montcada.
- Im Jahr 1982 schenkte Picassos Witwe Jacqueline dem Museum über 40 Keramiken, Vasen, Gefäße und Teller, die er in den 1950er-Jahren geschaffen hatte. Für diese vor Leben sprühenden Arbeiten sollte man Zeit einplanen.

39 Montjuïc

Westlich von Altstadt und Hafen ragt ein 173 m hoher grüner Hügel auf, der Montjuïc. Er ist bis heute weitgehend unbebaut, und man kann hier mühelos einen ganzen Tag verbringen. Hier fanden 1992 die Olympischen Spiele statt; neben zwei bedeutenden Museen locken Parkanlagen und eine moderne Seilbahn mit herrlicher Sicht über die Stadt.

Der Palau Nacional, in dem das Museu Nacional d'Art de Catalunya (MNAC) zu Hause ist

MNAC

Hauptanziehungspunkt für viele ist das exquisite **Museu Nacional d'Art de Catalunya** (MNAC) im Palau Nacional, der 1929 für die Weltausstellung errichtet wurde. Höhepunkt ist die Sammlung **romanischer Kunst**, kraftvolle Fresken und Skulpturen aus dem 11. bis 13. Jahrhundert, die aus entlegenen Kirchen in den Pyrenäen hier zusammengetragen wurden. Die **gotische Sammlung** zeigt Werke aus ganz Spanien, Gemälde und Skulpturen. Dazu kommen facettenreiche Wechselausstellungen und weitere Schätze aus ganz Europa. Auch Werke aus Renaissance und Barock sowie moderne Kunst sind vertreten.

Fundació Joan Miró

In der Nähe steht das auffallende weiße Gebäude der **Fundació Joan Miró**. Es handelt sich um ein Museum, das eine eindrucksvolle Werkschau des berühmten katalanischen Künstlers zeigt. Miró wurde 1893 geboren. Seine Gemälde und Zeichnungen verbinden Surrealismus und abstrakte Kunst – man erkennt sie sofort. Die meisten Arbeiten hier hat der Künstler vor seinem Tod 1983 der Stiftung geschenkt: mehr als 225 Gemälde, 150 Skulpturen und sein gesamtes grafisches Werk.

Castell de Montjuïc

Ganz oben auf dem Montjuïc erhebt sich das **Castell de Montjuïc** aus dem 18. Jahrhundert; hier wurde 1940 Lluís Companys, der erste Präsident der Generalitat, auf Befehl

Francos hingerichtet. Die angelaufene Neugestaltung sieht u. a. ein Interpretationszentrum zum Berg Montjuïc und eine Auseinandersetzung mit der militaristischen Vergangenheit der Festung vor. Mit der Seilbahn (Funicular de Montjuïc) gelangt man hinauf (Abfahrt gegenüber Fundació Joan Miró).

Die Nachbildung einer andalusischen Straße im Poble Espanyol

Poble Espanyol

Von hier geht es den Berg wieder hinunter. Im **Poble Espanyol** kann man einen Schnellkurs in spanischer Architektur absolvieren. Es wurde 1929 für die Weltausstellung errichtet. Die Straßen und Plätze sind von Kopien berühmter oder charakteristischer Bauwerke aus ganz Spanien gesäumt. In den Gebäuden gibt es Geschäfte, Kunsthandwerk, Bars und Restaurants.

KLEINE PAUSE

Legen Sie im Hofrestaurant und -café der Fundació Joan Miró (Tel. 933 290 768; dieselben Öffnungszeiten wie die Ausstellung) eine Pause ein. Im MNAC gibt es ebenfalls ein Café und ein Restaurant.

Museu Nacional d'Art de Catalunya (MNAC)
215 E2 Palau Nacional 936 220 376; www.mnac.cat
Mai–Sept. Di–Sa 10–20, So 10–15, Okt.–April Di–Sa 10–18, So 10–15 Uhr
12 Euro; Sa ab 15 Uhr und jeden 1. So im Monat frei Espanya 13, 50, 55

Fundació Joan Miró
215 E2 Parc de Montjuïc 934 439 470; www.fundaciomiro-bcn.org
Juli–Sept. Di–Sa 10–20 (auch Do 10–21.30), So 10–14.30; Okt.–Juni Di–Sa 10–19, Do 10–21.30), So 10–14.30 Uhr
11 Euro (inkl. Dauer- und Wechselausstellung) 50, 55

Poble Espanyol
215 E2 Avinguda de Francesc Ferrer i Guàrdia 13 935 086 300; www.poble-espanyol.com Mo 9–20, Di–Do, So 9–24, Fr 9–3, Sa 9–4 Uhr
11 Euro Espanya 13, 150

BAEDEKER TIPP

- Das Museu Nacional d'Art de Catalunya und die Fundación, Joan Miró sind im **Articket Barcelona** enthalten, einem Museumspass für sechs Museen zum Einheitspreis von 30 Euro (www.articketbcn.org).
- Lohnenswert ist eine **Licht-und-Ton-Show**, die abends zu wechselnden Zeiten (Mai–Sept. im Regelfall Do–So 21–23.30 Uhr; sonst meist Fr, Sa 19–21 Uhr) an der **Font Màgica** (Zauberbrunnen) weit unterhalb des Palau Nacional stattfindet.
- Wer die schöne Aussicht genießen möchte, hat im **Museu Nacional d'Art de Catalunya** die Möglichkeit, auf den **Terrassenbereich** hinauszutreten (3 Euro). Herrliches Stadtpanorama!

Nach Lust und Laune!

40 Park Güell

Der Park Güell war ursprünglich als private Wohnanlage konzipiert und ist das größte nicht kirchliche Projekt Gaudís, eine Auftragsarbeit für den Industriellen Eusebi Güell aus dem Jahr 1900. Es wurden schließlich nur zwei Häuser gebaut, doch waren die Parkanlagen, Wege und Monumente bis 1914 fertig gestellt, bevor die Arbeiten gestoppt wurden. Man kann durch die hügelige Anlage streifen und den herrlichen Blick über die Stadt genießen oder die ungewöhnlich phantasievollen Pavillons, Treppen und Mosaikbänke bewundern. Sie zählen zu den heitersten Werken Gaudís. An Wochenenden und im Sommer ist der Besucherandrang groß.

215 E2 Carrer d'Olot
934 091 831; www.parkguell.cat
Ende März bis Mitte Okt. 8–21.30; sonst 8.30–18 Uhr 8 Euro (online 7 Euro); Casa-Museu Gaudí: 5,50 Euro; www.casamuseugaudi.org Vallcarca (anschließend mit einem steilen, 20-minütigen Spaziergang), Lesseps 24, H6, 32

41 L'Eixample

Der Bezirk Eixample (Erweiterung) wurde 1859 für die überbevölkerte mittelalterliche Stadt entworfen. Er wurde in Form eines Gitternetzes aus langen geraden Straßen angelegt, das der breite Boulevard Avinguda Diagonal quer durchschneidet. Von Anfang an war es schick, im Eixample zu wohnen; wer Geld hatte, zog deshalb aus der Altstadt in diese Gegend mit neuen, geräumigen Gebäuden und breiten Straßen. Dann beauftragte das reiche Bürgertum die Modernisme-Architekten mit immer neuen phantastischen Gebäuden, und dieses Erbe hat das ganze Viertel in eine Art prachtvolles Museum der Stadtarchitektur verwandelt.

Die Hauptdurchgangsstraßen sind der **Passeig de Gràcia** und die **Rambla de Catalunya** im Herzen des Wirtschafts- und Einkaufsdistrikts. Wer ein Faible für Architektur hat, besucht den Passeig de Gràcia. Hier liegen zwischen der Plaça de Catalunya und der Metro-Station Diagonal einige großartige Modernisme-Bauwerke, darunter die **Mançana de la Discòrdia**. Die Gebäude, die diesen Häuserblock bilden, weisen einen sehr unterschiedlichen Stil auf – von der **Casa Amatller** mit Stufengiebel bis zu Gaudís **Casa Batlló** mit ihrem geschwungenen Dach und den mit Kacheln versehenen Wänden. Ein Stück weiter steht die **Casa Milà** (Nr. 92), ein weiteres Meisterwerk Gaudís, das wegen seiner eleganten Steinarbeiten und der kaskadenartigen Balkone aus Metall auch den Spitznamen La Pedrera (Steinbruch) trägt.

215 E2

Casa Amatller

Passeig de Gràcia 41 932 160 175; www.amatller.org bei Redaktionsschluss geschl. wegen Vorbereitungsarbeiten für ständige Besuche Catalunya 7, 16, 17, 22, 24, 28

Casa Batlló

Passeig de Gràcia 43 932 160 306; www.casabatllo.es tägl. 9–21 Uhr (letzter Einlass 20.20 Uhr) 20,35 Euro Catalunya 7, 16, 17, 22, 24, 28

UNTER HAIEN

Das am Port Vell gelegene **Aquarium von Barcelona** ist eines der am besten aufgezogenen in Europa, u. a. mit Haien, Muränen und einem über 80 m langen Glastunnel. Eintritt 20 Euro, Kinder mit Körpergrößen 1,10–1,40 m 15 Euro, 0,90–1,10 m 5 Euro, unter 90 cm frei. Tel. 932 217 474; www.aquariumbcn.com.

Das herrliche Buntglas-Oberlicht im Auditorium des Palau de la Música Catalana

Casa Milà
Passeig de Gràcia 92/Provença 261
902 202 138; www.lapedrera.com
März bis Anfang Nov. 9–20; sonst 9–18.30 Uhr, letzter Einlass 30 Minuten vorher
16,50 Euro (das Online-Ticket erspart mögliche Warteschlangen)
Diagonal 7, 16, 17, 22, 24, 28, 44

42 Palau de la Música Catalana

Wer Modernisme in Reinkultur und einen Überschwang an Farben erleben möchte, besucht den Palau de la Música Catalana, das vielleicht wichtigste Gebäude des spanischen Jugendstils überhaupt. Es wurde von Lluís Domènech i Montaner als Wirkungsstätte für den berühmten Chor der Stadt, den Orfeo, entworfen und zwischen 1905 und 1908 erbaut. Die Fassade ist mit Mosaiken und Büsten prächtig geschmückt und vermittelt einen Vorgeschmack auf das, was innen wartet: eine Orgie aus Stuck, Buntglas, Mosaiken, Skulpturen und Reliefs, ein Ausbund an Farben, Licht und Energie. Führungen (u. a. Span., Engl.) dauern etwa 55 Minuten.

215 E2 Sant Francesc de Paula 2 932 957 200; www.palaumusica.cat Führungen im Juli 10–18, im Aug. 9–20; sonst 10–15.30 Uhr 17 Euro Urquinaona 17, 19, 40, 45

43 Platjas

Die Strände der katalanischen Metropole erstrecken sich über mehrere Kilometer, sind in verschiedene Abschnitte unterteilt, sandig und gesäumt von einer Promenade mit Strandbars und Restaurants. Zwischendrin liegt die Marina. Sant Sebastià und Barceloneta sind am dichtesten am Zentrum und damit am vollsten, hier liegen traditionelle Paella-Restaurants und stilvolle Bars. Der Strand beim Port Olímpic ist sehr beliebt, u. a. weil er nahe an einer Metrostation liegt. Bogatell ist einer der hippsten Teile des Strands, und Mar Bella hat einen kleinen FKK-Bereich. **Barceloneta** und Bogatell sind wegen des sanft abfallenden Sands bei Familien beliebt.

215 E21 Barceloneta, Ciutadella-Vila Olímpica, Poblenou 17, 36, 39, 45, 59, 64, 99

44 Museu FC Barcelona

Der FC Barcelona, von Millionen Fans liebevoll Barça genannt, ist einer der erfolgreichsten Fußballclubs. Das Stadion Nou Camp mit 98 000 Plätzen wurde 1957 erbaut. Wer Spaß am Fußball hat, sollte sich hier ein Spiel ansehen. Aber man kann die riesige Sportstätte auch einfach nur besichtigen, sie ist auch ohne Fans beeindruckend. Das Museum ist dicht gefüllt mit vielerlei Erinnerungsstücken.

215 E2 FC Barcelona, Avenida Arístides Maillol s/n 934 963 600; www.fcbarcelona.com je nach Jahreszeit Mo–Sa 9.30/10–18.30/19, So 9.30/10–14.30 Uhr; vor Champions-League-Spielen eingeschränkter Besuch 23 Euro Collblanc, Badal, Palau Reial 15, 43, 59, 70, 72, 75, 113

ABENTEUERPARK

Der **Bosc Urbà** gilt als erster städtischer Abenteuerpark in Spanien. Hier kommen junge Adrenalin-Junkies auf ihre Kosten. Plaza del Forum; Tel. 931 173 426; www.barcelonaboscurba.com; Mo–Fr 10–18, Sa, So 10–15 Uhr; ab 11 Euro (je nach Alter und Circuit).

Etwas außerhalb

45 Pirineos

Die spektakuläre Bergkette der Pyrenäen, die Spanien von Frankreich trennt, erstreckt sich von Katalonien über Aragonien bis nach Navarra. Die atemberaubenden Gipfel, Seen und Gletschertäler bieten unzählige Möglichkeiten zum Wandern, Skifahren, Raften, Klettern und vielem mehr. Der **Parc Nacional d'Aigüestortes i Estany de Sant Maurici** erstreckt sich über 140 km² und umfasst Gletscherseen, Tannenwälder und herrliche Berge, von denen der höchste 3000 m erreicht.

Direkt an den westlichen Ausläufern des Parks liegt das **Vall de Boí** mit den schönsten Beispielen romanischer Architektur des Landes. Mehrere Dutzend Kirchen mit ihren feingliedrigen Türmen sind kollektiv als Weltkulturerbe anerkannt. Das Centre del Romànic in Erill la Vall informiert über historische Hintergründe sowie Öffnungszeiten und geführte Touren.

Um das Beste aus Ihrem Besuch hier zu machen, benötigen Sie Ihr eigenes Transportmittel. Ein weiteres großes Schutzgebiet ist der Parque Nacional de Ordesa y Monte Perdido (beliebter Ausgangspunkt: Torla); in Aragonien ist Jaca ein guter Ausgangspunkt in die Pyrenäentäler.

213 E4–215 F4

Parc Nacional d'Aigüestortes i Estany Sant Maurici
Infozentrum (Casa del Parc) in Espot, Prat del Guarda 4 ☎ 973 624 036; www.aiguestortes.info; www.lleidatur.com

Centre del Romànic de la Vall de Boí
✉ Carrer del Batalló 5, Erill la Vall, Vall de Boí ☎ 973 696 715; www.centreromanic.com (Öffnungszeiten der wichtigsten Kirchen)

46 Girona

Von der Römerzeit bis ins 19. Jahrhundert war Girona am Fluss Onyar stets hart umkämpft. Die Stadt ist voll von gepflegten alten Gebäuden. Da die Provinz zu den wohlhabendsten in Spanien zählt, gibt es hier auch viele elegante und teure Geschäfte, Galerien, Restaurants und Bars, die Girona – neben Barcelona natürlich! – zur verführerischsten Stadt Kataloniens machen. Der arabische und der jüdische Einfluss haben der Stadt interessante Sehenswürdigkeiten beschert. Das Gassengewirr und die schönen **Banys Àrabs** (Arabische Bäder) zeugen von der 200-jährigen

Das jüdische Viertel in Girona

Geschichte als arabische Stadt, während das Judenviertel El Call mit seinen schmalen Häusern und engen Gassen 600 Jahre lang von Juden bewohnt war. Die gotische Kathedrale mit dem herrlichen einschiffigen, überwölbten Kirchenraum und einem hübschen Kreuzgang steht an der Stelle, wo früher die Moschee war. Mehr erfährt man im Museu d'Arqueologia, das im historischen Kloster Sant Pere de Galligants untergebracht ist. Ebenfalls lohnend: ein Spaziergang über den Stadtmauerwall (Muralles), der rund um die Altstadt verläuft.
215 F3

Touristeninformation
Rambla de la Llibertat 1
972 010 001; www.girona.cat/turisme
Mo–Fr 9–20, Sa 9–14, 16–20, So 9–14 Uhr

Banys Àrabs
Ferran el Catòlic s/n 972 213 262
April–Sept. Mo–Sa 10–19, So 10–14; Okt.–März tägl. 10–14 Uhr 2 Euro

Catedral
Plaça Catedral 972 427 189
April–Okt. 10–19.30, Nov.–März 10.30 Uhr
Kultureller Besuch *(visita cultural)* inkl. Domschatz und Kreuzgang 7 Euro

Museu d'Arqueologia
Sant Pere de Galligants 972 202 632
Juni–Sept. Di–Sa 10.30–13.30, 16–19, So 10–14; Okt.–Mai Di–Sa 10–14, 16–18, So 10–14 Uhr 2,30 Euro

47 Costa Brava

Südlich der französischen Grenze ziehen sich Bergtäler zum Meer hin und haben die **Costa Brava** geprägt, die »wilde Küste«. Ihre kleinen Buchten mit Sandstränden und tiefblauem Wasser sind durch Landvorsprünge geschützt. Diese landschaftliche Schönheit hat natürlich die Bauindustrie auf den Plan gerufen, und so bestehen die südlichen Ausläufer der Region heute nur aus einem dichten Streifen von Hotelburgen und Apartmentkomplexen. **Blanes**, **Lloret de Mar** und **Tossa de Mar** sind laute und fröhliche Badeorte. Tossa ist am schönsten; eine Stadtmauer umgibt das mittelalterliche Viertel. Man kann auch einen Schiffsausflug von hier aus unternehmen, bei dem man die herrliche Küste am besten kennenlernt. **Roses** ist dort der größte Ort, viel hübscher sind **L'Escala** mit seiner Felsküste und **Cadaqués**, ein malerisches, touristisches Dorf am Meer, das in den 1920er- und 1930er-Jahren als Künstlerkolonie berühmt war. Dalí lebte im Nachbarort **Portlligat**, wo man sein bizarres Zuhause heute besichtigen kann. Später zog er dann in seinen Geburtsort **Figueres**. Das dortige **Dalí Teatre-Museu** gilt als eine der Topattraktionen in Spanien und besitzt eine große Auswahl seiner Arbeiten.
215 F2–3 www.costabrava.org

Das markante, mit Eiern verzierte Äußere des Dalí Teatre-Museu in Figueres

Das Kloster von Montserrat ist noch heute Ziel von Pilgern

Casa-Museu Salvador Dalí
215, bei F3 Portlligat, Cadaqués
972 251 015; www.salvador-dali.org
Mitte Juni bis Mitte Sept. 9.30–21; Mitte Sept. bis Mitte Juni Di–So 10.30–18 Uhr (7.1.–11.2. geschl.); Besuche nach tel. Voranmeldung oder unter pllgrups@dali-estate.org) 11 Euro

Dalí Teatre-Museu
215 F3 Plaça Gala-Salvador Dalí, Figueres 972 677 500; www.salvador-dali.org Juli–Sept. tägl. 9–20; März–Juni und Okt. 9.30–18; Nov.–Febr. 10.30–18, Ende Juli bis Ende Aug. zusätzl. Abend-/Nachtbesuche 22–1 Uhr 12 Euro (inkl. Dauerausstellung Dalí-Joies)

48 Montserrat

Rund 50 Kilometer nordwestlich von Barcelona ragt der graue, zerklüftete Berg Montserrat über der hügeligen Landschaft auf. Er ist mit einer Kombination aus Zug- und Seilbahnfahrt von Barcelona aus gut zu erreichen; in einem wunderschönen Naturpark mit Wanderwegen liegt der wichtigste spanische Wallfahrtsort nach Santiago de Compostela (► 104ff). Eine Legende besagt, dass der heilige Petrus die heilige Jungfrau La Moreneta (Schwarze Jungfrau) höchstpersönlich hierher gebracht haben soll. Um dieses Heiligtum entstand dann im 9. Jahrhundert ein großes und mächtiges Benediktinerkloster. Von einer kurzen Unterbrechung im 19. Jahrhundert abgesehen, leben hier seither Mönche. Es finden mehrere Messen pro Tag statt; um 13 Uhr (sonntags um 12 Uhr, außer im Juli) kann man den Knabenchor (Escolanía) hören. Es empfiehlt sich, die Stufen hinter dem Hauptaltar der Basilika hinaufzusteigen, um die hübsche vergoldete Madonna aus dem 12. Jahrhundert aus nächster Nähe zu betrachten. Äußerst lohnend ist ein Besuch des Kultur- und Kunstmuseums.

Die Anfahrt zum Bergheiligtum ist auf eigene Faust auch im Auto möglich (Parkgebühr für den ganzen Tag: 5,50 Euro).
215 D2

Monestir de Montserrat
Montserrat 938 777 777; www.abadiamontserrat.net Ende Juni–Ende Dez. tägl. 7–20; Ende Dez.–Ende Juni 7–19.30 Uhr
Barcelona, Linie Plaça d'Espanya–Manresa. Haltestelle Aeri de Montserrat für die fantastische 5-minütige Seilbahnfahrt auf den Berg; alle 15 Min. (Tel. 938 350 005; www.aeridemontserrat.com). Nächste Haltestelle Cremallera de Montserrat (Tel. 932 051 515; www.cremalleredemontserrat.com) für die 20-minütige Zahnradbahnfahrt entlang des Berghangs; Tagestickets *Tot Montserrat* erhalten Sie im Touristenbüro von Barcelona (Plaça de Catalunya; www.barcelonaturisme.com)
Kirche: frei, Museum: 7 Euro

49 Sitges & Costa Daurada

Südlich von Barcelona erstrecken sich mehrere Sandstrände, denen die Küste ihren Namen **Costa Daurada** (Costa Dorada) verdankt: »Goldküste«. **Sitges** ist der Hauptort, ein pulsierender Ferienort mit hervorragenden Stränden und dem vielleicht ausgeflipptesten Nachtleben der Schwulenszene. Ein Stück weiter im Süden lockt **Salou** jene Besucherscharen an, denen der Sinn nach goldenem Sandstrand

FAMILIENTIPP

- Die **Strände** an diesen Küstenabschnitten sind in der Regel sauber, es sind Rettungsschwimmer im Dienst, und während der Saison stehen Süßwasserduschen und Toiletten zur Verfügung. Sonnenschirme, Wassersportausrüstung und Tretboote werden an vielen der beliebten urbanen Strände vermietet
- **Port Aventura** an der Costa Daurada ist ein riesiges Themenpark-Resort mit Fahrgeschäften, gesondertem Aquatic Park und Familienhotels (Tel. 902 202 220; www.portaventura.es, Juni bis Anfang Sept. 10–24 Uhr; sonst wechselnd und mitunter nur an den Wochenenden; Jahreskalender auf der Homepage).

steht, nach reichlich Bier und der Unterhaltung, die im Vergnügungspark **Port Aventura** (➤ oben), geboten wird.

Noch weiter südlich weichen die langen, weitläufigen Sandstrände dann geschützten Buchten und den 320 km² des **Parc Natural del Delta de l'Ebre** (Ebrodelta), einem der größten Feuchtgebiete Spaniens. Wer den Naturpark besuchen möchte, reist nach Deltebre; dort gibt es Boote, die in den Park hineinfahren. Im Landesinneren warten die zwei imposanten gotischen Zisterzienserklöster **Poblet** und **Santes Creus**, die beide im 12. Jahrhundert gegründet wurden. Poblet ist etwas älter und stimmungsvoller, ein bemerkenswertes Ensemble mit massiven Mauern inmitten der schönen Landschaft. Hauptattraktion sind die romanischen Kreuzgänge, die einen interessanten Kontrast zum gotischen Stil von Santes Creus bilden.

215 D2

Touristeninformation, Sitges
Plaza Eduard Maristany 2, Sitges
938 944 251; www.sitgestur.cat
Mo–Fr 10–14, 16–18.30, Sa 10–14, 16–19, So 10–14 Uhr

50 Tarragona

Tarragona, das römische Tarraco mit seinen herrlichen Zeugnissen aus der Römerzeit, dem mittelalterlichen Viertel und hübschen *ramblas* liegt schön und strategisch günstig hoch über dem Meer. Der Ort war die Hauptstadt des römischen Spaniens, eine große, reiche Stadt. Die erhaltenen Gebäude aus jenen Tagen zeugen von Macht und Ansehen. Zu sehen gibt es die Nekropole, den Zirkus für Wagenrennen, zwei Foren und ein herrliches Amphitheater mit Blick übers Meer. Nähere Informationen erhält man im Museum. Ein Stück außerhalb findet man den Aquädukt, eines der schönsten Zeugnisse der Römerzeit in Spanien. Auf jeden Fall sollte man aber auch durch die Gassen der Altstadt mit der Kathedrale aus dem 12. bis 14. Jahrhundert streifen. Man bummelt dann die Rambla Nova hinunter, um die schöne Aussicht übers Meer vom Balcó del Mediterrani zu genießen.

215 Da

Touristeninformation
Carrer Major 39 977 250 795; www.tarragonaturisme.es; www.costadaurada.info
Mitte Juni bis Ende Sept. Mo–Sa 10–20, So 10–14; sonst Mo–Sa 10–18, So 10–14 Uhr

Das römische Aquädukt von Tarragona

Wohin zum ... Übernachten?

Preise
Für ein Doppelzimmer pro Nacht in der Vor- und Hauptsaison:
€ unter 80 Euro **€€** 80–130 Euro **€€€** 130–180 Euro **€€€€** über 180 Euro

BARCELONA

5 Rooms €€€–€€€€
Das Haus im Modernisme-Stil bietet Zimmer oder Apartments im Herzen der Stadt. Genießen Sie die ungezwungene, freundliche Atmosphäre.
215 E2 Pau Claris 72, 1°
933 427 880; www.thefiverooms.com
Catalunya, Urquinaona

Casa Camper €€€€
Der mallorquinische Schuhhersteller Camper hat seinen Ethos von entspanntem, stilvollem Komfort auf dieses Boutique-Hotel in den hippen Straßen von El Raval ausgedehnt. Die Zimmer sind sorgfältig gestaltet und verfügen über einen eigenen kleinen Wohnbereich. Außerdem stehen eine 24-Stunden-Snackbar, ein Fitnessraum und eine Dachterrasse zur Verfügung.
215 E2 Carrer d'Elisabets 11
933 426 280; www.casacamper.com
Catalunya, Liceu

Chic & Basic Tallers €€
Das *hostal* in El Raval bietet mehr, als der Name vermuten lässt. Alle Zimmer mit Bad, Klimaanlage und Audiovideo-Ausrüstung. Außerdem steht eine Küche zur Zubereitung von Getränken und Sandwiches zur Verfügung. Es gibt insgesamt drei verschiedene Zimmertypen. In der Nebensaison günstiger (€).

Auf der Homepage finden Sie weitere Unterkünfte, z. B. die Apartments Chic & Basic Zoo beim Parc de la Ciutadella am Passeig Picasso 22 oder die Apartments Chic & Basic Born (beide: Tel. 932 954 652).
215 E2 Carrer Tallers 82
933 025 183; www.chicandbasic.com
Plaça de Catalunya

Hotel Banys Orientals €€
Das Hotel bietet einen perfekten Mix aus stilvollen, attraktiven Unterkünften und perfekter Lage in einer Fußgängerstraße in El Born zu wirklich guten Preisen. In einem nahegelegenen Gebäude stehen außerdem günstige Suiten zur Verfügung. Reservieren Sie im Voraus.
215 E2 Carrer Argenteria 37 932 688 460; www.hotelbanysorientals.com Jaume I

Praktik Rambla €€–€€€
Dieses attraktive Boutique-Hotel liegt an einem der baumbestandenen Boulevards von L'Eixample in der Nähe der Plaça de Catalunya. Die hellen, luftigen Zimmer verbinden moderne Linien mit Original-Mosaikböden. Die Bäder sind luxuriös, und für die Gäste steht eine ruhige Sonnenterrasse zur Verfügung.
215 E2 Rambla de Catalunya 27
933 436 690; hotelpraktikrambla.com
Plaça de Catalunya, Passeig de Gràcia

W Barcelona €€€€
In dieser Spitzenadresse Barcelonas werden Sie Luxus nicht vermissen. Das riesige Gebäude, ganz am Ende von Barceloneta, hat die Uferpromenade der Stadt neu gestaltet und für zahlreiche Kontroversen gesorgt. Zur Ausstattung gehören Bliss-Spa, Hightech-Fitnessraum, Dachbar und ein hervorragendes Restaurant.
215 E2 Plaça de la Rosa dels Vents 1
932 952 800; www.w-barcelona.com
Barceloneta

Wohin zum … Essen und Trinken?

Preise
Für ein Essen (z. B. auch ein typisches Tages-/Hausmenü, im Regelfall inkl. Wein):
€ unter 15 Euro **€€** 15–25 Euro **€€€** über 25 Euro

BARCELONA

Bar Pinotxo €
Laute, authentische Bar auf dem Mercat de la Boqueria (► 130). Bestellen Sie ein Glas *cava* und wählen Sie eine Tagesspezialität, die vor Ihren Augen zubereitet wird.
215 E2 Mercat de la Boqueria 933 171 731; pinotxobar.com Mo–Sa 6.30–16 Uhr Liceu

Cal Pinxo Platja €€€
Eine der besten Adressen für Fischgerichte und Meeresfrüchte am Strand von Barceloneta. Hier läuft einem das Wasser im Munde zusammen. Gleich davor rühmt sich die Bar La Playa ihrer vorzüglichen Häppchen.
215 E2 Carrer de Baluart 124, Barceloneta 932 215 028; www.pinxoplatja.com 12.30–16, 20–23 Uhr Barceloneta

Can Culleretes €€€
Dieses Altstadtlokal ist ein echter Klassiker, in dem man mit Stolz auf eine Speisetradition bis 1786 zurückblickt. Gediegene Eleganz. Auf der Speisekarte dürfen katalanische Spezialitäten nicht fehlen. Di–Fr recht günstiges Mittagsmenü (€€).
215 E2 Carrer Quintana 5, Ciutat Vella 933 173 022; www.culleretes.com Di–Sa 13.30–16, 21–23, So 13.30–16 Uhr Liceu

Cervesería Catalana €
Die Theke der beliebten Bar biegt sich unter verführerischen *montaditos* (Canapés). Wenn Sie während der wärmeren Jahreszeit keinen der Tische auf der Straßenterrasse ergattern, bleiben nur Stehplätze.
215 E2 Carrer de Mallorca 236 932 160 368 tägl. 8–1.30 Uhr Passeig de Gràcia

Cuines Santa Caterina €€
Probieren Sie in dem offen gestalteten Restaurant im Mercat Santa Caterina verschiedene Kochrichtungen. Die Tagesspezialitäten bieten eine große Vielfalt – von katalanischen bis hin zu leckeren orientalischen Gerichten. Auch eine Auswahl vegetarischer Optionen wird serviert.
215 E2 Mercat Santa Caterina, Avinguda Francesc Cambó 16 932 689 918; www.cuinessantacaterina.com 13–16, 20–23.30, Wochenende bis 24 Uhr Jaume I

Els Quatre Gats €€–€€€
An den Wänden der »Vier Katzen« hingen einst Werke von Picasso. Bis heute hat sich dieses legendäre Lokal sein Jugendstilambiente bewahrt. Wochentags ist das Menü von Qualität und Preis her attraktiv. Ein zu jeder Stunde stilvoller Treffpunkt!
215 E2 Carrer de Montsió 3 933 024 140; 4gats.com 10–1 Uhr Catalunya

Tapas 24 €–€€
Das Restaurant ist die Antwort des preisgekrönten Küchenchefs Carles Abellan auf die schlechte Tapas-Qualität, die oft serviert wird. Genießen Sie Tapas und Meeresfrüchte, geschmorten Stierschwanz oder einen McFoie Burger. Das kühle Dekor und die offene Küche werden ergänzt von einem freundlichen, hilfsbereiten Service.
215 E2 Carrer de Diputació 269 934 880 977; www.carlesabellan.es Mo–Sa 9–24 Uhr Passeig de Gràcia

Wohin zum ... Einkaufen?

MODE UND ACCESSOIRES

Auf dem Passeig de Gràcia sind alle großen Namen der internationalen Mode vertreten. Die Filialen von Ketten wie Zara, Mango und H&M liegen im unteren Bereich nahe der Plaça de Catalunya, während Designer wie Hermès, Jimmy Choo und Chanel ihre Boutiquen einige Blocks weiter nördlich haben. Je weiter Sie Richtung Avinguda Diagonal kommen, desto exklusiver wird es. Einige der Geschäfte sind in atemberaubenden Modernisme-Gebäuden untergebracht: Achten Sie besonders auf **Bagués**, einen Art-Nouveau-Juwelier im Casa Amatller (Passeig de Gràcia 41; Tel. 932 160 174; www.bagues.com, Metro: Passeig de Gràcia) und den Showroom für Leder-Accessoires und mehr von **Loewe** im Casa Lleó Morera (Passeig de Gràcia 35; Tel. 932 160 400; www.loewe.com, Metro: Passeig de Gràcia).

In den Straßen El Born und El Raval sind die jüngeren, unabhängigen (Mode-)Designer zu Hause. Gewagte Muster und Drucke sind das Markenzeichen von **Custo** (Plaça de les Olles 7; Tel. 932 687 893; www.custo-barcelona.com, Metro: Jaume I), **Desigual** bietet besonders farbenfrohe Mode mit gewollten Kontrasten an und ist mit mehreren Shops vertreten, u. a. in der Carrer de la Diputació 323 (Tel. 932 720 066; www.desigual.com; Metro: Girona) und am Passeig de Gràcia 47 (Tel. 932 150 884; Metro: Passeig de Gràcia). Darüber hinaus hat sich **Vialis** (Carrer Vidrieria 15; Tel. 933 199 491; www.vialis.es, Metro: Jaume I) auf stilvolle Schuhmode spezialisiert. Es gibt insgesamt acht Vialis-Filialen in Barcelona, auch am Flughafen. Eine Filiale des mallorquinischen Schuhherstellers **Camper** liegt am Passeig de Gràcia 100 (Tel. 934 674 148; www.camper.com; Metro: Diagonal). Traditionellere, handgenähte Espadrilles in jedem Farbton erhalten Sie bei **La Manuel Alpargatera** (Carrer d'Avinyo 7; Tel. 933 010 172, lamanualalpargatera.es, Metro: Liceu).

MÖBEL UND DESIGN

Vinçon (Passeig de Gràcia 96; Tel. 932 156 050; www.vincon.com; Metro: Diagonal) ist ein Muss für Design-Liebhaber. In dem herrlichen Modernisme-Gebäude finden Sie moderne Klassiker, günstige Designer-Haushaltswaren, Möbel und eine Auswahl saisonaler Artikel.

ESSEN UND WEIN

Der geschäftige Markt **La Boqueria** (➤ 130) und der **Mercat Santa Caterina** (Avinguda Francesc Cambó 16; Tel. 933 195 740; www.mercatsantacaterina.com; Metro: Jaume I) sind ideal zum Zusammenstellen eines Picknicks. **La Ribera** (Plaça Comercial 11; Tel. 933 195 206; www.laribera-sa.es, Metro: Jaume I) bietet eine Auswahl Oliven und gesalzenen Kabeljau, die Regale biegen sich unter der Vielzahl von Anchovis, Muscheln und Ähnlichem in Dosen. Ergänzen können Sie Ihren Einkauf mit etwas Wein von **Vila Viniteca** (Carrer Agullers 7; Tel. 937 777 017; www.vilaviniteca.es, Metro: Jaume I), einem der führenden Anbieter der Stadt. Zum Abschluss bietet **Bubo** (Carrer de les Caputxes 10; Tel. 932 687 224, bubo.es, Metro: Jaume I) herrliche Süßwaren an. Liebhaber von Leckereien werden außerdem fündig bei **Escribà** (La Rambla 83; Tel. 933 016 027; www.escriba.es), einem der besten Konditoren und Chocolatiers der Stadt, dessen Geschäft an den Rambles eine Perle des Modernisme ist.

Wohin zum … Ausgehen?

Die Tageszeitung *La Vanguardia* bietet einen Kultur- und Terminteil. Online finden Sie Veranstaltungstipps unter enbarcelona.com. Mittwochs erscheint das Freizeitmagazin *Time out* (www.timeout.com/barcelona).

CLUBS

Viele der besseren *bares de copas* (➤ 45) und kleinen Clubs liegen in El Raval, El Born und im Barri Gòtic, auch Gràcia bietet einige Highlights. Glamourösere Clubs finden Sie am Port Olímpic, während Montjuïc mit dem seit langem beliebten **La Terrrazza** (Avinguda del Marqués de Comillas; Tel. 934 724 980; www.laterrrazza.com; Metro: Espanya) direkt hinter dem **Poble Espanyol** (➤ 134) aufwartet. Wenn Sie im Sommer freitags und samstags wirklich was erleben möchten, sollten Sie nicht vor 3 Uhr morgens kommen. Die Closing Party steigt meist Anfang Oktober.

Einige Blocks der L'Eixample Esquerra um die Carrer de Villarroel und Carrer de la Diputació sind das Zentrum der Schwulenszene.

Die meisten Clubs öffnen gegen Mitternacht und müssen – aufgrund neuerer Lärmschutzmaßnahmen im Zentrum von Barcelona – oft um 3 Uhr schließen.

OPER UND MUSIK

Das **Gran Teatre del Liceu** (La Rambla 51–59; Tel. 934 859 900; www.liceubarcelona.cat; Metro: Liceu) zählt zu den größten Opernhäusern der Welt. Der **Palau de la Música Catalana** (➤ 136) bietet spektakuläre Modernisme-Architektur und jährlich rund 300 Konzerte.

THEATER UND TANZ

Theateraufführungen in der Stadt sind meist auf Katalanisch oder Spanisch. Aber auch Ballett, Tanz und Pantomime sind insbesondere während des jährlichen **Festival del Grec** (Juni, Juli oder August; grec.bcn.cat) gut vertreten. Auch der **Mercat de les Flors** (Carrer de Lleida 59; Tel. 934 261 875, mercatflors.cat, Metro: Poble Sec) bietet ein vielfältiges Programm mit Tanzvorführungen an.

SPORT

Im Westen des Montjuïc (➤ 133f) liegen die **Anella Olímpica**, Sportstätten und Schwimmbäder, die für die Olympischen Spiele 1992 erbaut wurden, wobei das Estadi Olímpic de Lluis Companys auf die Weltausstellung im Jahr 1929 zurückgeht.

Die **Piscines Bernat Picornell** (Avinguda de l'Estadi 30–38; Tel. 934 234 041; www.picornell.cat; knapp 12 Euro) sind ein Freizeitkomplex mit Schwimmbad und Sporthalle. Der beheizte Außenpool im **Club Natació Atlètic-Barceloneta** (Plaça del Mar; Tel. 932 210 010; www.cnab.org, Metro: Barceloneta; Tagesticket ca. 13 Euro) ist ganzjährig geöffnet und bietet an wärmeren Tagen Bereiche zum Sonnenbaden. Das Ticket erlaubt auch den Zugang zum großen Fitnesssaal.

Zum Joggen oder Walken eignet sich die Strandpromenade von Barceloneta hervorragend. Auch die abwechslungsreichen, schattigen Wege auf dem Montjuïc sind beliebt.

Die **Base Náutica de la Mar Bella** (Tel. 932 210 432; basenautica.org) an der Avinguda Litoral verleiht Kayaks und Windsurfingausrüstung, außerdem werden Surf- und Segelkurse angeboten. Es gibt einen offiziellen FKK-Strand sowie einen Strand, der bei homosexuellen Paaren beliebt ist.

Südliches Zentralspanien

Kleine Erlebnisse

Im Bann des alten Meisters

Lassen Sie sich im **Museo del Greco** (➤ 154) von den Werken des Meisters bezaubern, darunter *Stadtansicht mit Plan von Toledo.*

Mehr als nur eine Synagoge

Die **Sinagoga del Tránsito** (➤ 154) ist heute Bestandteil des sehenswerten Jüdischen Museums in Toledo, Museo Sefardí.

Spaziergang im alten Flussbett

Entdecken, riechen und schmecken Sie València in den wunderbaren Grünanlagen des **trocken gelegten Turia** (➤ 150).

Erste Orientierung

Südlich von Madrid erstrecken sich die einsamen Landschaften der Extremadura und Kastilien-La Manchas. So stellt man sich das klassische Spanien vor, das Land der Meseta, des Hochplateaus mit den Windmühlen von Don Quijote und vielen Burgen. Hier fanden die Schlachten zur Vertreibung der Mauren statt. Im Osten, am Mittelmeer, liegt València. Die Gegend könnte nicht kontrastreicher sein: Hier zieht sich ein Gebirgszug mit grünen Tälern an der Küste entlang, in dessen Schutz eines der beliebtesten Feriengebiete Europas liegt.

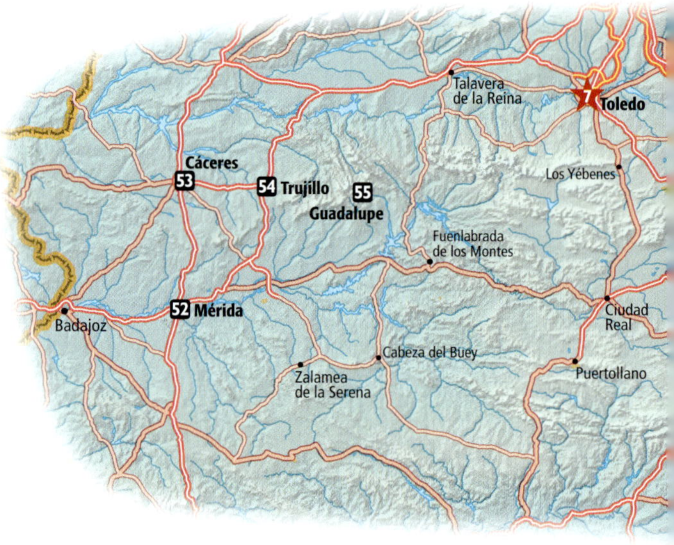

Natürlich könnte auch der Gegensatz zwischen den wichtigsten Städten kaum größer sein. Toledo versinnbildlicht die Verschmelzung der maurischen, jüdischen und christlichen Kultur in Spanien; Cuenca klammert sich in einer der dramatischsten Landschaften Kastiliens an einen Bergvorsprung; und dann ist da die wohlhabende Großstadt València. Cáceres und Trujillo in der Extremadura zeugen von der Zeit der Konquistadoren und bilden einen Kontrast zu den römischen Prachtbauten von Mérida und der religiösen Inbrunst, die im Kloster von Guadalupe zum Ausdruck kommt – diese abgelegene Gegend ist also durchaus eine Reise wert.

Im Osten bieten die Ferienorte an der Costa Blanca eine touristische Infrastruktur, die nichts zu wünschen übrig lässt. Der Reiz liegt vor allem in den vielen Zwischentönen. Zur Küste hin gibt es Täler mit üppiger Vegetation im Schutz der Berge, und Valèncias *huerta* gilt als einer der ertragreichsten Obst- und Gemüsegärten.

Toledos markanter Alcázar dominiert die Stadt

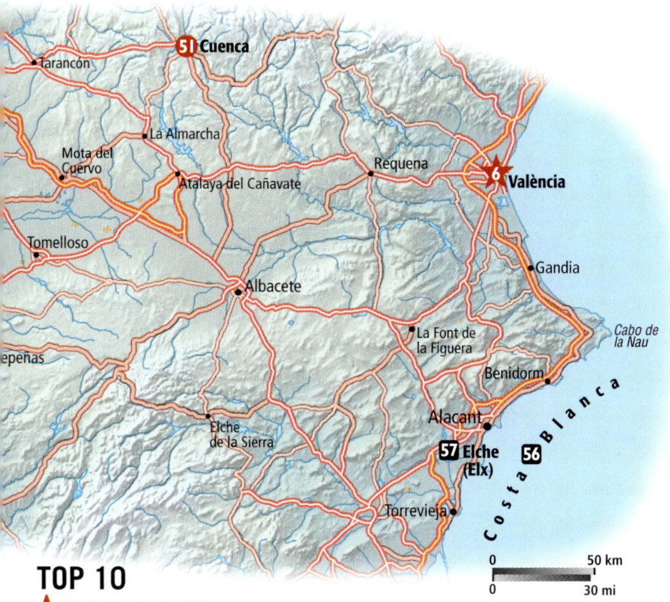

TOP 10

Nicht verpassen!

Nach Lust und Laune!

Toledo ist für seine Keramik berühmt

In fünf Tagen

Mindestens fünf Tage benötigen Sie, um die wichtigsten Sehenswürdigkeiten im südlichen Zentralspanien zu besuchen. Folgen Sie unserem Tagesprogramm und Sie werden kein Highlight verpassen.

Erster Tag

Vormittags

Beginnen Sie Ihren Streifzug durch ★ **Toledo** (➤ 153f) an der **Kathedrale** (Abb. links, ➤ 153), um dann in der dortigen Kirche **Santo Tomé** El Grecos Gemälde *Das Begräbnis des Grafen Orgaz* anzusehen, bevor Sie weiteren Spuren El Grecos folgen.

Nachmittags

Nach dem Mittagessen liegt der Schwerpunkt auf der **Judería**, dem alten jüdischen Viertel mit zwei **Synagogen** (➤ 154) und **San Juan de los Reyes**. Der Spätnachmittag bietet sich dann an, um die herrlichen Gemälde im **Museo de Santa Cruz** zu betrachten.

Abends

Vor dem Abendessen unternehmen Sie noch einen Bummel, dann fahren oder spazieren Sie zur **Carretera de Circunvalación** am südlichen Ufer des Tajo, um sich aus der Entfernung die **hell beleuchtete Stadt** anzusehen.

Zweiter Tag

Vormittags

Fahren Sie auf der N400 185 km nach 51 **Cuenca** (➤ 156f) im Osten. Einen ersten Eindruck der Stadt gewinnt man bei einem Bummel um die **Plaza Mayor**.

Nachmittags

Nun ist genügend Zeit, um Cuenca und seine Sehenswürdigkeiten anzuschauen: die alte **Kathedrale**, die **Museen** (➤ 157) und vor allem das **Museo de Arte Abstracto Español** in einer der berühmten Casas Colgades.

Abends

Lassen Sie bei einem Getränk und beim Abendessen die Atmosphäre auf sich wirken und runden Sie so den Tag ab.

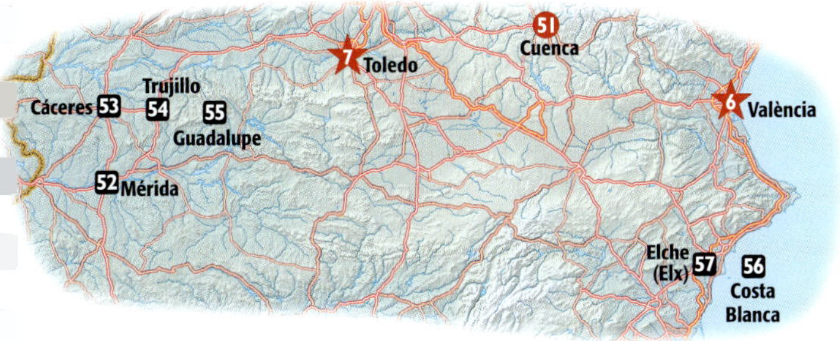

Dritter Tag

Vormittags
Fahren Sie auf der N320 nach Südosten, um über die Autobahn A3 nach 6 **València** (➤ 150ff) zu gelangen, das rund 190 km entfernt ist.

Nachmittags
Den Nachmittag widmen Sie zunächst den Hauptsehenswürdigkeiten in der Innenstadt zwischen **Plaza del Ayuntamiento**, **Kathedrale** und **Barrio del Carmen**. Gut, dass die Museen **IVAM** und **Bellas Artes** Di–So bis 19 Uhr geöffnet sind. Es bleibt also noch Zeit zum Einkaufen.

Vierter Tag

Vormittags
Nicht versäumen sollten Sie den **Mercado Central** von València, bevor Sie sich die **Lonja** (➤ 150) auf der anderen Straßenseite ansehen. Dann geht es zur **Ciutat de les Arts i les Ciències** (➤ 151) außerhalb des Zentrums.

Nachmittags
Sie folgen der Autobahn A7 nach Süden zur 56 **Costa Blanca** (➤ 160) und bleiben am Meer. Die Ferienorte **Dénia, Calp** (**Calpe**) und **Moraira** (Abb. links) bieten sich beide an, um erholt in den nächsten Tag zu starten.

Fünfter Tag

Vormittags
Erkunden Sie die **Costa Blanca** oder fahren Sie landeinwärts in die Sierra de Aitana, bevor Sie zum Mittagessen in **Alicante** (**Alacant**) (➤ 160) eintreffen.

Nachmittags
Fahren Sie noch einmal 18 km nach 57 **Elx (Elche)** (➤ 161), wo Sie durch den größten Palmenwald Europas spazieren können.

6 València

València ist die drittgrößte Stadt Spaniens, und hier wird das ganze Jahr über gefeiert; das Nachtleben gehört zum ausschweifendsten in ganz Spanien. Höhepunkt sind die Fallas im März. Dazu kommen das milde Klima, schöne Bauwerke und elegante Geschäfte – die Mischung ergibt eine Stadt, die man unbedingt kennenlernen sollte.

L'Hemisfèric: konzipiert als ein sich öffnendes und schließendes Auge

Valèncias Altstadt ist von einem ausgetrockneten Flussbett umgeben; der **Turia** wurde 1956 nach einer katastrophalen Überschwemmung umgeleitet. In der Flussschleife liegt das stimmungsvolle **Barrio del Carmen**, das älteste Viertel Valèncias mit den interessantesten Sehenswürdigkeiten.

Plaza del Ayuntamiento

Die Tour beginnt an der **Plaza del Ayuntamiento**, dem weitläufigen Hauptplatz mit einem spektakulären Brunnen, Palmen und Blumenständen. Er wird von dem massiven **Ayuntamiento** (Rathaus) beherrscht. Von hier bummeln Sie nach Nordwesten zum **Mercado Central** (Zentralmarkt), einem der größten Märkte Europas, wo man fast jede Sorte Fisch bekommt, dazu Obst, Gemüse und Fleisch. Gegenüber befindet sich ein Kleinod, die **Lonja** (Börse), ein gotisches Gebäude aus dem 15. Jahrhundert mit Säulenhalle und Sterngewölbe. Sie war einst die Seidenbörse von València und dient immer noch dem Handel, wenn sonntags hier ein Münzen- und Briefmarkenmarkt stattfindet.

Die Kathedrale

Ein Stück weiter östlich erreicht man die **Kathedrale** aus dem 13. bis 15. Jahrhundert, die mit einem unvollendeten Turm, dem **Miguelete**, dem Kathedralmuseum und zwei Plätzen ein Ensemble bildet. Der Kirchenbau wurde restauriert und beeindruckt nun wieder mit seiner gotischen

Schlichtheit. Bei schönem Wetter fällt das Licht sanft durch die Alabasterfenster über der Vierung. Dahinter liegt die **Plaza de la Virgen**. Seit dem Mittelalter wird hier am Donnerstag mittags das sogenannte Wassergericht abgehalten, bei dem Beschwerden vorgetragen werden, die die Bewässerung der vor der Stadt gelegenen *huertas* betreffen.

Die Museen in der Stadt

Da die Museen über die ganze Stadt verstreut sind, muss, wer wenig Zeit hat, eine Auswahl treffen. Auf jeden Fall sollte man das **Museo Nacional de Cerámica González Martí** (Keramikmuseum) besuchen; es lohnt nicht nur wegen der phantastischen Barockfassade und der reichen Innenausstattung, sondern auch wegen der Sammlung selbst. Hier wurden nämlich Keramiken aus ganz Spanien zusammengetragen; zu sehen sind unter anderem sehenswerte *azulejos* (Kacheln) und die Reproduktion einer traditionellen Valèncianischen Küche. Kunstliebhaber gehen ins **Museo de Bellas Artes** (Museum der Schönen Künste), das einen hervorragenden Überblick über die spanische Malerei vermittelt; präsentiert werden Werke von Goya, Murillo und Velázquez. Wer sich eher für die Moderne interessiert, besucht das **Instituto Valènciano de Arte Moderno (IVAM)** mit seinen Ausstellungen von Werken des 20. Jahrhunderts. Das **Museo Fallero** zeigt preisgekrönte, vor den Flammen begnadigte *ninots* (riesige Skulpturen) des Fallas-Festivals (➤ links).

DIE FALLAS

Vom 12. bis 19. März finden alljährlich die Fallas zu Ehren des heiligen Joseph statt – mit riesigen satirischen Figuren aus Pappmaché, Blumen und Feuerwerken, wunderbaren Kostümen, Musik, Tanz und Straßenfesten. Die Ursprünge des Festes gehen auf einen alten Frühlingsbrauch zurück, nach dem die Zimmerleute um diese Zeit ihre Holzabfälle verbrannten; daraus hat sich heute eine Touristenattraktion entwickelt. Überall, in jedem Viertel, stehen riesige Figuren oder ganze Figuren-Ensembles, manche mitunter 20 m groß. Außerdem finden vor der Kathedrale Blumenprozessionen mit dem Bildnis der heiligen Jungfrau Maria statt, es wird eine Fallas-Königin gekürt, und die Feuerwerkskörper sorgen für ohrenbetäubenden Lärm. Das launige Fest gipfelt am 19. März in der Nit de Foc, wenn die *fallas* in Brand gesteckt werden. Ein unvergleichliches Spektakel!

Ciutat de les Arts i les Ciències

Südöstlich des Zentrums liegt die **Ciutat de les Arts i les Ciènces** (Kunst- und Wissenschaftsstadt), ein sehr ambitionierter Gebäudekomplex, der auf einen Entwurf des Valèncianers Santiago Calatrava zurückgeht. Die Generalitat finanzierte diese bemerkenswerten weißen Gebäude mit geschwungenen Linien und eleganten Bögen rund um spiegelnde Wasserbecken nicht zuletzt, um den Tourismus zu fördern. **L'Hemisfèric** (die Hemisphäre) beherbergt eine riesige Leinwand, die als Planetarium, Laserbildschirm und IMAX-Kino dient. Das Gebäude wird flankiert vom **Museu de les Ciències Príncipe Felipe**, einem interaktiven Wissenschaftsmuseum, sowie dem **Oceanogràfic** (Aquarium). Da es die verschiedensten Lebensräume im Meer nachbildet und mit einer riesigen Artenvielfalt auftrumpft, ist es ein tolles Familienziel – hat aber natürlich seinen Preis. Im **Palau de les Arts** (Kunstpalast) werden Konzerte, Opern und Theaterstücke aufgeführt.

KLEINE PAUSE

Auf keinen Fall sollten Sie die Stadt verlassen, ohne ein Glas *horchata* probiert zu haben. Die berühmte Horchatería Santa Catalina in der Nähe der Plaza de la Reina ist da genau die richtige Adresse (www.horchateriasantacatalina.com).

219 E3

Touristeninformation

Plaza de la Reina 19 963 153 931; www.turisvalencia.es Mo–Sa 9–19, So 10–14 Uhr

Kathedrale

Plaza de la Reina
963 918 127; www.catedraldevalencia.es
April– Okt. Mo–Sa 10–18.30, So 14–18.30, Nov.–März Mo–Sa 10–17.30 Uhr 4,50 Euro

Instituto Valenciano de Arte Moderno (IVAM)

Calle Guillem de Castro 118 963 863 000; www.ivam.es Di–So 10–19 Uhr 2 Euro; So frei

La Lonja

Lonja 2 962 084 153 Mo 10–14, Di–Sa 10–18 (Sommer bis 19), So 10–15 Uhr 2 Euro; So frei

Museo de Bellas Artes

Calle San Pío 9
963 870 300; museobellasartesvalencia.gva.es Mo 11–17, Di–So 10–19 Uhr frei

Museo Nacional de Cerámica González Martí

Calle Poeta Querol 2 963 516 392; mnceramica.mcu.es Di–Sa 10–14, 16–20, So 10–14 Uhr 3 Euro; Sa nachmittags, So frei

Museo Fallero

Plaza Monteolivete 4 963 525 478; www.fallas.com Di–Sa 10–18 (Mitte März bis Mitte Okt. bis 19), So 10–15 Uhr 2 Euro; So frei

L'Hemisfèric

Avenida Autopista del Saler 902 100 031; www.cac.es Vorführungen: Mo–Do 11–18, Fr–So 11–20 Uhr 8,80 Euro

Museu de les Ciències Príncipe Felipe

Avenida López Piñero 7 902 100 031; www.cac.es Juli, Aug. 10–21; sonst 10–19, im Winter Mo–Do bis 18 Uhr 8 Euro

Oceanogràfic

Calle Eduardo Primo Yúfera 1-B 902 100 031; www.cac.es jahreszeitlich variierend, So–Fr 10–18/19/20, Sa 10–19/20, Mitte Juli bis Ende Aug. 10–24 Uhr 27,90 E

BAEDEKER TIPP

- Der Touristenbus – **Bus Turístic** (www.valenciabusturistic.com) – hat seinen Haupthalt auf der Plaza de la Reina und verkehrt innerstädtisch auf zwei verschiedenen Routen – eine gute Alternative zu den öffentlichen Verkehrsmitteln.
- València ist erstaunlich groß, Sie sollten sich also auf **längere Fußmärsche** einstellen.
- Ein wenig Geld sparen lässt sich in der Ciutat de les Arts i les Ciències mit einem **Kombiticket** für Hemisfèric, Wissenschaftsmuseum und Oceanogràfic. Fragen Sie nach der *entrada conjunta* für 36,25 Euro.

Außerdem: Der städtische Küstenbereich ist hervorragend aufpoliert worden. Entstanden sind kilometerlange saubere und sichere **Strände** mit blauer EU-Flagge und eine glitzernde **Marina** sowie eine Reihe lebendiger Bars und guter Restaurants.

- Familien mit Kindern lockt etwas außerhalb der **Bioparc València** an, ein moderner Zoo mit dem Maximum an Auslauf für die Tiere (Avenida Pío Baroja 3; www.bioparcvalencia.es; Öffnungszeiten jahreszeitlich variierend, tägl. 10–18/19/20, im Hochsommer bis 21 Uhr; 23,80 Euro, Kinder 18 Euro, Kinder bis 4 Jahre frei).

7 Toledo

Für Toledo spricht vieles – die reiche Vergangenheit, die bemerkenswerte Architektur, die herrliche Lage. Aus diesem Grund ist Toledo zu einer der meistbesuchten Städte Spaniens avanciert. Es liegt wie eine Märchenkulisse auf einem Granithöhenzug über einer Schleife des Tajo; seit mehr als drei Jahrhunderten hat sich die Silhouette kaum verändert. Mauren und Juden hinterließen auf den Fundamenten römischer und westgotischer Siedlungen ihre Spuren und lieferten so ihren Beitrag zur Geschichte dieser einzigartigen und faszinierenden Stadt.

Eines der Buntglasfenster in der Kathedrale von Toledo

Die ehemalige Römerstadt wurde die Hauptstadt des Westgotenreichs und wichtiges Handels- und Kulturzentrum. 712 von den Mauren eingenommen, lebten hier fortan Mozaraber (Christen unter maurischer Herrschaft), Mauren und Juden einträchtig zusammen. Das änderte sich auch nicht, als die Christen 1085 die Stadt zurückeroberten. Diese Verschmelzung der Kulturen, die Toledo einzigartig machte, fand im 16. Jahrhundert ein Ende: Mauren und Juden wurden vertrieben, Hauptstadt war fortan Madrid.

Von der Kathedrale nach San Juan de los Reyes

Die überreich verzierte **Kathedrale** von Toledo wurde von 1227 bis 1493 errichtet und verbindet Stilelemente der Gotik, der Renaissance und des Barock. Das **zentrale Hauptschiff** wird von vier Seitenschiffen flankiert, die bis zum ***coro*** (Chor) gegenüber der **Capilla Mayor** verlaufen. Der riesige Altaraufsatz erzählt die Geschichte des Neuen Testaments. Dahinter befindet sich das extravagante ***Transparente***, ein barockes Altarbild von Narciso Tomé. An der Außenmauer reihen sich mehr als **20 Kapellen**

EL GRECO 1541–1614

El Greco – sein richtiger Name war Dominikos Theotokopoulos – kam aus seiner Heimat Kreta über Italien nach Spanien. Der italienische Manierismus mit seiner undeutlichen Gestaltung der Raumbeziehungen und den lebhaften Farben übte großen Einfluss auf ihn aus. Als er 1575 in Toledo eintraf, fand er im weit entfernten Escorial keine Arbeit, wie er es sich erhofft hatte. Er blieb also in der Stadt und malte für ihre Kirchen religiöse Bilder sowie Porträts der Adeligen. Seine Verschmelzung manieristischer Formen mit intensiver byzantinischer Spiritualität traf den Nerv der Spanier in solchem Ausmaß, dass er trotz seiner griechischen Herkunft als ein im Wesentlichen spanischer Maler betrachtet wurde. Sein Werk wurde schließlich immer abstrakter und exzentrischer, zwei Aspekte, die seine Gemälde auch für den modernen Betrachter interessant machen.

aneinander; ein wahrer Schatz sind die Buntglasfenster und die herrlichen Gemälde von El Greco, Zurbarán und Goya.

In der **Iglesia de Santo Tomé** befindet sich El Grecos größtes Meisterwerk, Das *Begräbnis des Grafen Orgaz*, die perfekte Verbindung von Spiritualität, Dramatik und technischer Raffinesse. Den Spuren von El Greco folgen Sie vor allem im neu aufgezogenen **Museo del Greco** am Paseo del Tránsito. Die oben erwähnte Kirche Santo Tomé steht am Rand der **Judería**, des alten Judenviertels. Bis auf Weiteres geschlossen ist der **Taller del Moro**, ein Palais im Mudéjar-Stil, das eigentlich ein Museum mit Toledaner Mudéjar-Keramik und -Kacheln aus dem 14./15. Jahrhundert beherbergt. Der Palast selbst datiert aus dem 14. Jahrhundert. Verlässlich geöffnet hingegen sind die beiden Synagogen von Toledo, die **Sinagoga del Tránsito**, ein schlichtes Gebäude aus dem 14. Jahrhundert mit einer umlaufenden Galerie, sowie **Santa María la Blanca**, entstanden um 1300, mit Hufeisenbögen und herrlichen Bodenkacheln. Sie diente als Moschee, Synagoge und Kirche und ist ein wunderbares Beispiel für kulturelle Verschmelzung. Ein Stück weiter wurde das **Monasterio de San Juan de los Reyes** 1476 im typisch isabellinischen Stil errichtet. Die martialisch wirkenden Ketten im alten Franziskanerkloster stammen von christlichen Gefangenen, die in Andalusien befreit wurden.

Die Bogenbrücke Puente de San Martin über den Tajo

Weitere Sehenswürdigkeiten

Östlich von San Juan, am anderen Ende der Stadt, liegt der Hauptplatz von Toledo, die **Plaza de Zocodover**. Er wird von dem im Lauf der Jahrhunderte immer wieder umgebauten massigen **Alcázar** beherrscht. In der Nähe präsentiert das exquisite **Museo de Santa Cruz** eine Sammlung alter Meister, darunter Werke von El Greco, Exponate der Römerzeit sowie volkskundlich relevante Keramik.

KLEINE PAUSE

Die Plaza de Zocodover ist ein idealer Platz, um das Treiben zu beobachten. Zu den traditionellsten Einkehrstätten zählt dort das Café **El Foro**. Auf der Plaza de Zocodover startet auch der **Zocotren**, ein touristischer Minizug, der gerne von Familien und Schulklassen benutzt wird.

---

217 F3

Touristeninformation
Plaza del Consistorio 1
925 254 030; www.turismocastillalamancha.com
tägl. 10–18 Uhr

Kathedrale
Plaza Mayor 925 222 241; www.catedralprimada.es
Kathedrale mit Museum: Mo–Sa 10–18.30, So 14–18.30 Uhr
8 Euro

Iglesia de Santo Tomé
Plaza del Conde 925 256 098; www.santotome.org Mitte März bis Mitte Okt. tägl. 10–18.45; sonst tägl. 10–17.45 Uhr 2,50 Euro

Sinagoga del Tránsito/ Museo Sefardí
Calle Samuel Leví 925 223 665; museosefardi.mcu.es
April–Sept. Di–Sa 9.30–20, So 10–15, Okt.–März Di–Sa 9.30–18.30, So 10–15 Uhr
3 Euro; Sa ab 14 Uhr sowie So frei

Santa María la Blanca
Calle de los Reyes Católicos
925 227 257 im Sommer 10–18.45; sonst 10–17.45 Uhr
2,50 Euro

Monasterio de San Juan de los Reyes
Plaza de San Juan de los Reyes
925 223 802 im Sommer 10–18.30; sonst 10–17.30 Uhr
2,50 Euro

Museo Santa Cruz
Calle Cervantes 3
925 221 036 Mo–Sa 10–18.30, So 10–14 Uhr
frei

Museo del Greco
Paseo del Tránsito s/n
925 216 967; museodelgreco.mcu.es April–Sept. Di–Sa 9.30–20, So 10–15, Okt.–März Di–Sa 9.30–18.30, So 10–15 Uhr
3 Euro; Sa ab 14 Uhr sowie So frei

BAEDEKER TIPP

- Wer Toledo von seiner schönsten Seite kennenlernen will, sollte hier **übernachten**. Abends sind die Tagesausflügler verschwunden.
- Für sechs Monumente (darunter Santo Tomé, Santa María la Blanca) gibt es ein ermäßigtes **Kombiticket** in Form eines Armbands (Pulsera turística; 8 Euro).
- Die **Öffnungszeiten** der Monumente und Museen in Toledo können außerordentlich häufig wechseln; erkundigen Sie sich zuvor im Oficina de Turismo.

Außerdem: Den **schönsten Blick** auf Toledo hat man, wenn man am Südufer des Tajo die Carretera de Circunvalación entlanggeht. Erstaunlich, wie wenig sich das Stadtbild verändert hat, seit El Greco es in seinen Gemälden verewigt hat. Die **klassische Ansicht** seines Bildes *Toledo im Gewitter* wurde etwa dort gemalt, wo heute der Parador steht. Pazifistisch Gesonnene wird der Alcázar nicht begeistern – er beherbergt heute das Armeemuseum (Museo del Ejército).

51 Cuenca

Die Lage von Cuenca ist außergewöhnlich: Die Stadt thront auf einem Kalksteinmassiv und ist von tiefen Schluchten und zwei Flüssen umgeben, dem Huécar und dem Júcar. Alte Gemäuer klammern sich an den Rand der Schlucht, steile Straßen mit hohen schmalen Häusern schlängeln sich nach oben. Rund um die Stadt erstreckt sich eine schöne Gebirgslandschaft. Es ist ein Vergnügen, das Gassengewirr zu erkunden, das Panorama ist herrlich, und schließlich gibt es in Cuenca auch noch ein interessantes Kunstmuseum.

Cuencas berühmten Casas Colgadas (Hängende Häuser) klammern sich an den Rand der Schlucht

Die Ciudad Antigua

Alle Sehenswürdigkeiten befinden sich in der **Ciudad Antigua** (Altstadt), einem dicht bebauten Areal, das größtenteils aus dem 14. bis 16. Jahrhundert stammt und hoch über den Schluchten der beiden Flüsse liegt. Man beginnt mit der Besichtigung an der **Plaza Mayor** (Hauptplatz) mit dem Ayuntamiento (Rathaus) aus dem 17. Jahrhundert und seinen schönen Arkaden. Beherrscht wird der Platz von der **Kathedrale**, deren unvollendete Fassade ein anglonormannisch inspiriertes Gebäude aus dem 12. bis 13. Jahrhundert verbirgt. Innen sieht man sich einer Fülle von Renaissance- und Barockmonumenten gegenüber; dazu kommen moderne Buntglasfenster sowie einige außergewöhnliche schmiedeeiserne Gitter. Dazu gehört auch der Domschatz, **Tesoro Catedralicio**. In der Nähe befindet sich ein weiteres religiöses Museum, das **Tesoro Catedralicio** sowie das **Museo Diocesano**. Dessen Gebäude beherbergt zwei Gemälde von El Greco. Im **Museo de Cuenca** sind noch mehr Zeugnisse aus der Vergangenheit zu sehen. Weitere Kirchen und schöne, alte herrschaftliche Häuser sind über die ganze Stadt verteilt.

Die Casas Colgadas und das Museo de Arte Abstracto Español

Im 14. Jahrhundert entstanden am Rand der Schlucht die **Casas Colgadas** (Hängende Häuser), Gebäude aus Holz und Mörtel mit Schwindel erregenden Balkonen über dem Abgrund. Heute sind noch drei von ihnen erhalten. Eines wurde attraktiv restauriert und in das **Museo de Arte Abstracto Español** (Museum für spanische abstrakte Kunst) verwandelt. Die in den 1960er-Jahren von Fernando Zóbel, einem führenden abstrakten Maler Spaniens, angelegte Sammlung wurde von der Juan-March-Stiftung erworben. Das Museum bietet eine vortreffliche Auswahl an Gemälden und Skulpturen. Wechselausstellungen ergänzen das Programm.

KLEINE PAUSE

Suchen Sie sich einen Tisch im Freien in der **Taberna El Botijo** an der mittelalterlichen Plaza Mayor und lassen Sie sich ein Glas Wein und einen Manchego-Käse schmecken.

---

218 C4

Touristeninformation
Plaza Mayor 969 241 051; turismo.cuenca.es
Mo–Do 10–14, 16.30–19.30, Fr–So 10–14, 15–19.30 Uhr

Museo de Arte Abstracto Español
Casas Colgadas, Calle Canónigos s/n 969 212 983; www.march.es/arte/cuenca Di–Fr 11–14, 16–18, Sa 11–14, 16–20, So 11–14.30 Uhr 3 Euro

Kathedrale/Tesoro Catedralicio
Plaza Mayor tägl. 10.30–13.30, 16–18 Uhr 13,80 Euro

Museo Diocesano
Calle Obispo Valero 1 969 224 210 im Sommer Di–Sa 10–13, 16–19, So 10–13; sonst Di–Sa 10–13, 16–18, So 10–13 Uhr 2 Euro

Museo de Cuenca
Calle Obispo Valero 12 969 213 069 im Sommer Di–Sa 10–14, 17–19, So 10–14; sonst Di–Sa 10–14, 16–19, So 10–14 Uhr 1,20 Euro

BAEDEKER TIPP

- Auf keinen Fall versäumen sollte man den nächtlichen Blick auf die **angestrahlten Casas Colgadas** vom Puente de San Pablo.
- Cuenca sollte man möglichst **an einem Werktag** besuchen, da die Stadt ein beliebtes Wochenendziel der Madrider ist und es deshalb recht voll werden kann.
- Das **unterirdische Cuenca** ist nicht zuletzt für Kinder spannend. Es gibt einen Zutritt in den 90 m langen Túnel de Alfonso VIII, jede Führung dauert etwa 35 Minuten (Calle Alfonso VIII 87; Tel. 969 241 051; Mo–Do Zugang um 12, Fr–So um 12, 13, 17 und 18 Uhr; 3,50 Euro, Kinder bis 12 Jahre frei).

Nach Lust und Laune!

Die Ruinen des römischen Amphitheaters bei Mérida; es bot 15 000 Zuschauern Platz

52 Mérida

Wer sich für die römische Vergangenheit interessiert, sollte Mérida einen Besuch abstatten, denn hier gibt es mehr Zeugnisse aus der Römerzeit als irgendwo sonst in Spanien. Mérida war einst die Hauptstadt der Provinz Lusitania, ein reiches Zentrum mit vielen prächtigen öffentlichen Gebäuden. Über den mit Inselchen gesprenkelten Fluss Guadiana spannt sich eine 60-bogige Brücke, der Puente Romano; er bietet sich als bester Ausgangspunkt für die Besichtigung an. Nahebei liegt am Paseo de Roma die Zona Arqueológica de Morerías, in der weitere Römerreste zutage gefördert worden sind. Von hier ist es nicht weit ins Herz der Stadt mit dem Arco de Trajano (Trajansbogen); in 10 Minuten erreicht man zu Fuß den eigentlichen Höhepunkt der Besichtigung: das Teatro Romano, das Anfiteatro, die Casa Romana del Anfiteatro sowie das Museo Nacional de Arte Romano (Nationalmuseum für römische Kunst). Das römische Theater wurde um 15 v. Chr. erbaut und war ein Geschenk Agrippas, der rechten Hand des Kaisers Augustus. Es verfügt über eine zweistöckige Bühnenrückwand mit Kolonnaden und ist eines der am besten erhaltenen im gesamten Römischen Reich. Weiter geht es zum Anfiteatro mit Plätzen für 15 000 Personen und zu den herrlichen Mosaiken in der Casa Romana. Gleich in der Nähe bietet das Museo de Arte Romano die nötigen Informationen zum Verständnis.

216 B2 **www.turismomerida.org**

Touristeninformation

Paseo José Álvarez Sáenz de Buruaga s/n
924 330 722; www.turismoextremadura.com
9.30–14, 16.30–19.30 Uhr

Museo Nacional de Arte Romano

Calle José Ramón Mélida 2
924 311 690; museoarteromano.mcu.es
April–Sept. Di–Sa 9.30–20, So 10–15, Okt.–März Di–Sa 9.30–18.30, So 10–15 Uhr
3 Euro; Sa nachm., So frei

53 Cáceres

Im Westen der Extremadura versteckt sich die fast perfekt erhaltene Provinzhauptstadt Cáceres; sie ist von einer Stadtmauer umgeben und erinnert an die aus der Neuen Welt zurückgekehrten Konquistadoren,

mit deren Geld vieles erbaut wurde. Fast alle Sehenswürdigkeiten liegen innerhalb der maurischen Wälle, zu denen man am besten durch den Arco de la Estrella von der Plaza Mayor aus gelangt. In der Innenstadt kann man durch die Straßen bummeln, die von sehenswerten Anwesen aus der Zeit der Gotik und Renaissance gesäumt sind. Die Gebäude sind eigentlich streng und schmucklos; ihr Reiz beruht auf der einfachen Linienführung und dem schönen ockerfarbenen Stein. Die schönsten Bauten stehen rund um die Plaza de Santa María und an der hübschen Plaza de San Mateo. Achten Sie auch auf die Familienwappen, die die verschiedenen Gebäude schmücken, und auf die Storchennester auf fast jedem Turm. Das Provinzmuseum von Cáceres ist allein schon wegen des Gebäudes sehenswert. Es befindet sich in der Casa de las Veletas, hat einen Patio, attraktive Räume und Hufeisentorbögen und ist somit das perfekte Beispiel für den Stil der Region.
216 B3

Touristeninformation
Calle Olmos 11 927 247 172; turismo.ayto-caceres.es Di–So 10–14, 16.30–19.30, im Sommer nachm. 17.30–20.30 Uhr

Museo Provincial
Plaza de las Veletas 1 927 010 877
im Sommer Di–Sa 9–14.30, 17–20, So 10.15–14.30; sonst Di–Sa 9–14.30, 16–19, So 10.15–14.30 Uhr frei

54 Trujillo
Trujillo zählt mit seinen engen Gassen und Plätzen, den schönen Anwesen, Burgwällen und Türmen mit Storchennestern zu den attraktivsten Städten der Extremadura. Wie Cáceres (► 158) ist es eine Konquistadorenstadt, die mit dem Geld aus den Beutezügen in die Neue Welt finanziert wurde. Francisco Pizarro wurde hier geboren; seine Familie baute viele der schönsten Gebäude Trujillos. Man sollte sich Zeit nehmen, um durch die Straßen zu streifen, die Architektur auf sich wirken zu lassen und sich eine Weile an die Plaza Mayor zu setzen. Von der maurischen Burg genießt man einen weiten Blick über die Stadt und die Landschaft ringsum.
216 C3

Touristeninformation
Plaza Mayor s/n
927 322 677; www.turismotrujillo.com
tägl. 10–14, 16–19 Uhr

55 Guadalupe
Das malerische Guadalupe mit seinen rostroten Ziegeldächern und blumengeschmückten Balkonen wird vom massigen **Real Monasterio de Guadalupe** beherrscht, das ein wichtiger Wallfahrtsort ist. Das 1340 gegründete Kloster steht an der Stelle, wo einst ein Kuhhirte eine wundertätige Marienstatue entdeckte, die der heilige Lukas geschnitzt haben soll. Der weitläufige Gebäudekomplex zeigt eine faszinierende Mischung von Baustilen und wurde von heimgekehrten

Enge Gasse im malerischen Guadalupe

Konquistadoren mit Kunstwerken und anderen Schätzen ausgestattet; sie hatten ihren Glauben an die Jungfrau von Guadalupe in die Neue Welt mitgenommen – die Karibikinsel Guadeloupe ist nach dem Kloster benannt.

Der Kirchenraum ist prächtig. Hinter dem zweistöckigen Mudéjar-Kreuzgang aus dem 14. bis 15. Jahrhundert mit Hufeisenbögen und einem bizarren Brunnenhaus in der Mitte liegt ein zweiter Kreuzgang aus dem 16. Jahrhundert. Hier befinden sich die Museen mit vielen Gemälden und Skulpturen, Textilien und Stickereien, Schmuck und Reliquien. Am schönsten ist die Sakristei, ein seit dem 17. Jahrhundert unveränderter Raum mit herrlichen Gemälden von Zurbarán, die Episoden aus dem Leben des heiligen Hieronymus zeigen. Mitten im Klosterkomplex liegt der Camarín, ein winziger, reich dekorierter Raum mit der mit Edelsteinen geschmückten Marienstatue.

217 D3

Touristeninformation
Plaza de Santa María de Guadalupe s/n
927 154 128; oficinadeturismoguadalupe.blogspot.com.es Mi–Mo 10–14, 16–19 Uhr

Real Monasterio de Guadalupe
Guadalupe 927 367 000; monasterioguadalupe.com
tägl. 9.30–13, 15.30–18.30 Uhr 4 Euro

56 Costa Blanca

Südlich von València liegt die Provinz **Alicante (Alacant)**, eine abwechslungsreiche Region mit alten Städten, fruchtbarem Land und beeindruckendem Bergpanorama. Am bekanntesten ist das Gebiet wegen seiner Küste, der Costa Blanca (»Weiße Küste«), einem Eldorado für alle, denen der Sinn nach Sonne, Sand und Meer steht – und das zu einem guten Preis. Kein Ferienort hat sich so perfekt auf den Massentourismus eingestellt wie **Benidorm**, eine laute Stadt mit Hochhaussilos aus den 1960er-Jahren, einem herrlichen Strand und Unterhaltungsangeboten ohne Ende. Die anderen Ferienorte an der Costa Blanca sind gemäßigter und konnten sich zumindest etwas von ihrem spanischen Charakter erhalten. Hier kann man gut ein paar Tage verbringen. Die Felsküste von Dénia nach Altea ist noch sehr ursprünglich, die Strände sind sauber und die Orte hübsch. Zu empfehlen sind **Dénia** selbst oder – etwas teurer – **Moraira** oder auch **Calp** (Calpe) vor der Kulisse des massiven Peñón d'Ifach. **Altea** ist ein malerisches und deshalb gern besuchtes Dorf. Landeinwärts ragen die Berge der **Sierra de Aitana** über grünen Tälern auf, gekrönt von alten Festungen wie dem hübschen bewehrten **Guadalest**. Südlich von Benidorm hat sich **Alicante (Alacant)** seine spanische Seele und sein spanisches Wesen bewahrt. Die Stadt macht einen würdevollen und angenehmen Eindruck mit ihren von Palmen gesäumten *ramblas*, schönen Stränden und einer herrlich gelegenen Burg. Noch ein Stück weiter südlich wird die Küste dann flacher; man wandert hier in Dünen und Kiefern-

Die Esplanada de España in Alicante

Der maurische Torre de la Calahorra in Elche (Elx) aus dem 12. Jahrhundert

wäldern und wohnt in Ferienorten, die um das Wohl der Spanier ebenso bemüht sind wie um das der ausländischen Gäste.
219 F2–223 E4

Touristeninformation, Alicante
219 E2 Avenida Rambla Méndez Nuñez 41
965 200 000; www.alicanteturismo.com
Mo–Fr 10–18, Sa 10–14

Touristeninformation, Benidorm
223 F5 Plaza de Canalejas 1
965 851 311; turismo.benidorm.org
Mo–Fr 9–21, Sa 10–16, So 10–14 Uhr

Touristeninformation, Dénia
219 F2 Calle Manuel Lattur 1, local E
966 422 367; www.costablanca.org; www.denia.net jahreszeitlich variierend Mo–Sa 9/10–14, 16–19.30/21, So 9/10–14 Uhr

57 Elche (Elx)

Die alte Binnenstadt Elx geht auf das römische Ilici zurück. Hier gedeihen über 300 000 Palmen, ein wahrer Wald, der in Europa einzigartig ist. Die Haine stammen vermutlich aus der Zeit der Phönizier und stehen unter Naturschutz. Viele der weiblichen Bäume tragen Datteln. Die Wedel der männlichen Bäume werden für die Palmsonntagsprozessionen in ganz Europa verkauft. Den besten Eindruck von der Größe der exotischen Anpflanzung gewinnt man bei einem Besuch des Huerto del Cura; man kann ein Fahrrad mieten und die Plantagen am Stadtrand erkunden.

Die Hauptsehenswürdigkeiten von Elx gruppieren sich um die Barockbasilika **Santa Maria** aus dem 16. bis 17. Jahrhundert; ihre blau gekachelte Kuppel beherrscht das Bild des Zentrums. Im August findet hier das Misteri d'Elx statt, ein mittelalterliches Mysterienspiel mit Theater und Musik, das Tod und Himmelfahrt der Jungfrau Maria feiert. Die Einwohner der Stadt veranstalten das Spiel seit 1260.

Die maurische Kultur wird durch einen schönen Wachturm repräsentiert, die **Torre de la Calahorra**, sowie durch arabische Bäder. Das Archäologische Museum beschäftigt sich mit der alten Iberersiedlung Ilici.
219 E1, 223 E5 www.misteridelx.com

Touristeninformation
Plaça del Parc 3
966 658 196; www.visitelche.com
Mo–Fr 9–19, Sa 10–19, So 10–14 Uhr

Jardín Huerto del Cura
Calle Porta de la Morera 49
965 451 936; jardin.huertodelcura.com
Juli, Aug. 10–20.30; sonst jahreszeitlich wechselnd bis 17/18/19.30 Uhr; So meist etwas kürzer; im Winter bis 15 Uhr 5 Euro

DER GROSSE SCHWARZE STIER

In ganz Spanien sieht man immer wieder die Silhouette eines riesigen schwarzen Stiers am Straßenrand. Es handelt sich um den Osborne-Stier, einen Entwurf von Manolo Prieto aus dem Jahr 1956, der für Sherry und Brandy der Marke Osborne wirbt. Mitte der 1990er-Jahre erlebte das Symbol-Tier einen kritischen Augenblick, als ein Gesetz verabschiedet wurde, das Reklame an den Landstraßen untersagte. Proteste bewirkten, dass der Stier schließlich von dem Erlass ausgenommen wurde. Es heißt, dass der Designer Prieto als enttäuschter Mann starb, weil er sich als ernstzunehmender Künstler verkannt sah.

Wohin zum … Übernachten?

Preise
Für ein Doppelzimmer pro Nacht in der Vor- und Hauptsaison:
€ unter 80 Euro **€€** 80–130 Euro **€€€** 130–180 Euro **€€€€** über 180 Euro

CUENCA

Cueva del Fraile €
Mit Tennisplatz und dem von Mitte Juni bis Ende August geöffneten Pool ist dieses traditionell eingerichtete Hotel etwas außerhalb von Cuenca äußerst günstig. Das Gebäude aus dem 16. Jahrhundert liegt in einem riesigen Garten und wurde um einen Innenhof errichtet.
218 C4 Carretera Cuenca–Buenache Km 7 969 211 571; www.hotelcuevadelfraile.com

Posada de San José €€
In dem ehemaligen Konvent aus dem 17. Jahrhundert am Rand der sehenswerten Schlucht bieten die Zimmer der *posada* eine unvergessliche Aussicht. Alte Holzbalken, unebene Böden, niedrige Decken und ein Gewirr von Zimmern auf mehreren Ebenen sorgen für Romantik. Jedes Zimmer ist anders, aber hübsch, einige haben eine Terrasse. Die Bar ist bei den Einheimischen für ihre Tapas beliebt.
218 C4 Calle Julián Romero 4 969 211 300; www.posadasanjose.com

TOLEDO

Hotel del Cardenal €€
Das historische Gästehaus, heute ein 3-Sterne-Hotel mit beschaulichen Gärten, wurde im 18. Jahrhundert für den Erzbischof erbaut. Die Zimmer sind zweckmäßig ausstaffiert, in den Aufenthaltsräumen hängen Ölgemälde und Mudéjar-Kacheln. In den Gemeinschaftsräumen steht massiges antikes Mobiliar. Nach diesem Fest fürs Auge sollte man im hervorragenden Restaurant des Hauses essen.
217 F3 Paseo de Recaredo 24 925 224 900; www.hostaldelcardenal.com

Hotel Santa Isabel €–€€
Einige Zimmer dieses Altstadthotels haben einen Balkon; es gibt verschiedene Zimmertypen (und Preise), die schönsten haben Kathedralblick. Das Ambiente ist modern, die Möbel sind aus Kiefernholz, die Bäder klein, aber gut ausgestattet. Die Tiefgarage ist ein Pluspunkt.
217 F3 Calle Santa Isabel 24 925 253 136; www.hotelsantaisabeltoledo.com

VALÈNCIA

Ad Hoc Monumental €€
Das Hotel liegt mitten in der Altstadt im vielleicht besten Kneipenviertel von ganz Spanien. Helles Mauerwerk, Gewölbedecken und eine dezente Beleuchtung vor erdfarbenem Anstrich schaffen eine warme Atmosphäre. Im gemütlichen Speisesaal kann man gut essen.
219 E3 Calle Boix 4 963 919 140; www.adhochoteles.com

Las Arenas Balneario Resort €€€–€€€€
Wer Luxus sucht, findet ihn in diesem 5-Sterne-Haus. Die Zimmer sind modern und geräumig. Es gibt einen Freiluftpool, Spa, Fitnessraum, Bar und Restaurant. Weiterer Pluspunkt ist die Lage direkt hinter der Meerespromenade von València.
219 E3 Eugenia Viñes 22–24 963 120 600; www.hotel-lasarenas.com

Wohin zum ...
Essen und Trinken?

Preise
Für ein Essen (z. B. auch ein typisches Tages-/Hausmenü, im Regelfall inkl. Wein):
€ unter 15 Euro **€€** 15–25 Euro **€€€** über 25 Euro

CUENCA

Restaurante Parador de Cuenca €€€

Dieses Restaurant ist dem Parador-Hotel angeschlossen, das seinerseits in einem Kloster aus dem 16. Jahrhundert untergebracht ist. In geschmackvollem Ambiente kommen regionale Spezialitäten wie Lamm *(cordero)* und warme Leberpastete *(morteruelo)* auf den Tisch. Die Lokalkost setzt sich bei den Nachtischen fort, z. B. *miguelitos del convento*.

218 C4 Subida a San Pablo s/n
969 232 320; www.parador.es
13.30–16, 20.30–23 Uhr

TOLEDO

La Ermita €€€

La Ermita ist ein hervorragender Ort für eine besondere Gelegenheit. Reservieren Sie einen Tisch an den riesigen Fenstern und genießen Sie den herrlichen Blick über Toledo und das Umland. Serviert werden vollendete Variationen der spanischen und internationalen Küche, das Degustationsmenü ist für gut 50 Euro (ohne Getränke) erhältlich.

217 F3 Carretera de Circunvalacion s/n
925 253 193; www.laermitarestaurante.com
13.30–16, 20.45–23, So 13.30–16

La Perdiz €€

In einer frequentierten Besuchergegend Toledos gelegen, finden Sie hier auf zwei Ebenen eine breite Speiseauswahl. Dabei mischen sich Tradition und Moderne. Das Mittagsmenü ist ausgewogen. Es gibt Salate und Eierspeisen. Außerdem darf nicht das fehlen, was dem Restaurant den Namen gegeben hat: *perdiz*, Rebhuhn.

217 F3 Reyes Católicos 7
925 252 919; www.grupoadolfo.com
Di–Sa 13–16, 20–23, So 13–16 Uhr; zweite Augusthälfte geschl.

VALÈNCIA

Casa Montaña €–€€

Dieses populäre Restaurant-Café wurde 1836 gegründet. Typisch und schmackhaft sind Häppchen und Gerichte jedweder Art, ob Kabeljaukroketten *(croquetas de bacalao)*, Schinken *(jamón ibérico)* oder Sardinen *(sardinas)*. Das Restaurant wirbt damit, eine der längsten Weinkarten in València zu haben.

219 E3 Calle José Benlliure 69
963 672 314; www.emilianobodega.com
Mo–Fr 13–16, 20–23.30, Sa 12.30–16, 20–23.30, So 12.30–16 Uhr

La Riuà €€

Dieses beliebte Restaurant in der Nähe der Plaza de la Reina ist im lokalen Stil mit Keramikfliesen dekoriert und eignet sich gut als Ausgangspunkt zur Erkundung der Altstadt. Auf der Speisekarte stehen Fisch, klassische lokale Gerichte und eine große Auswahl an hausgemachter Paella bzw. weiteren Reisgerichten.

219 E3 Calle del Mar 27
963 914 571; www.lariua.com
Di–Sa 14–16, 21–23, Mo 14–16 Uhr

Wohin zum ... Einkaufen?

Toledo ist berühmt für seine Keramik, València für das begehrte Llaradó-Porzellan und seine Glaswaren.

TOLEDO

Ein konventionelleres Souvenir ist damasquinado – Schmuck, Behälter oder Zierrat aus mattiertem schwarzen Stahl mit maurischen Gold- und Silberapplikationen. Ein gut sortiertes Geschäft für diese kunsthandwerklichen Arbeiten ist **Artesanía Simian** (Santa Úrsula 6; Tel. 925 250 546; artesaniasimian.com).

Eine Spezialität Toledos ist Marzipan. Die Qualität ist unterschiedlich, doch verwendet **Santo Tomé** (Calle de Santo Tomé 3; www.mazapan.com) angeblich das Originalrezept aus dem 13. Jahrhundert.

In der Haupteinkaufsstraße von Toledo, der **Calle del Comercio**, sind Ladenketten und Boutiquen mit Mode für Sie und Ihn vertreten.

Zentralspanien ist auch für seine Töpferwaren bekannt. Man bekommt sie in den meisten Geschäften in großer Vielfalt. Wer etwas Besonderes will, fährt nach **Talavera de la Reina**, 76 km westlich von Toledo, wo das Steingut gefertigt wird.

VALÈNCIA

Das beliebte **Lladró-Porzellan** stammt aus València, außerdem ist die Stadt für ihre **Glaswaren** bekannt. Auch eine **Paella-Pfanne** kann man hier gut kaufen; es gibt sie in allen Größen in Eisenwarengeschäften (ferreterías) in der Nähe des Mercado Central (► 150) oder an der Plaza del Mercado unweit des Stadtzentrums.

Wohin zum ... Ausgehen?

València, die drittgrößte Stadt Spaniens, ist berühmt für ihr Nachtleben. In Toledo und Cuenca geht es etwas ruhiger zu.

NACHTLEBEN

Toledo eignet sich hervorragend für einen *paseo* mit einem Drink und ein paar Tapas z. B. im Sommer auf der kleinen Plaza de la Magdalena südlich der Plaza de Zocodover.

Das Nachtleben von **Cuenca** konzentriert sich rund um die Calle de San Miguel und die **Plaza de San Nicolás**. Weitere Kneipen und Clubs finden sich bei der Calle Fray Luis de León unweit der Plaza de España.

València ist für sein Nachtleben berühmt, ebenso für die drittgrößte Schwulenszene Spaniens. Im Barrio del Carmen ist am meisten los.

Auch hinter den Strandpromenaden geht die Post ab, z. B. in der Disco **Akuarela Playa** (Eugenia Viñes 152; www.akuarela.es). Ein etwas hedonistischeres Angebot finden Sie unter den Kronleuchtern im **Café de las Horas** (Calle del Conde de Almodóvar, 1; Tel. 963 917 336; www.cafedelashoras.com) nördlich der Plaza de la Virgen.

THEATER UND KLASSISCHE MUSIK

Das **Teatro de Rojas** (Plaza Mayor; Tel. 925 223 970; www.teatroderojas.es) von Toledo präsentiert Theater- und Ballettproduktionen.

In València sollte man sich das Programm des **Teatro Principal** (Calle Barques, 15; Tel. 963 539 260; teatres.gva.es) ansehen oder in den **Palau de la Música** (Paseo de la Alameda 30; Tel. 963 375 020; www.palaudevalencia.com) zu einem klassischen Konzert gehen.

Andalusien

Kleine Erlebnisse

Raumgefühl in der alten Moschee

Erkunden Sie die **Mezquita von Córdoba** (➤ 175) von der Südseite her – so bekommen Sie ein besseres Gefühl für das Gebäude.

Traumblicke auf die Alhambra …

… genießen Sie von der **Plaza de San Nicolás** im alten Maurenviertel Albaicín (➤ 174). Fragen Sie nach dem *mirador*.

Dorfstimmung schnuppern

Schlendern Sie durch die Gassen von Pampaneira und Capileira, den schönsten Zielen im **Bergland der Alpujarras** (➤ 181).

Erste Orientierung

Andalusien bedeutet Sonne, flirrende Hitze und tiefe Schatten, Flamenco und Fiestas, beeindruckende Landschaften und großartige Zeugnisse aus der Maurenzeit – hier wird der Traum von Spanien Wirklichkeit. Keine andere Region entspricht so perfekt dem verbreiteten Spanienbild, ob man nun auf der Suche nach schönen Stränden, unberührter Natur oder pulsierenden prachtvollen Städten ist. Von den historischen Zentren bis hin zu Bergen, Meer und Ferienorten hat Andalusien für jeden etwas zu bieten.

In den bedeutenden Zentren Sevilla, Córdoba und Granada haben sich einige außergewöhnlich schöne Zeugnisse der Mauren erhalten; sie erinnern an eine der herausragenden Zivilisationen im Europa des Mittelalters. Die kleineren Städte sind jedoch ebenso faszinierend: zum Beispiel die beiden wenig bekannten Renaissancekleinodien Baeza und Úbeda, Ronda mit seiner dramatischen Schlucht oder auch das elegante Jerez de la Frontera, das für seinen Sherry, die Pferde und Orangenbäume berühmt ist. Abseits der Touristenwege liegen in den Bergen Orte voller weiß getünchter Häuser, vom Wind gepeitschte Fischerdörfer am Meer und ruhige Weiler im Landesinneren, wohin es nur selten einen Fremden verschlägt.

Die Städte Andalusiens sind in herrliche Landschaften eingebettet, von den hohen Gipfeln der Sierra Nevada und

Ein Bauernhaus an den Terrassenhängen von Las Alpujarras

Golfspieler bei Torremolinos

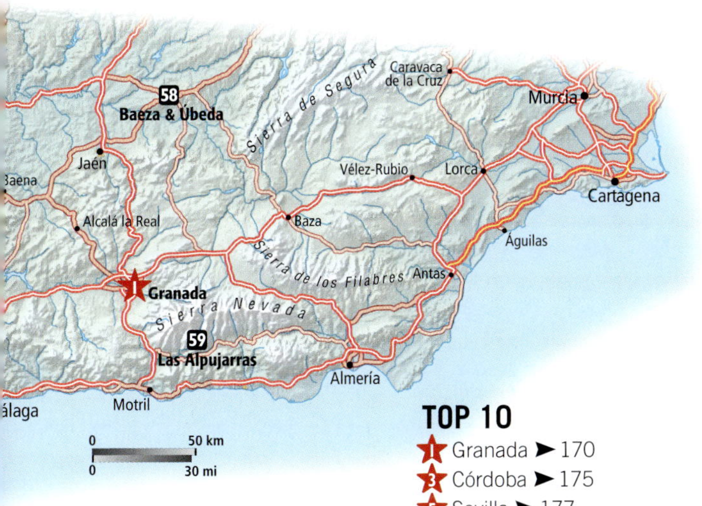

TOP 10

Nach Lust und Laune!

den fruchtbaren Hochtälern der Alpujarras bis hin zu sanften Hügeln mit Olivenplantagen oder den Korkeichenwäldern und fruchtbaren Ebenen im Westen. Die Küste erstreckt sich vom trockenen Almería über die Costa del Sol, Europas Touristenhochburg Nummer eins, bis zu den unberührten Stränden an der Costa de la Luz.

Als der Fremdenverkehr Ende des 20. Jahrhunderts boomte, kam es hier zu einigen gravierenden Fehlern; von Vorteil sind jedoch die guten Straßen, die Hotels von internationalem Standard und einige der besten Golfplätze in ganz Europa.

In fünf Tagen

Mindestens fünf Tage benötigen Sie, um die wichtigsten Sehenswürdigkeiten in Andalusien zu besuchen. Folgen Sie unserem Tagesprogramm und Sie werden kein Highlight verpassen.

Erster Tag

Vormittags

Beginnen Sie den Tag in ★5 **Sevilla** (➤ 177ff), wo Sie sich die Kathedrale (Abb. rechts) und ihre Schätze ansehen; danach sollten Sie wegen der schönen Aussicht unbedingt die **Giralda** (➤ 177) erklimmen. Als nächstes steht der **Real Alcázar** (➤ 177) auf dem Programm, dessen friedliche Gärten die morgendliche Besich-tigungstour abrunden.

Nachmittags

Kunstliebhaber besuchen das **Museo de Bellas Artes** (➤ 179), eines der bedeutendsten Museen Spaniens, um dann durch die Viertel im Süden und Westen zu bummeln.

Abends

Im **Barrio de Santa Cruz** (➤ 179) genehmigen Sie sich vielleicht ein paar Tapas vor dem Abendessen und besuchen dann ein Flamencolokal.

Zweiter Tag

Vormittags

Verlassen Sie Sevilla auf der A4, um die 143 km nach ★3 **Córdoba** (➤ 175f) zurückzulegen, wo Sie gegen 11 Uhr eintreffen und sofort zur **Mezquita** gehen.

Nachmittags

Bummeln Sie durch die **Judería** (➤ 176) zum **Alcázar de los Reyes Cristianos** (➤ 176) hinunter und am Fluss entlang, bevor Sie die Stadt auf der N432 wieder verlassen und nach etwa 2½ Stunden in ★1 **Granada** (➤ 170ff) eintreffen.

Abends

Machen Sie sich auf den Weg zur Plaza de San Nicolás im alten Maurenviertel, dem **Albaicín** (➤ 174), um – vielleicht bei Sonnenuntergang – einen ersten Blick auf die Alhambra zu werfen.

Dritter Tag

Vormittags

Versuchen Sie, unter den ersten Besuchern der **Alhambra** (➤ 170) zu sein. Verbringen Sie den ganzen Vormittag in einem der prachtvollsten Paläste Spaniens.

Nachmittags und abends

Nach einem späten Mittagessen besichtigen Sie die **Kathedrale** und die **Capilla Real** (➤ 170), bevor Sie sich abends in der Innenstadt unters Volk mischen.

Vierter Tag

Vormittags und nachmittags

Sie verlassen Granada in Richtung Süden und Meer auf der A44. Nun geht es ein längeres Stück auf der N340/A7 an der **60 Costa del Sol** (➤ 181) entlang bis San Pedro de Alcántara. Dort biegen Sie auf die A376 nach Ronda ab.

Abends

Bummeln Sie durch **61 Ronda** (Abb. oben; ➤ 182), um vor dem Essen die Schlucht und den atemberaubenden Puente Nuevo im Abendlicht zu bewundern.

Fünfter Tag

Vormittags

Nachdem Sie den halben Vormittag in Ronda verbracht haben, geht es auf der A369 in Richtung Südwesten durch die gebirgige Serranía de Ronda ans Meer östlich von Algeciras.

Nachmittags

Nun fahren Sie auf der N340 nahe der schönen, ursprünglichen **63 Costa de la Luz** (➤ 183) entlang. Bei San Fernando nehmen Sie die A4 bis **62 Jerez de la Frontera** (➤ 182).

Granada

Granada verdankt seinen Ruhm nicht zuletzt der Alhambra, dem wohl imposantesten und sinnlichsten Bauwerk Spaniens. Sie ist wunderbar erhalten, wird liebevoll gepflegt und liegt inmitten herrlichster Natur. Nichts könnte die Geisteshaltung im Spanien der Maurenzeit besser vermitteln. Die christlichen Monumente der Stadt machen dann deutlich, wie vergänglich doch selbst die größte Zivilisation ist.

Die Alhambra und der Generalife

Die Alhambra war die Palastanlage der Nasriden-Könige; sie wurde im 13. und 14. Jahrhundert um eine bereits bestehende maurische Festung aus dem 11. Jahrhundert erbaut. Der Komplex ist von Mauern und Türmen umgeben und besteht aus der **Alcazaba**, der alten Festung, den **Palacios Nazaríes**, dem eigentlichen Palast, und dem außerhalb der Mauern gelegenen **Generalife**, dem Sommerpalast mit schönen Gärten. Vor dem Nasriden-Palast thront die Renaissanceresidenz Karls V.; sie entstand Mitte des 16. Jahrhunderts.

Die **Alcazaba** wird von der Torre de la Vela beherrscht, einem imposanten Turm mit Blick über die Stadt. Hier wurde erstmals das Kreuz zur Schau gestellt, als die Christen 1492 diese letzte maurische Bastion eroberten. Wie massiv diese militärische Anlage ist, wird deutlich, wenn man sie mit den eleganten **Palacios Nazaríes** im Herzen der Alhambra vergleicht. Ratssäle, Empfangsräume, der Thronsaal und der Harem sind dort um eine Reihe von Patios und Gärten herum angeordnet. Die ursprünglich einfachen Räumlichkeiten wurden zu Gemächern mit ornamentalem Stuckdekor umgestaltet; die arabischen Inschriften bilden Muster. Die **Sala de los Abencerrajes** mit ihrer 16-eckigen Stalaktitenkuppel ist am schönsten, gefolgt von der **Sala de los Reyes** und der **Sala de las Dos Hermanas**. Marmorarkaden verlaufen um den Fischteich im **Patio de los Arrayanes**, im **Patio de los Leones** bewachen Löwen den Brunnen in der Mitte – und alles ist von blühenden, schattigen Gärten umgeben.

In der Nähe liegt der Sommerpalast des Königs, der **Generalife**. Das Gebäude gleicht eher einem eleganten Pavillon, die eigentliche Attraktion sind die Gärten. Sie gehen ineinander über, wobei jeder ein anderes Bild üppigster Vegetation bietet. Nirgendwo wird das Faible der Mauren für Wasser deutlicher als an den Brunnen, Becken und Kaskaden dieses herrlichen Ortes, der weltlichen Vision des Paradieses aus dem Koran.

Die Kathedrale und die Capilla Real

Die Arbeiten an der **Kathedrale** von Granada begannen in den 1520er-Jahren und waren Anfang des 18. Jahr-

Die Alhambra hoch oben über der Stadt

hunderts vollendet. Die Kirche ist groß und beeindruckend, wird jedoch von der **Capilla Real** nebenan in den Schatten gestellt, in der die sogenannten Katholischen Könige Ferdinand und Isabella begraben liegen.

EINTRITT IN DIE ALHAMBRA

Aus Gründen des Denkmalschutzes ist die Besucherzahl der Alhambra pro Tag begrenzt. Um Enttäuschungen oder auch langes Schlangestehen zu vermeiden, ist es vor allem im Sommer unbedingt ratsam, **im Voraus zu buchen**, was bis zu einem Jahr im Voraus möglich ist. In jedem Fall erhält man eine **Buchungsnummer**, die dann am Schalter für reservierte Karten am Haupteingang gegen die Eintrittskarte eingetauscht wird.

- **Internet:** www.alhambra-tickets.es und www.alhambra-patronato.es (automatische Weiterleitung auf www.ticketmaster.es; Bezahlung mit Kreditkarte)
- **Telefonisch** (rund um die Uhr): in Spanien Tel. 902 888 001 (gebührenpflichtig). Aus dem Ausland Tel. 0034 958 926 031 (die Telefonnummer funktioniert leider nicht immer zuverlässig!).
- an Geldautomaten des Bankhauses **La Caixa** (gegen eine geringe Gebühr).
- Die Eintrittskarten sind entweder am **Vormittag** oder am **Nachmittag** gültig. Auf der Karte steht auch eine **Uhrzeit**, zu der man mit einem Spielraum von einer halben Stunde in die Palacios Nazaríes eintreten muss. Wer zu spät kommt, kann sie nicht besichtigen; ist man einmal drinnen, kann man so lange bleiben, wie man will.
- Die einzelnen **Abschnitte der Eintrittskarte** lassen sich in **beliebiger Reihenfolge** benutzen, solange man sich nur an die Uhrzeit für die Palacios Nazaríes hält. Eine Stunde vor Schließung wird man nicht mehr in die Alhambra eingelassen, selbst wenn man eine reservierte Karte hat.

Die rote Burg

Der Name Alhambra leitet sich ab vom arabischen Kala al-Hamra, was »Rote Burg« bedeutet, denn ihre Mauern und Türme erstrahlen im Licht der Abendsonne rot. Mit Alhambra ist nicht nur der Palast der Nasriden, sondern die gesamte Anlage mit dem Palast Karls V., der Alcazaba und dem Gartenpalast Generalife gemeint.

Der Palast Karls V. ist eines der bedeutendsten Werke der Hochrenaissance außerhalb Italiens

©BAEDEKER

Maurische Details im Myrtenhof

1 Mexuar: Er diente der öffentlichen Rechtsprechung und Versammlungen. Unter Karl V. zur Kapelle umgebaut.
2 Diwan oder Serail: Der eigentliche königliche Palast: Hier befindet sich der Patio de los Arrayanes (Myrtenhof) mit einem Wasserbecken, das von Myrten eingefasst ist.
3 Harem: Im Zentrum der Patio de los Leones (Löwenhof) mit dem Löwenbrunnen.
4 Patio de Mexuar: Dieser Hof zeichnet sich durch seine Marmor- und Azulejoverkleidungen in warmen Tönen aus, was besonders im Cuarto Dorado (Goldenes Zimmer) zur Geltung kommt.
5 Torre de Comares und Sala de Embajadores: Mit 45 m ist die Torre de Comares der höchste Turm der Burg. Im Erdgeschoss fanden in der Sala de Embajadores (Saal der Gesandten) die Audienzen statt, dank seiner prächtigen Zedernholzkuppel und der Ornamentik einer der schönsten Räume. Der Thron des Herrschers stand dem Eingang gegenüber.
6 Sala de la Barca: Halle aus sieben Arkaden, deren Name sich von der schiffsförmigen Artesonadodecke oder vom arabischen »baraka« (Segen) herleitet.
7 Sala de los Reyes: Als große Seltenheit erweisen sich drei auf Leder gemalte höfische Szenen, denn der Islam verbietet normalerweise bildliche Darstellungen: u. a. eine Besprechung zwischen zehn prächtig gekleideten Männern (daher der Name »Saal der Könige«).
8 Tocador de la Reina: Das »Ankleidezimmer der Königin« ist einer der anmutigsten Räume des Palasts: Er wurde von Isabella der Katholischen und den Gemahlinnen Karls V. und Philipps II. benutzt.
9 Torre de las Damas: Sie ist mehr Zierbau als Festung und eine der ältesten Bauten des Nasridenpalasts, errichtet unter Mohammed III. Anfang des 14. Jahrhunderts.
10 Palast Karls V.: Mächtiges Quadrat mit einem zweistöckigen Rundbau. Im Erdgeschoss das Museo de la Alhambra, im oberen Stockwerk das Museo Provincial de Bellas Artes.

Der Albaicín

Der **Albaicín** breitet sich über die Hänge eines Hügels gegenüber der Alhambra aus. Er ist das größte erhaltene Maurenviertel in Spanien. Die engen stimmungsvollen Gassen vermitteln einen Eindruck davon, wie Granada als maurische Stadt einst aussah.

KLEINE PAUSE

Typisch für den unteren Teil des Albaicín sind orientalisch aufgezogene Teestuben, *teterías*. Die älteste ihrer Art ist die **Tetería Al-Faguara** (Calle Caldería Nueva 7; Tel. 958 229 170; www.teteriaalfaguara.es).

Das Innengewölbe der Kathedrale Granadas

221 F3, 222 A3

Touristeninformation
Plaza del Carmen (Ayuntamiento) 902 405 045 (gebührenpflichtig); www.andalucia.org; www.granadatur.com Mo–Sa 10–19, So 10–14 Uhr

Alhambra und Generalife
Calle Real de la Alhambra 958 027 971; www.alhambra-patronato.es
Mitte März bis Mitte Okt. 8.30–20, Abendbesuche Di–Sa 22–23.30, Mitte Okt. bis Mitte März 8.30–18, Abendbesuche Fr, Sa 20–21.30 Uhr
13 Euro; Abendbesuche (ohne Gärten) 8 Euro

Kathedrale
Calle Gran Via de Colón 5 958 222 959; www.catedraldegranada.com
im Sommer Mo–Sa 10.45–13.15, 16–19.45, So 14–17.45; sonst Mo–Sa 10.45–13.15, 16–18.45, So 14–16.45 Uhr 4 Euro

Capilla Real
Calle Oficios 958 227 848; www.capillarealgranada.com im Frühjahr/Sommer Mo–Sa 10.15–13.30, 16–19.30, So 11–13.30, 16–19.30; im Herbst/Winter Mo–Sa 10.15–13.30, 15.30–18.30, So 11–13.30, 15.30–18.30 Uhr 4 Euro

BAEDEKER TIPP

Man sollte **so früh wie möglich** in der Alhambra eintreffen, bevor die Menschenmengen zu groß werden.

- Ein **Audioführer** trägt viel zum Verständnis bei.
- Am einfachsten gelangen Sie mit dem **Minibus** von der Plaza Nueva aus zur Alhambra. Mit dem Auto folgen Sie von der Ringstraße oder dem Stadtzentrum aus den violetten Schildern.
- Reizvoll in der Alhambra sind die Abendbesuche.
- Erkundigen Sie sich im Touristenbüro nach der **Granada Card**, die in zwei verschiedenen Modellen (*Bono Básico* und *Bono Plus*) erhältlich ist und Geld spart.
- Im Albaicín sollte man auf seine **Wertsachen** achten. Die Diebstähle nehmen zu.
- Interessant ist das interaktiv aufgezogene Wissenschaftsmuseum **Parque las Ciencias**, inklusive Schmetterlingshaus und Aussichtsturm (Avenida de la Ciencia; www.parqueciencias.com; Di–Sa 10–19, So 10–15 Uhr; 6,50, Kinder 5,50 Euro).

3 Córdoba

Córdoba hat eine glanzvolle Geschichte – zuerst als größte römische Stadt Spaniens und später als Kapitale des islamischen Reiches in Westeuropa. Aus dieser Epoche stammt die legendäre Mezquita (Moschee), eines der imposantesten Bauwerke der Welt. Um sie herum gruppieren sich weitere schöne Gebäude und malerische Viertel; lohnend ist der Blick auf die Stadt vom Guadalquivir.

Die ruhigen Gärten von Córdobas Alcázar

Die Mezquita

Córdobas ursprüngliche Moschee aus dem 8. Jahrhundert wurde mehrmals vergrößert, bis sie Anfang des 11. Jahrhundert dann ihre heutigen Dimensionen erreichte. Für die spanischen Muslime war sie ein bedeutendes Pilgerziel.

Man betritt die Moschee durch den **Patio de los Naranjos** (Orangenhof), einen symmetrisch angelegten Hof. Innen findet man sich in einem Wald von über 850 runden und viereckigen Säulen wieder, die 19 Gänge oder Schiffe bilden. Die Bögen sind abwechselnd aus Ziegel und Stein gearbeitet, wodurch sich rot-weiße Streifen ergeben, die das ganze Gebäude prägen. In diesem geheimnisvollen Labyrinth sieht man an der Ostwand den Mihrab (Gebetsnische). Der Mihrab der Mezquita wurde im 10. Jahrhundert von al-Hakam II. erbaut, um die Richtung nach Mekka zu weisen und den Worten des Imam (Geistlicher) Gewicht zu verleihen. Viele andere Moscheen in Spanien und Nordafrika sollten sich an diesem Vorbild orientieren. Der Entwurf vereint Energie und Ruhe, ein perfektes Sinnbild der moslemischen Lehren. Genau im Zentrum des Gebäudes erhebt sich ein überladener Chorraum. Er wurde 1523 im Rahmen der Christianisierung maurischer Paläste durch Karl V. erbaut. Als er bemerkte, was in seinem Namen geschehen war, erklärte Karl fassungslos »um etwas Gewöhnliches zu bauen, habt ihr etwas Einzigartiges zerstört«.

Rund um die Mezquita

Westlich der Mezquita steht jenseits des **Palacio Episcopal** der wieder aufgebaute **Alcázar** mit den schönsten Innenhöfen von Córdoba. Dahinter beginnt die **Judería**, das alte Judenviertel, mit seinem Gewirr aus schmalen Gassen und winzigen Plätzen und der alten **Sinagoga** (Synagoge) in der Mitte. Dieses kleine Gebäude aus dem 14. Jahrhundert ist eines von nur dreien, das die Vertreibung der Juden 1492 überdauert hat. Toll auch: das Museum des Malers Julio Romero de Torres.

Jenseits des Flusses

Am anderen Ufer des Guadalquivir ragt der **Torre de la Calahorra** auf, eine maurische Festung, in der heute ein Museum untergebracht ist. Sie wurde im 14. Jahrhundert zur Sicherung der **römischen Brücke** errichtet; ein Stück weiter flussabwärts sind noch die Ruinen der **Mühlen** und die alten **maurischen Wasserräder** zu sehen.

KLEINE PAUSE

Den Abend beginnt man vielleicht mit einem Sherry in der Bar oder im begrünten Patio des Lokals **El Caballo Rojo** (Calle del Cardenal Herrero, 28; Tel. 957 475 375; www.elcaballorojo.com), des angeblich ältesten der Stadt.

---

221 E4 www.turismocordoba.org

Touristeninformation
Calle Torrijos 10
957 355 179; www.turismodecordoba.org
Mo–Fr 9–19.30, Sa, So 9.30–15 Uhr

Mezquita (Kathedrale)
Calle Torrijos 957 470 512; www.catedraldecordoba.es März–Okt. Mo–Sa 10–19, So 8.30–11.30, 15–19, Nov.–Febr. Mo–Sa 10–18, 8.30–11.30, 15–18 Uhr
8 Euro; Mo–Sa 8.30–9.30 Uhr frei

Alcázar de los Reyes Cristianos
Campo Santo de los Mártires
957 420 151 Mitte Juni bis Mitte Sept. Di–Sa 8.30–15, So 8.30–14.30; sonst Di–Fr 8.30–20.45, Sa 8.30–16.30, So 8.30–14.30 Uhr
4,50 Euro

Torre de la Calahorra
Puente Romano s/n 957 293 929
tägl. 10–18 Uhr 4,50 Euro

Sinagoga
Calle Judíos 20 957 202 928
Di–So 9–14.45 Uhr
0,30 Euro; für EU-Bürger frei

BAEDEKER TIPP

- Man sollte die Mezquita **so früh wie möglich** besichtigen, um nicht in die Touristengruppen zu geraten.
- Leider wechseln die Öffnungszeiten von Monumenten und Museen in Córdoba häufig; erkundigen Sie sich in einem Touristenbüro nach den Zeiten. Fragen Sie dort auch nach, ob es Mo und So nachm. im Alcázar noch immer eine **Licht- und Tonshow** gibt!
- Unter dem Leitmotiv »Die Seele von Córdoba« *(El alma de Córdoba)* sind sogenannte **Nachtbesuche** *(visitas nocturnas)* der Mezquita gestartet worden. Dort erleben Sie eine besondere Stimmung. Für die Besuche wird jedes Jahr ein neuer Jahreskalender festgelegt, in der Regel gibt es nach 20 Uhr zwei zeitlich unterschiedliche Zugänge (Sommer meist 22 und 23.30 Uhr; 18 Euro; Infos in den Touristenbüros oder unter www.elalmadecordoba.com, www.catedraldecordoba.es).

5 Sevilla

Denkt man an Andalusien, dann erscheinen vor dem geistigen Auge weiß getünchte Häuser, maurische Architektur, Flamencogewänder, Orangenbäume und stolze Reiter. Sevilla, die Hauptstadt dieser Region, bietet all das und noch viel mehr. Die Stadt ist voll von Kulturschätzen, dazu kommen berühmte Fiestas und ein entspannter, genussvoller Lebensstil. Diese verführerische Stadt verkörpert die Mentalität Südspaniens und ist somit Andalusien in Reinkultur.

Weniger prosaisch betrachtet ist Sevilla die viertgrößte Stadt Spaniens, Universitätsstandort, ein wichtiges Wirtschaftszentrum und das Herz einer Region mit sehr viel Landwirtschaft. 1992 fand hier die Weltausstellung statt; geblieben sind eine radikal modernisierte Infrastruktur und viel Bürgerstolz.

Sevilla wurde einst von Griechen, Phöniziern und Römern bewohnt und war einer der wichtigsten Stadtstaaten der Mauren und später bevorzugte Residenz der christlichen Monarchen. Nach der Entdeckung der Neuen Welt 1492 florierte die Stadt und entwickelte sich zu einer der reichsten Europas. Im 17. Jahrhundert arbeiteten trotz des wirtschaftlichen Niedergangs Künstler wie Velázquez, Murillo und Zurbarán hier, und im 18. Jahrhundert war Sevilla schon auf jeder Landkarte für Touristen verzeichnet.

Die Giralda war einst ein Minarett

Kathedrale, Giralda und Real Alcázar

Die Kathedrale von Sevilla ist die drittgrößte Europas. Sie entstand zwischen 1401 und 1519 und ist eine Mischung aus gotischer Schlichtheit und spanischem Überschwang; trotz seiner enormen Dimensionen ist das weitläufige, reich geschmückte Gebäude harmonisch ausgewogen. Fast ebenso breit wie lang, wird der Kirchenraum von der **Capilla Mayor** beherrscht, einer Kapelle mit einem geschnitzten flämischen Altaraufsatz, dessen Blattgold hinter einem großen Gitter funkelt. Gegenüber befindet sich der Chor mit einem edlen Chorgestühl und einem Lettner aus Marmor und Bronze aus dem 17. Jahrhundert. Steht man zwischen beiden und schaut 56 Meter hoch zur Decke des Querschiffs hinauf, erblickt man filigrane Steinmetzarbeiten, getragen von massiven Bögen und Säulen; ihre Größe wirkt angesichts der Dimensionen der Kathedrale selbst allerdings weniger beeindruckend. Zu den weiteren Sehenswürdigkeiten gehören das (vermeintliche) Grab von Christoph Kolumbus im südlichen Querschiff, der Kirchenschatz sowie die Sakristei mit Gemälden und wertvollen Altargefäßen und die **Capilla Real** (Königliche Grabkapelle), in der Alfons X. von Kastilien begraben liegt.

Als die Christen die Moschee zerstörten, um die Kathedrale zu erbauen, ließen sie das Minarett stehen und machten es zum Glockenturm. Er trägt den Spitznamen **Giralda** – nach der Wetterfahne (giraldilla) an der Spitze. Der 98 m hohe Turm wurde im 12. Jahrhundert unter dem Kalifat der Almohaden-Dynastie errichtet. Innen führen nicht Stufen, sondern eine Rampe nach oben, auf der zwei Rosse mit Reiter aneinander vorbeikamen. Der Blick über die Stadt ist unbeschreiblich. Direkt unterhalb erstreckt sich ein hübscher Hof, der **Patio de los Naranjos** (Orangenhof).

Das zweite großartige Monument Sevillas liegt gegenüber der Kathedrale – der **Real Alcázar**. Dieser Palast ist ein

Der Patio der Casa de Pilatos

FESTE

In Sevilla finden jedes Jahr zwei bedeutende Feste statt: die **Semana Santa** (Karwoche) und die **Feria** (Frühlingsfest) etwa zwei Wochen nach Ostern. Die **Semana Santa** ist von tiefer Religiosität geprägt, die Emotionen wogen hoch. Begangen wird sie mit Prozessionen der verschiedenen Bruderschaften *(cofradías)*, die aus den einzelnen Vierteln der Stadt kommen. Verwendet werden riesige Gestelle mit Heiligenstatuen *(pasos)*; sie sind prächtig dekoriert und werden von bis zu 60 Männern getragen. Ihnen folgen unter dem Wehklagen der Menge die Büßer im langen Gewand mit spitzen Mützen. Die **Feria** ist dagegen ein weltliches Vergnügen. Eine Woche lang feiert Andalusien seine Liebe zu Pferden, Musik und schönen Frauen. Kutschen mit lachenden Mädchen in Rüschenkleidern ziehen, gefolgt von Reitern in Tracht, durch die Straßen, der Sherry fließt in Strömen, und die ganze Nacht werden *sevillanas* getanzt.

Paradebeispiel für die eleganten, reizvollen Profanbauten im Mudéjar-Stil. Was man sieht, geht größtenteils auf Peter den Grausamen zurück und stammt aus dem Jahr 1362. Er ließ die Bauarbeiten von christlichen Mauren ausführen und so erinnert der Komplex an 1001 Nacht. Der Palast präsentiert sich als ein Labyrinth aus Höfen, exquisiten Räumen mit Stuck und Kacheln, Terrassen und Gemächern mit Kassettendecken, Brunnen und Patios mit Arkaden. Später verliehen die christlichen Könige der Anlage dann ihre eigene Note. Karl V. fügte im 16. Jahrhundert einige reich dekorierte Räume mit Gobelins hinzu, sein eigentlicher Beitrag waren jedoch die Renaissanceelemente, die er in die **Gärten** integrierte. Pergolen, Terrassen, Wasserbecken und Arkaden, bepflanzt mit Magnolien, Orangenbäumen und Jasmin, machen diesen Garten zu einem der schönsten in Spanien.

Santa Cruz und das Museo de Bellas Artes

Östlich der Kathedrale erstreckt sich das **Barrio de Santa Cruz**, ein Viertel mit engen Gassen, weiß getünchten Häusern und hübschen Plätzen im Schatten von Orangenbäumen. Früher war es das Judenviertel, doch im 16. und 17. Jahrhundert wurde die Gegend beim Adel beliebt, der dann in den Gassen schöne herrschaftliche Häuser baute, die auf einen begrünten Innenhof ausgerichtet sind; die Fenster an den schlichten Wänden zur Straße sind mit hübschen *rejas* vergittert. Am schönsten ist wohl die **Casa de Pilatos** aus dem Jahr 1519 mit ihrer perfekten Mischung aus Mudéjar-, gotischen und Renaissanceelementen. Allerdings liegt dieser Palast ein gutes Stück außerhalb des Viertels Santa Cruz.

Westlich von hier ist in einem Kloster aus dem 17. Jahrhundert das **Museo de Bellas Artes** (Museum der Schönen Künste) untergebracht. Die Räume liegen rings um drei hübsche Höfe; zu sehen ist vor allem das goldene Zeitalter der spanischen Malerei. Die Galerie in der ehemaligen Kirche widmet sich Murillo; ihr ganzer Stolz ist die *Unbefleckte Empfängnis (Inmaculada Concepción)*, ein perfektes Beispiel für die tiefe Religiosität und den idealisierenden Stil des Künstlers. Zurbarán, ein weiterer alter Meister, ist mit seinem plastischen Christus am Kreuz ebenfalls gut vertreten.

Südlich und westlich der Kathedrale gibt es noch mehr zu sehen, vor allem die Gebäude, Gärten und Museen rund um die Plaza de España, das Areal am Fluss sowie Triana, ein weiteres traditionelles Viertel auf der anderen Seite des Guadalquivir. Man kann vielerlei Dinge im Rahmen eines Spaziergangs (► 196f) erkunden. Auch der sogenannte Goldturm (Torre del Oro) verdient einen Blick.

KLEINE PAUSE

Veschnaufen Sie im Zentrum in der stimmungsvollen **Bar Rincón San Eloy** (San Eloy 24; Tel. 954 229 006; www.rinconsaneloybar.es) bei einem Glas Sherry und Häppchen. Zu den Spezialitäten zählen frittierte Fischlein *(pescaitos fritos)*.

---

220 C3–4
www.turismosevilla.org

Touristeninformation
Plaza del Triunfo 1 954 221 404 und 954 210 005; www.visitasevilla.es
Mo–Fr 9–19.30, Sa/So 9–19 Uhr

Kathedrale und Giralda
Plaza Virgen de los Reyes 902 099 692; www.catedraldesevilla.es
Juli–Aug. Mo 9.30–14.30, Di–Sa 9.30–16, So 14.30–18, Sept.–Juni Mo 11–15.30, Di–Sa 11–17, So 14.30–18 Uhr; und bei Gottesdiensten 8 Euro

Real Alcázar
Patio de Banderas 954 502 324; www.alcazarsevilla.org
April–Sept. 9.30–19, Okt.–März 9.30–17 Uhr
8,75 Euro; April–Sept. Mo 18–19 und Okt.–März Mo 16–17 Uhr frei

Casa de Pilatos
Plaza de Pilatos 954 225 298; www.fundacionmedinaceli.org
April–Okt. 9–19, Nov.–März 9–18 Uhr 8 Euro

Museo de Bellas Artes
Plaza del Museo 9 955 542 942; www.museosdeandalucia.es
Juni bis Mitte Sept. Di–Sa 9–15.30, So 10–17, Mitte Sept. bis Mai Di–Sa 10–20.30, So 10–17 Uhr 1,50 Euro; für EU-Bürger frei

BAEDEKER TIPP

- **Tickets** für Kathedrale und Giralda erhalten Sie auch **online** (www.catedraldesevilla.es). Mo nachmittags sind **kostenlose Besuche** möglich (Juli, Aug. 15.30–17, Juni, Sept. 16.30–18 Uhr). Der Zugang muss allerdings mindestens eine Woche vorher telefonisch Tel. 902 099 692 (gebührenpflichtig) oder per Mail (reservas@catedraldesevilla.es) beantragt werden.
- In der Hochsaison ist der **frühe Nachmittag** günstig für den Besuch der Kathedrale und des Alcázars. Dann ist es zwar oft heiß, dafür aber nicht voll.
- Man sollte in Sevilla auf seine **Wertsachen** aufpassen, da hier viel gestohlen wird.
- Auf der vom Guadalquivir umspülten Isla de la Cartuja liegt der **Vergnügungspark Isla Mágica**. Zugangszeiten und Tarife unter: www.islamagica.es.

Nach Lust und Laune!

58 Baeza & Úbeda

Die zwei Städtchen liegen hoch oben in einem Seitental des Guadalquivir mit Blick auf die von Olivenbäumen bestandenen Hügel. Die beiden eleganten Renaissancestädte sind nur 9 km voneinander entfernt und voll von schmucken Kirchen und Palästen, die sich rund um die schönen *plazas* gruppieren. Früher lagen die Orte am Rand des von den Christen beherrschten Territoriums.

Baeza ist kleiner als Úbeda. Man bekommt eine Reihe isabellinischer Paläste (► 19) zu sehen, eine romanische Kirche, eine edle Kathedrale, und man genießt herrliche Blicke über das Tal. Úbedas Hauptattraktion ist die Plaza de Vázquez de Molina, ein bemerkenswerter Renaissanceplatz, umstanden von imposanten Gebäuden. Am Ende der *plaza* ragt die Capilla del Salvador auf, eine beeindruckende Kapelle mit einer Fassade im plateresken Stil und einem herausragenden Altaraufsatz.

221 F4, 222 A4

Touristeninformationen

Plaza del Pópulo, Baeza ☎ 953 779 982; turismo.baeza.net Palacio Marqués de Contadero, Calle Baja del Marqués 4, Úbeda ☎ 953 779 204; www.turismodeubeda.com Mo–Fr 9–19.30, Sa, So 9.30–15 Uhr

Capilla del Salvador

Plaza de Vázquez de Molina, Úbeda ☎ 609 279 905; www.fundacionmedinaceli.org jahreszeitlich variierend Mo–Sa 9.30–14, 16.30/17–18.30/19, So 11.30–14, 16.30/17–19.30/20 Uhr 5 Euro

59 Las Alpujarras

Als Alpujarras bezeichnet man die Hochtäler an den Südhängen der Sierra Nevada. Sie wurden erstmals von den Berbern aus Nordafrika

Baeza ist eine Perle der Renaissance und UNESCO-Weltkulturerbe

besiedelt. Das Gebiet ist gebirgig, wasserreich und fruchtbar. Die alten Terrassen werden bis heute für die Landwirtschaft genutzt. Die Architektur der Dörfer – kubusartige Häuser mit Flachdach und versteckten Innenhöfen – erinnert sehr an Nordafrika. Über den Kurort **Lanjarón** gelangt man in diese Region; »Hauptstadt« ist der Marktflecken **Órgiva**. Die meisten Besucher fahren in die oberen Alpujarras hinauf zu den Dörfern **Pampaneira, Bubión** und **Capileira**. Alle drei klammern sich an den steilen Hang über der **Poqueira-Schlucht** vor der Kulisse der schneebedeckten Gipfel der südlichen Sierra. Das Gebiet eignet sich hervorragend zum Wandern – mit tollem Panorama und klarer Luft.

222 A3

Touristeninformation

Avenida de Madrid s/n, Lanjarón ☎ 958 770 462; www.alpujarraturistica.com, turismo.lanjanet.com Mo, Di, Do–Sa 10–14, 16–20, So 10–14 Uhr

60 Costa del Sol

Die Costa del Sol (Sonnenküste) zieht sich am Mittelmeer von Gibraltar bis zum östlichen Ende der Provinz Málaga hin. Ihre

»Hauptstadt« ist **Málaga**, eine attraktive Stadt mit historischem Viertel und dem exzellenten Picasso-Museum. Südwestlich davon liegen Ferienorte wie **Torremolinos**, **Benalmádena**, **Fuengirola**. Hier entstanden die ersten spanischen Touristenzentren für Sonne-und-Meer-Urlauber, die mit vormals preiswerten Angeboten Gäste aus dem Norden anzulocken pflegten. **Marbella** und der nicht weit entfernte Hafenort Puerto Banús pflegen ihre Exklusivität, haben aber auch als Zentren der Korruption von sich reden gemacht. Östlich von Málaga ist Marbella als Ort der Superreichen die erste Wahl; östlich von Málaga ist die Küste steiler und schöner und glücklicherweise weniger bebaut.

221 D2–E2

Touristeninformation, Málaga

221 E2–3 Plaza de la Marina 11
951 926 020; www.malagaturismo.com
April–Okt. 9–20, Nov.–März 9–18 Uhr

Touristeninformation, Marbella

221 D2 Calle Salinas 4
952 761 197; www.marbellaexclusive.com
im Sommer Mo–Fr 8.30–20.30, Sa 10–14, sonst Mo–Fr 8.30–20, Sa 10–14 Uhr

61 Ronda

Die Hauptattraktion von Ronda ist seine spektakuläre Lage. Das Felsmassiv, auf dem die Kleinstadt thront, wird nämlich von der 100 m tiefen Schlucht El Tajo geteilt. Eine schöne Bogenbrücke, der **Puente Nuevo** aus dem 18. Jahrhundert, überspannt die schmalste Stelle. Im erweiterten Altstadtbereich finden sich bis heute maurische Spuren – herrliche Bäder, eine Brücke, Stadtmauern und deren Zugangsportale. Am besten lernt man Ronda kennen, wenn man sich einfach treiben lässt. Nicht versäumen sollte man den **Palacio de Mondragón**, einen maurischen Palast, der das Stadtmuseum beherbergt. Nicht weit entfernt liegt die Casa de Juan Bosco; von den blühenden Gärten ist der Blick auf die Schlucht mit der Brücke am beeindruckendsten. Auf der anderen Seite der Schlucht liegt das Viertel Mercadillo, das nach der Reconquista entstand. Hier befindet sich die Plaza de Toros, die zweitälteste Stierkampfarena Spaniens aus dem Jahr 1785, in der die moderne *corrida* entstand. Dahinter verläuft der Paseo de Blas Infante, ein hübscher Spazierweg am Rand der Schlucht.

221 D3 www.turismoderonda.es

Touristeninformation

Paseo Blas Infante s/n 952 187 119; www.andalucia.org Mo–Fr 10–18 (Sommer bis 19), Sa 10–14, 15–17, So 10–14.30 Uhr

Plaza de Toros

Calle Virgen de la Paz 952 874 132; www.rmcr.org April–Sept. 10–20; Okt.–März 10–18/19 Uhr 6,50 Euro

62 Jerez de la Frontera

Südlich von Sevilla ist man im Land des Sherry mit der friedlichen und anheimelnden Hauptstadt Jerez. Die Stadt ist wohlhabend und elegant, Straßen und Plätze liegen im Schatten von Orangenbäumen und sind gesäumt von den *bodegas*

Die dramatische Puente Nuevo, Ronda

Die elegante Kuppel der Gotik-Renaissance-Kathedrale von Jerez

(Lagerhäuser) der großen Sherry-Dynastien. Man kann an einer Führung teilnehmen – González Byass und Pedro Domecq sind am bekanntesten – und sich erklären lassen, wie die verschiedenen Sorten Sherry entstehen, bevor man das fertige Produkt dann auch probiert. Freunde des Flamenco kommen in Flamencolokalen *(tablaos)* und im Centro Andaluz de Flamenco auf ihre Kosten. In der Nähe der Plaza del Arenal warten die schöne Kathedrale mit einer Stilmischung aus Gotik und Renaissance sowie der interessante Alcázar (obgleich innen in Teilen stark verändert). Ein Stück außerhalb der Stadt kann man eine Vorstellung der **Real Escuela Andaluza del Arte Ecuestre** (Königlich Andalusische Schule der Reitkunst) besuchen.

220 C3

Touristeninformation
Plaza del Arenal (Edificio Los Arcos)
956 338 874; www.turismojerez.com
Juni–Sept. Mo–Fr 9–15, 17–19, Sa–So 9–14.30; Okt.–Mai Mo–Fr 9.30–15, 16–18.30, Sa–So 9–15 Uhr

González Byass
Calle Manuel María González 12
956 357 000; www.gonzalezbyass.com

Führungen in Englisch: Mo–Sa 12, 13, 14, 17, So 12, 13, 14 Uhr 12,50 Euro (mit kleiner Flüssig-Verkostung)

Pedro Domecq
Calle San Ildefonso 3 956 151 500; www.bodegasfundadorpedrodomecq.com Mo–Sa 10–14 Uhr; Reservierung ratsam 8 Euro inkl. kleiner Verkostung; 13 Euro inkl. Tapas

Real Escuela Andaluza del Arte Ecuestre
Avenida Duque de Abrantes
956 319 635; www.realescuela.org
Vorstellungen: Di (März–Dez.), Do (ganzjährig), Fr (nur Aug., Sept.), zus. ausgewählte Sa; Stallbesichtigung: Mo, Mi, Fr 10–14 Uhr (je nach Saison); Museum: Mo–Fr 10–14 Uhr
Show: 21–27 Euro; Stallbesichtigung inkl. Museum: 11 Euro; Museum: 4,50 Euro

63 Costa de la Luz

Costa de la Luz – Küste des Lichts – ist der passende Name für die herrliche Atlantikküste Andalusiens. Von **Tarifa** ab – wo man einen schönen Blick auf Gibraltar und bis nach Marokko hat – ist diese Landschaft mit ihren Sandstränden, Kiefernwäldern und Klippen von Sonne, Wind und gleißendem Licht geprägt. In Scharen kommen die Wind- und Kitesurfer nach Tarifa, wo man Wale und Delphine beobachten kann. Weiter westlich liegt ein Stück landeinwärts **Vejer de la Frontera**, eines der schönsten sogenannten »weißen Dörfer«. Nordwestlich des **Cabo de Trafalgar** ziehen sich weniger bekannte Fischerdörfer und unauffällige Ferienorte am Meer entlang. Der benachbarte Ort **Conil de la Frontera** bietet schöne Strände. Einige Kilometer weiter westlich befinden sich nach dem historischen **Cádiz** die Orte Chipiona und Sanlúcar de Barrameda – Welten entfernt von den Ferienorten am Mittelmeer.

220 A3–C2

Touristeninformation, Tarifa
220 C1–2 Paseo de la Alameda
956 680 993; www.aytotarifa.com, www.cadizturismo.com Mo–Fr 10–13.30, 16–18, Sa, So 10–13.30 Uhr

Wohin zum ... Übernachten?

Preise
Für ein Doppelzimmer pro Nacht in der Vor- und Hauptsaison:
€ unter 80 Euro **€€** 80–130 Euro **€€€** 130–180 Euro **€€€€** über 180 Euro

CÓRDOBA

Casa de los Azulejos €€
Das wunderschöne Haus im Kolonialstil steht an einer ruhigen Seitenstraße wenige Schritte außerhalb der Judería. Der Marmorfußboden und der üppig bewachsene Patio machen es zu einem kühlen, stimmungsvollen Rückzugsort. Frisches weißes Leinen ergänzt die farbigen Wände, alten Holzfußböden und Schmiedeeisenelemente. Im Preis ist ein gutes Frühstück enthalten.
221 E4 Calle Fernando Colón 5 957 470 000; www.casadelosazulejos.com

Los Omeyas €
Hotel mitten im Gassengewirr der Judería. Nach der Renovierung sieht man sein maurisches Erbe an den Hufeisenbögen, dem weißen Marmor und den schmiedeeisernen Gittern. Über den Patio gelangt man in die gemütlichen, geschmackvollen Zimmer mit Klimaanlage. Wer im Obergeschoss wohnt, hat einen schönen Blick auf die Mezquita (➤ 175). Das Frühstück ist nicht im Preis inbegriffen, aber günstig.
221 E4 Calle Encarnación 17 957 492 267; www.hotel-losomeyas.com

COSTA DEL SOL

Villa Padierna €€€€
Eine Luxus-Oase im Küstenhinterland zwischen Marbella und Estepona. Das palastartige Haupthaus ist im toskanischen Stil gehalten. Es gibt alle Annehmlichkeiten, ein Golfplatz liegt unmittelbar nebenan.
221 bei D2 Urbanización Flamingos Golf, Carretera de Cádiz, km 166 902 200 676; villapadiernapalacehotel.com

GRANADA

Casa del Aljarife €€
Gehobene Pension in einem Haus aus dem 17. Jahrhundert an einem winzigen Platz im Herzen des Albaicín. Man genießt den Blick über die Dächer, die Stadtmauer und auf die Alhambra. Der schattige Patio ist typisch für Andalusien, die vier Zimmer sind unterschiedlich groß und haben viel Flair.
221 F3 Placeta de la Cruz Verde 2, Albaicín 958 222 425; www.casadelaljarife.com

El Ladrón de Agua €€–€€€
Charmantes Boutiquehotel am unteren Rand des Albaicín-Hügels. Ursprünglich ein Stadtpalais aus dem 16. Jh., hat es Designerhand auf die Höhe der Zeit gebracht. Prunkstück ist der in sich geschlossene Innenhof.
221 F3 Carrera del Darro 13 958 215 040; www.ladrondeagua.com

RONDA

Alavera de Los Baños €€
Charmantes, kleines Hotel neben den maurischen Bädern aus dem 13. Jh. Es bietet einen herrlichen Blick auf die Serranía de Ronda und die Stadtmauern. Zur Ausstattung zählt ein kleiner Pool; Frühstück im Preis enthalten.
221 D3 Hoyo de San Miguel 952 879 143; www.alaveradelosbanos.com

Molino del Puente €–€€
Die umgebaute ehemalige Oliven- und Getreidemühle liegt fünf Autominuten außerhalb von Ronda in herrlicher Landschaft und verfügt über hübsche Gärten am Fluss und einen großen Pool. Zehn komfortable und attraktive Zimmern mit Bad. Außerdem gehört ein Restaurant zum Angebot. Zimmer inklusive Frühstück.
221 D3
Fuente de la Higuera, Ronda ☎ 952 874 164; www.hotelmolinodelpuente.com

SEVILLA

Hostería del Laurel €–€€
Dieses charaktervolle Hotel liegt an einem kleinen Platz voller Orangenbäume im Herzen des Barrio de Santa Cruz. Die *bodega* der Hostería wird in Zorillas berühmtem *Don Juan Tenorio* erwähnt. Auch heute sind das Restaurant und die Tapas-Bar bei den Einheimischen beliebt. Die einfach eingerichteten Zimmer entsprechen der landläufigen Qualität eines Zwei-Sterne-Hotels.
220 C4 Plaza de las Venerables 5, ☎ 954 220 295; www.hosteriadellaurel.com

Las Casas de la Judería €€–€€€
Das Hotel zählt zu den schönsten Sevillas. Es versteckt sich in einer Gasse am Rand des Barrio de Santa Cruz, ist aber nicht weit von den Geschäften und dem Einkaufszentrum entfernt. Die Zimmer gruppieren sich um drei klassische Innenhöfe, die einst zu drei Palästen gehörten. Warmes Ocker und Weiß sind die vorherrschenden Farben; die Zimmer haben hohe Decken und sind in zarten Pastelltönen gehalten. Zur Wahl stehen verschiedene Zimmerkategorien. Es gibt ein Restaurant.
220 C4 Callejón de Dos Hermanas ☎ 954 415 150; www.casasypalacios.com

Wohin zum ...
Essen und Trinken?

Preise
Für ein Essen (z. B. auch ein typisches Tages-/Hausmenü, im Regelfall inkl. Wein):
€ unter 15 Euro **€€** 15–25 Euro **€€€** über 25 Euro

CÓRDOBA

Bodegas Campos €–€€
Diese Mischung aus Taverne und Restaurant kommt auch bei den Einheimischen bestens an: ob mit den Tapas, Käse- oder Wurstplatten oder *raciones* wie den kleinen Stierschwanz-Kroketten *(croquetitas de rabo de toro).*
221 E4 Lineros 32 ☎ 957 497 500; www.bodegascampos.com Mo–Sa 13.30–16.30, 20.30–0.30 Uhr, So 13.30–16.30 Uhr

Taberna Plateros €–€€
Das große Restaurant mit Patio geht auf das 17. Jh. zurück. Es gibt mehrere Räume und eine ursprüngliche Bar, in der sich auch Geschäftsleute treffen. Das Essen ist solide Hausmannskost mit lokalen Spezialitäten, die *locals* wie auswärtige Gäste gleichermaßen schätzen.
221 E4 San Francisco 6 ☎ 957 470 042 Di–Sa 8–16, 20–24, So 9–16, 20–24 Uhr

COSTA DEL SOL

Logueño €–€€
Eine der besten Tapas-Bars von Málaga. Die Auswahl an Tapas ist berauschend und erfindungsreich;

insgesamt gibt es etwa hundert verschiedene Häppchen. Angeschlossen ist ein Restaurant, das sich auf Grillfleisch spezialisiert hat. Eine Sechser-Auswahl an Tapas bestellen Sie als *combinado de tapas*.
221 E2 Calle Marín García 9, Málaga
952 223 048 tägl. 12–24 Uhr

GRANADA

Bodegas Castañeda €–€€

Granada ist berühmt für seine Tapas-Bars, diese hier ist besonders beliebt. Erkämpfen Sie sich ein Plätzchen an der Bar und genießen Sie die Atmosphäre. Genießen Sie zu Ihren Drinks leckere Tapas, während Sie sich für eines der traditionellen Gerichte entscheiden. Damit keine Verwirrung aufkommt: Die Bodegas Castañeda gibt es gleich doppelt, die noch ältere Bar liegt in der Calle de Elvira.
221 F3 Calle Almireceros 1 958 215 464 tägl. 11.30 bis ca. 1.30/2 Uhr

Mirador de Morayma €€

Nicht leicht zu findendes Restaurant im Albaicín. Sobald Sie dort sind, haben Sie einen unvergleichlichen Blick von der Terrasse über die Schlucht zur Alhambra – welch ein Traumpanorama! Auf der Speisekarte stehen hauptsächlich traditionelle Gerichte mit ein paar Überraschungen, wie *ensalada granadina* (Salat mit Granatapfelstückchen und frittiertem Knoblauch). Ein Genuss ist das Degustationsmenü für zwei Personen.
221 F3 Pianista García Carillo 2
958 228 290 oder 958 224 812; miradordemorayma.com
Mo–Sa 13.30–23.30, So 13.30–16 Uhr

RONDA

Casa Santa Pola €€–€€€

Die komfortabel-eleganten Speisezimmer der Casa Santa Pola erstrecken sich über drei Etagen und bieten einen atemberaubenden Blick über die Schlucht El Tajo. Im Holzofen zubereitete Braten sind die Spezialität; das *cochinillo* (Spanferkel) zergeht im Mund, und das *conejo a la Rondeña* (geschmortes Kaninchen) ist einfach köstlich.
221 D3 Cuesta de Santo Domingo 3
952 879 208; www.rsantapola.com
12–16.30, 19.30–22.30 Uhr

Tragabuches €€€

Diese Institution Rondas bietet Abwechslung von der traditionellen andalusischen Küche. Die moderne Atmosphäre und die innovativen Geschmacksvariationen sorgen für ein unvergessliches Erlebnis. Die Kompositionen wechseln beim anspruchsvollen Degustationsmenü.
221 D3 Calle de José Aparicio 1
952 878 447 Di–Sa 13.30–15.30, 20.30–22.30, So 13.30–15.30 Uhr

SEVILLA

Habanita €–€€

Eines der wenigen vegetarischen Restaurants in Sevilla, verborgen in einer Seitenstraße im Viertel Alfalfa. Das Hauptgewicht liegt auf Fleischgerichten aus Kuba und dem Mittelmeerraum. Bei Yucca mit Knoblauch, schwarzen Bohnen und *tamales* läuft einem das Wasser im Mund zusammen. Sehr zuckrige Desserts.
220 C4 Calle Golfo 3, Seville
606 716 456; www.habanita.es
Mo–Sa 12.30–16.30, 20–24 Uhr

La Albahaca €€

Das Restaurant ist in einem liebevoll umgebauten historischen Privathaus untergebracht und ist eines der bekanntesten der Stadt. Es befindet sich an einem wunderschönen Platz, hat einen hübschen Patio und intime Speiseräume, die mit bunten azulejos, alten Ölgemälden, Kerzenleuchtern und vielen Pflanzen ausgestattet sind. Eine Empfehlung ist das Tagesmenü.
220 C4 Plaza de Santa Cruz 12
954 220 714 Mo–Sa 12–16, 20–24 Uhr

Wohin zum ... Einkaufen?

MODE

Konfektion und Schuhe gibt es in **Málaga** in der Calle del Marqués de Larios. In **Marbella** geht man in die Calle Ramón y Cajal, wo man bekannte Namen nur ein paar Türen voneinander entfernt findet.

In **Granada** bietet die Calle de los Reyes Católicos viele Ladenketten und Boutiquen. Wer hier nicht fündig wird, probiert es bei El Corte Inglés nahe der Acera del Darro.

In der Calle de las Sierpes in **Sevilla** gibt es viele edle, aber teure Boutiquen. In **Córdoba** begibt man sich in das Viertel um die Fußgängerzone Avenida del Gran Capitán, wo die Bekleidungsgeschäfte den Läden in Sevilla in nichts nachstehen.

ANDENKEN UND KUNSTHANDWERK

In vielen Orten Andalusiens kann man alle möglichen Andenken erwerben, vom simplen T-Shirt bis hin zu Keramik. Geschäfte mit Massenware finden sich meist rund um die Hauptsehenswürdigkeiten und Ferienorte. Wer ins Hinterland fährt, findet oft ungewöhnlichere Stücke.

In der **Provinz Málaga** bietet die Artesanía Grazalema (Carretera de Ronda, Grazalema; Tel. 956 132 008; mantasdegrazalema.com) eine gute Auswahl an Webwaren.

In der **Provinz Granada** sind die Alpujarras für farbenfrohe *jarapas*, Webteppiche und Tagesdecken bekannt. Einen Besuch lohnt die Bodega La Moralea (Calle Verónica, Pampaneira; Tel. 958 763 225) mit ihrem Angebot an Kunstobjekten und örtlichen Delikatessen.

In **Sevilla** besucht man das Viertel Triana westlich des Flusses, um die berühmten bunten Kacheln oder Keramik zu erstehen. Bei Azulejos Santa Isabel (Calle de Alfarería, 12; Tel. 954 344 608; www.azulejosantaisabel.com) bekommt man alles.

Córdoba ist für seine Lederwaren berühmt. In der Innenstadt bietet Meryan (Calleja de las Flores; Tel. 957 475 902; www.meryancor.com) eine gute Auswahl an Lederartikeln und anderem.

ANTIQUITÄTEN UND KUNST

Original spanische Stücke findet man in den Kunst- und Antiquitätenläden im Zentrum größerer Städte wie **Granada** und **Sevilla**.

LEBENSMITTEL

Die gebirgigen Alpujarras in der Provinz Granada und die Sierra Morena bei Sevilla sind für den *jamón serrano* bekannt. Zu haben ist dieser luftgetrocknete Schinken in **Trevélez** in den Alpujarras (► 181) in Geschäften, die sich ganz auf diesen Schinken und Wurstwaren spezialisiert haben.

In den *bodegas* von **Jerez de la Frontera** (► 182) bekommt man die großen einheimischen Sherrymarken. In allen größeren Orten der Gegend sind Weine, Sherrys und Liköre in eigens darauf spezialisierten Läden erhältlich. Oft gibt es eine Kostprobe, bevor man sich zum Kauf entscheidet.

MÄRKTE

Die besten Märkte für frischen Fisch findet man in Cádiz und Sanlúcar de Barrameda (► 183) an der Costa de la Luz, wobei die Märkte in den anderen Küstenstädten ebenfalls einen Besuch wert sind.

Ein buntes Nebeneinander aus Fisch, Fleisch, Obst und Gemüse bieten weitere Märkte wie in Málaga (► 182); in Fuengirola (► 151) und Córdoba (► 175f) findet man Kleidung und Artikel des täglichen Bedarfs.

Wohin zum … Ausgehen?

NACHTLEBEN

An der **Costa del Sol** ist das Massenresort Torremolinos im Sommer bei Party- und Clubliebhabern beliebt, an der Straße zwischen Marbella und Puerto Banús liegt eine Reihe bekannter glamouröser Clubs. Die lebendigen Bars Málagas drängen sich um die Calle Granada und Calle Beatas, im Sommer allerdings bietet die Gegend um Pedregalejo am Strand die ganz Nacht über Action. In Marbella liegen die bestbesuchten Bars an der Plaza de los Olivos, im schicken Hafenort Puerto Banús bieten die Straßen um die Marina Party-Locations.

Granadas Nachtleben ist vor allem auf die zahlreichen Studenten der Stadt ausgerichtet, die sich in den Altstadtkneipen um die Plaza de Bib-Rambla amüsieren. Auch die Bereiche um die Plaza Nueva sind populär. Die Tavernen im Viertel Sacromonte bieten viele Optionen, von teuren Touristenbars bis hin zu Flamenco-Vorführungen. Eine der angesagtesten Diskotheken, **Mae West**, liegt außerhalb der Altstadt (Centro Comercial Neptuno, Calle Arabial).

Die Musikbars von **Sevilla** konzentrieren sich um die Plaza de Alfalfa und an der Calle de El Torneo am Fluss. Ein belebtes Ausgehviertel für Abend- und Nachtschwärmer ist das Barrio Nervión. Mehr Informationen zum Nachtleben unter www.exploreseville.com. **Córdoba** ist zwar weniger kosmopolitisch als Sevilla, Granada und Málaga, kann aber dennoch mit vielen Tanz- und Musikbars an der Calle Cruz Conde aufwarten, ein Stück nördlich der Plaza de las Tendillas.

FLAMENCO

In **Málaga** ist das Teatro Cervantes (Calle Ramos Marín; Tel. 952 224 109; www.teatrocervantes.com) die Top-Adresse für Aufführungen jedweder Art, ob Oper, Ballett oder volkstümlichere Konzerte. In **Jerez de la Frontera** präsentiert die **Taberna Flamenca** (Angostillo de Santiago 3; Tel. 956 323 693; www.lataberna flamenca.com) nahe der Iglesia de Santiago hervorragende Shows. Das Peña Flamenca La Platería (Placeta de Toqueros 7; Tel. 958 210 650; www.laplateria.org.es) zählt zu den beliebtesten Flamencolokalen von **Granada**, auch das **Cuevas Los Tarantos** (Camino del Sacromonte 9; Tel. 958 224 525; www.cuevaslostarantos.com) ist ein Tipp.

Populär in **Sevilla** ist der **Tablao Flamenco Los Gallos** im Viertel Santa Cruz (Plaza de Santa Cruz 11; Tel. 954 216 981; www.tablaolos-gallos.com). In **Córdoba** ist das Tablao Cardenal (Calle Torrijos, 10; Tel. 957 483 320; www.tablaocarde nal.es) eines der besten Lokale für »klassischen« Flamenco.

SPORT

Die Atlantikküste, v. a. bei Tarifa zwischen Gibraltar und Cádiz, ist ein Eldorado für Wind- und Kitesurfer. Es gibt auch Möglichkeiten zu tauchen, Wasserski zu fahren und mit dem Gleitschirm zu fliegen.

Die Berge Andalusiens bieten Gelegenheiten zum Wandern in den fruchtbaren Landschaften Alpujarras (➤ 181) und in der Sierra de Grazalema (➤ 199f) oder zum Reiten und Radfahren mit organisierten Gruppen. Interessant sind überdies Ferien auf Reiterhöfen (dazu können Sie sich mit Andalusien + Reiten leicht durchgoogeln).

Die Sierra Nevada ist ein beliebtes Ziel bei Skifahrern. Auch Extremsportarten wie Klettern, Abseilen, Kanufahren und Drachenfliegen können Sie hier ausprobieren.

Spaziergänge & Touren

1 EL RASTRO, MADRID

Spaziergang

LÄNGE: 3,2 km **DAUER:** 4–5 Std. mit Bummel über den Rastro und Besuch des Real Jardín Botánico
START: Plaza Puerta del Sol Sol 224 C3
ZIEL: Real Jardín Botánico Atocha 225 E–F2

Dieser Spaziergang führt von der eleganten Plaza Mayor durch die geschäftigen Multikulti-Viertel La Latina und Lavapiés, die immer mehr in Mode gekommen sind. Wenn am Wochenende in den Straßen von La Latina der Rastro (Sonntagsmarkt) stattfindet, ist der Gegensatz zu der edlen Architektur aus dem 18. Jahrhundert und den Grünflächen besonders augenfällig.

1–2

Stellen Sie sich auf der **Plaza Puerta del Sol** (► 61) mit dem Rücken zur **Casa de Correos**, die 1768 errichtet wurde und bis 1847 die Post beherbergte. Sie befinden sich jetzt im Herzen von Madrid, ja sogar von ganz Spanien, da alle Entfernungen von der Steinplatte unterhalb des Uhrturms gemessen werden, bekannt als **Kilómetro Cero** (Kilometer Null). Nun biegen Sie links in die **Calle Mayor** ein und nehmen die vierte Abzweigung links zur grandiosen, rechteckigen **Plaza Mayor** (► 56f), die die Atmosphäre einer riesigen Open-Air-Bühne besitzt.

2–3

Verlassen Sie die Plaza Mayor an der Südwestecke, um die **Calle de Toledo** hinunterzubummeln, eine typische Madrider Straße mit einigen Geschäften. Hinter der Plaza de Segovia Nueva ragt linker Hand die **Iglesia de San Isidro** (im Regelfall 8.30–12.30, 18–19.30) auf. Die Kirche wurde 1622–33 als Machtzentrale der Jesuiten errichtet und gehörte zum Colegio Imperial. Karl III. vertrieb dann 1767 die Jesuiten und konfiszierte ihr Eigentum; die Kirche wurde daraufhin dem heiligen Isidor geweiht, dem Schutzheiligen von Madrid. Sie diente von 1886 bis 1993 als Kathedrale der Stadt.

Schnäppchenjäger auf dem Sonntagsflohmarkt Rastro

3–4

Folgen Sie nun südlich von San Isidro der Calle de los Estudios hinunter bis zur **Calle Ribera de Curtidores**, wo sonntags der Rastro, der berühmte und auch von den Madridern selbst frequentierte Allerleimarkt, abgehalten wird. Unter der Woche ist hier nicht viel los, doch am Sonntag besuchen wahre Menschenmassen den bunten Markt. Man findet hier alles, was man sich nur vorstellen kann, es herrscht eine tolle Atmosphäre, die nicht zuletzt durch Straßenkünstler bereichert wird. Manche Warenangebote sind wirklich ausgefallen! Man sollte allerdings auf seine Handtasche aufpassen und Kameras und Schmuck im Hotel lassen.

4–5

Biegen Sie nun links in die Calle de San Cayetano ein und gehen Sie weiter, bis Sie die Parallelstraße zur Ribera de Curtidores erreichen, die **Calle de Embajadores** mit der Kirche **San Cayetano**; sie ist dem heiligen Kajetan geweiht, einem der Schutzheiligen des Viertels.

5–6

Jetzt spazieren Sie die Embajadores hinunter und biegen in die sechste Straße links ab, die **Calle del Tribulete**, um **La Corrala** zu betrachten. Dieser Wohnblock aus dem 19. Jahrhundert mit Balkonen, die auf einen Innenhof hinausgehen, ist eines der typischen Wohngebäude des Viertels. Früher wurden auf dem Hof Theateraufführungen abgehalten.

6–7

Von La Corrala erreicht man über die Tribulete die **Plaza Lavapiés**; an diesem Platz schlug im Mittelalter das Herz des jüdischen Viertels. Quer über den Platz geht es in die Calle de Argumosa, an deren Ende links das **Museo Nacional Centro de Arte Reina Sofía** (► 60) liegt.

7–8

Von hier nehmen Sie die Atocha-Unterführung zur Calle del Doctor Velasco an der Nordseite des Paseo de la Infanta Isabel. Richtung Norden bummeln Sie dann zum **Real Jardín Botánico** (Eingang nördl. Plaza de Murillo; je nach Jahreszeit 10–18/19/20/21 Uhr; 3 Euro). Er wurde im 18. Jahrhundert gegründet. Mittlerweile gedeihen hier über 30 000 Pflanzenarten aus aller Welt. Der Garten ist beschaulich, mit schattigen Wegen, Bänken und Treibhäusern voller Tropenpflanzen.

2 PICOS DE EUROPA

Tour

LÄNGE: 170 km **DAUER:** 4 Std. Fahrzeit (mit Pausen und Abstechern ein ganzer Tag, um das Bergpanorama genießen zu können)
START: Cangas de Onís 212 bei A4 **ZIEL:** Panes 212 bei A4

Die Picos de Europa sind ein Wanderparadies

Dieser phantastische Autoausflug vermittelt die bestmögliche Vorstellung von den majestätischen Picos de Europa, ohne dass man wirklich in den Bergen wandert. Die Strecke ist enorm vielfältig – mit schmalen Schluchten und steil abfallenden Felswänden, Bergwiesen, Wäldern und Hochebenen. Unterwegs muss man immer wieder schmale Straßen mit überhängenden Felsen passieren, und es geht steil bergab. Wer sich als Autofahrer nicht ganz sicher fühlt, sollte lieber vorsichtig fahren.

1–2

Die Fahrt beginnt in **Cangas de Onís** (von Oviedo aus gut zu erreichen). Hinter der Brücke biegen Sie auf die N625 (dem Wegweiser nach Riaño folgend) ab und fahren am Fluss **Sella** entlang, in dem es vor Forellen nur so wimmelt, vorbei an kleinen Höfen und grasenden Kühen.
Das Tal verengt sich dann zu einer beeindruckenden Schlucht, dem **Desfiladero de los Beyos**. Diese Schlucht ist extrem schmal. Wenn sie wieder breiter wird, führt die Straße ins Bergdorf **Oseja de Sajambre** hinauf, wo man einen herrlichen Blick auf den Niaja (1732 m) hat.

2–3

Hinter Oseja führt die Straße durch ein Hochwaldgebiet und Bergwiesen weiter bergauf zum Pass **Puerto del Pontón** auf 1290 m.

3–4

Auf der N625 fahren Sie nun weiter nach Riaño, das auf einer Hochebene liegt. Vor Ihnen erstreckt sich nun der **Embalse de Riaño** (Riaño-Stausee), der die Wasserversorgung von León und Palencia gewährleistet. Das Dorf Riaño wurde in den 1980er-Jahren als Ersatz für die Orte erbaut, die dem Staudamm weichen mussten.

4–5

Von Riaño geht es auf der N621 in Richtung **Portilla de la Reina**. Anfangs setzen noch kleine Dörfer

KLEINE PAUSE

Das auf 1000 m Höhe gelegene Dorf Riaño eignet sich am besten für eine Pause – z. B. im Restaurant des **Hotels Presa** (Avenida Valcayo, 12; Tel. 987 740 637; www.hotelpresa.com), wo man sich mit deftiger Hausmannskost stärken kann.

Die mittelalterliche Brücke von Cangas de Onís

Akzente in der Landschaft, dann wird es immer felsiger und steiler, bis sich die Straße den Pass hinaufgeschlängelt hat. Oben am **Puerto de San Glorio** (1609 m) wartet das Bronzedenkmal eines Hirsches. Genießen Sie hier den wunderschönen Blick über Kantabrien.

5–6

Von hier windet sich die Straße nun steil durch die sich wandelnde Vegetation nach unten. Bei **La Vega** nehmen Sie die N621 nach **Potes**.

6–7

Bei Potes können Sie einen Umweg von 20 km mitten in die Berge hinein zur Seilbahn von **Fuente Dé** machen. Falls keine zu starken Winde wehen und der Betrieb eingestellt werden muss, geht es 753 m hinauf zu einem Aussichtspunkt mit herrlichem Panorama östlich des Torre Cerredo, des mit 2648 m höchsten Gipfels der Picos. Der Ausflug ist sehr beliebt; man sollte sich also auf eine gewisse Wartezeit für die Fahrt mit der Seilbahn einstellen. Als Alternative kann man die Straße zum **Desfiladero de la Hermida** nehmen. Die Wände der Schlucht sind so steil, dass sechs Monate im Jahr kein Sonnenstrahl auf das winzige Dorf La Hermida fällt. Die Straße führt am Fluss Deva entlang, um schließlich **Panes** zu erreichen. Von hier führt die AS114 am Nordrand der Picos entlang zurück nach Cangas de Onís.

3 BARCELONAS KÜSTE

Spaziergang

LÄNGE: 2,5 km **DAUER:** 1½ Std.; mit Museumsbesuch einen Vormittag
START: Monument a Colom Drassanes
ZIEL: Palau de Mar Barceloneta

Auf diesem Spaziergang sehen Sie einige hübsche Küstenabschnitte beim Port Vell, einem der wichtigsten Erholungsgebiete von Barcelona, und werfen einen Blick auf ein paar ältere Viertel und den schönsten Park der Stadt. Unterwegs kommen Sie an einigen Museen vorbei und haben Gelegenheit, eine der ältesten und stimmungsvollsten Kirchen der Stadt zu bewundern.

1–2

Beginnen Sie am **Monument a Colom** (➤ 130). Zuvor können Sie noch einen kleinen Umweg nach Westen zu den **Drassanes** machen, den Werften aus dem 13. Jahrhundert. Sie waren bis ins 18. Jahrhundert in Betrieb und beherbergen heute das **Museu Marítim** (Meeresmuseum), eine faszinierende Sammlung nautischer Objekte, darunter die Kopie einer königlichen Galeere aus dem 16. Jahrhundert. Wegen Renovierung (bis ca. 2015) nur zu Wechselausstellungen und Veranstaltungen geöffnet. Das **Kolumbus-Monument** im Rücken, überqueren Sie die belebte Straße und folgen der Rambla de Mar über das Wasser in Richtung Maremàgnum. Am Meer erstreckt sich links die alte Werft, die Moll de la Fusta, heute die Uferpromenade am Hafen.

2–3

Mittelpunkt des **Port Vell** ist das **Maremàgnum**, ein Vergnügungs- und Freizeitkomplex auf dem alten Werftengelände mit Geschäften, Kneipen, Restaurants und dem **IMAX**, in dem Natur- und Abenteuerdokumentationen auf einer gigantischen Leinwand gezeigt werden. Hier befindet sich auch das **Aquàrium de Barcelona**. Wenn Sie das Areal verlassen, überqueren Sie am östlichen Ende der Moll de la Fusta die Straße und gehen die

SEHENSWÜRDIGKEITEN

Museu Marítim (bis ca. 2015 geschl.)
215 E2 Avinguda de les Drassanes 1
933 429 920; www.mmb.cat

Aquàrium de Barcelona
215 E2 Moll d'Espanya, Port Vell
932 217 474; www.aquariumbcn.com
Juli–Aug. 9.30–23, Juni, Sept. 9.30–21.30, Okt.–Mai Mo–Fr 9.30–21, Sa, So 9.30–21.30 Uhr 20 Euro

Santa Maria del Mar
215 E2 Plaça de Santa María 1
933 102 390 Mo–Sa 9–13.30, 16.30–20, So 10.30–13.30, 16.30–20 Uhr frei

Parc Zoològic
215 E2 Parc de la Ciutadella
902 457 545; www.zoobarcelona.cat
Jan. bis Ende März, Ende Okt. bis Ende Dez. 10–17.30, Ende März bis Mitte Mai, Mitte Sept. bis Ende Okt. 10–19, Mitte Mai bis Mitte Sept. 10–20 Uhr 19,60 Euro

Museu d'Història de Catalunya
215 E2 Plaça de Pau Vila 3 932 254 700; www.es.mhcat.cat Di, Do–Sa 10–19, Mi 10–20, So 10–14.30 Uhr
Dauerausstellung: 4 Euro; Wechselausstellungen: 3 Euro; Kombiticket: 5 Euro

breite Via Laietana hinauf. Sie befinden sich nun schon am Rand des Barri Gòtic (➤ 125ff) und spazieren weiter zur Plaça Jaume I.

3–4
Diagonal nach rechts führt die Carrer Argentería zu der prächtigen katalanisch-gotischen Kirche **Santa Maria del Mar**. Sie wurde auf Anordnung Jaumes II. von 1324 bis 1329 errichtet und stand ursprünglich am Meer, daher der Name »Heilige Maria vom Meer«. Hoch ragen die Säulen über dem breiten Kirchenschiff auf und lenken den Blick auf das schöne Gewölbe.

4–5
Anschließend bummeln Sie in Richtung Norden die Carrer de Montcada hinauf, eine bereits im 14. Jh. angelegte Straße. Hier befindet sich das **Museu Picasso** (➤ 131f). Diese Gegend heißt **La Ribera** (Meerseite) und war einst Barcelonas Handels- und Hafenviertel. Heute pulsiert das Leben in den vielen Bars, Cafés und Galerien. Am Ende der Straße biegen Sie rechts in die Carrer de la Princesa ein, dann überqueren Sie den Passeig de Picasso, um in den **Parc de la Ciutadella** zu gelangen.

5–6
Der Park ist nach der Bourbonenfestung aus dem Jahr 1715 benannt; sie wurde 1869 weitgehend zerstört. Im verbliebenen sternförmigen Rest tagt das katalanische Parlament. Mitten im friedlichen Grün steht ein Monumentalbrunnen, es begegnen sich Jogger und Spaziergänger. Weiter südöstlich im Park erreicht man den **Zoo**, in dem über 4000 Tiere leben.

6–7
Wenn Sie nun den Park verlassen, überqueren Sie die Straße und spazieren die Avinguda Marquès de l'Argentera hinunter. Biegen Sie am Bahnhof links ab und überqueren Sie eine weitere Straße, um nach **La Barceloneta** zu gelangen. Die Hauptattraktion des hübschen Viertels mit seinen engen Gassen und kleinen Plätzen sind die vielen **Fisch- und Meeresfrüchte**-Restaurants. Biegen Sie rechts in Richtung Meer ab; Sie kommen am Passeig Joan de Borbó heraus.

7–8
Nun geht es nach rechts und am Meer entlang zum alten Lagerhaus **Palau del Mar** mit seinem **Museu d'Història de Catalunya** (Museum für Katalanische Geschichte), in dem man alles über Stadt und Region vom Neolithikum bis heute erfährt.

4 DAS HERZ VON SEVILLA

Spaziergang

LÄNGE: 3 km **DAUER:** etwa 3 Std., damit Zeit für die Sehenswürdigkeiten unterwegs bleibt
START: Puerta de Jerez **ZIEL:** Calle de Sierpes

Es geht über einige der schönsten Boulevards, durch den Parque de María Luisa und am Guadalquivir entlang wieder zurück ins Geschäftszentrum. Unterwegs gibt es sehr viel zu sehen, Sie sollten Zeit für einen Museumsbesuch, eine Erholungspause und einen Einkaufsbummel einplanen.

1–2
Der Spaziergang beginnt in der Calle San Fernando am **Hotel Alfonso XIII**, Sevillas Nobelhotel. Bummeln Sie die **Calle San Fernando** hinauf an der **Fábrica de Tabacos** vorbei. In dem massiven Gebäude aus den 1750er-Jahren waren im 19. Jahrhundert über 3000 *cigarreras* beschäftigt. Heute befindet sich hier ein Teil der Universität. Biegen Sie an der Kreuzung rechts in die Avenida del Cid ein und gehen Sie bis zur nächsten Kreuzung.

2–3
Überqueren Sie die Straße, und halten Sie sich rechts auf der Avenida Isabel la Católica. Sie befinden sich in einem modernen Viertel, das 1929 für die Ibero-Amerikanische Ausstellung entstand. Einen Block weiter liegt links die beliebte **Plaza de España**. Das weitläufige halbkreisförmige Ensemble mit Brunnen, monumentalen Treppen und schönen Kacheln war das Zentrum der Ausstellung.

3–4
Überqueren Sie die Straße und bummeln Sie die Avenida Rodríguez Caso hinunter, die zum **Parque de María Luisa** führt. Im Park ist es schattig, grün und kühl. Er wurde im 19. Jh. angelegt; überall stehen verstreut hübsche Pavillons. Sie können einen der Fußwege links nehmen und an einem See vorbei zur **Plaza de América** bummeln. Sie ist von grandiosen Bauten aus dem Jahr 1929 gesäumt, in denen zwei Museen untergebracht sind, das **Museo Arqueológico** und das **Museo de Artes y Costumbres Populares**, das sich der Volkskunst und den Traditionen Andalusiens widmet.

4–5
Von der Plaza de América aus gehen Sie geradeaus in Richtung Westen zum Canal de Alfonso XIII und biegen dann rechts in den Paseo las Delicias ein. Spazieren Sie bis zur zweiten Brücke weiter, Puente de San Telmo; von hier an heißt die Straße Paseo Cristóbal Colón. Am anderen Ufer liegt das belebte Viertel **Triana**, einer der ursprünglichsten und unverfälschtesten Stadtteile. Nun geht es den Paseo Cristóbal Colón hinunter. Auf der linken Seite sehen Sie den **Torre del Oro**, einen Turm, der früher ganz mit Gold bedeckt war und 1220 von der Almohaden-Dynastie als Teil einer Wehranlage erbaut wurde. Heute ist hier das Marinemuseum untergebracht. Ein Stück weiter unten liegt auf der anderen Straßenseite die **Plaza de Toros**, eine der ältesten und angesehensten Stierkampfarenen Spaniens. Sie war ursprünglich aus Holz. Ange-

SEHENSWÜRDIGKEITEN

Museo Arqueológico
Plaza de América 955 120 635; www.museosdeandalucia.es Juni bis Mitte Sept. Di–Sa 9–15.30, So 10–17, Mitte Sept. bis Ende Mai Di–Sa 10–20.30, So 10–17 Uhr
1,50 Euro, für EU-Bürger frei

Museo de Artes y Costumbres Populares
Plaza de América 955 542 951; www.museosdeandalucia.es Juni bis Mitte Sept. Di–Sa 9–15.30, So 10–17, Mitte Sept. bis Ende Mai Di–Sa 10–20.30, So 10–17 Uhr
1,50 Euro, für EU-Bürger frei

Torre del Oro
Paseo de Cristobal Colón s/n
954 222 419 Mo–Fr 9.30–18.45, Sa, So 10.30–18.45 Uhr, feiertags geschl.
3 Euro; Mo frei

Plaza de Toros
Paseo de Cristobal Colón 12
954 224 577; www.realmaestranza.com
Nov.–April 9.30–19, Mai, Okt. 9.30–20, Juni–Sept. 9.30–23 Uhr; an Tagen mit Stierkampf 9.30–15 Uhr; Führungen (Span. & Engl.) alle 20 Min.
7 Euro (inkl. Museum)

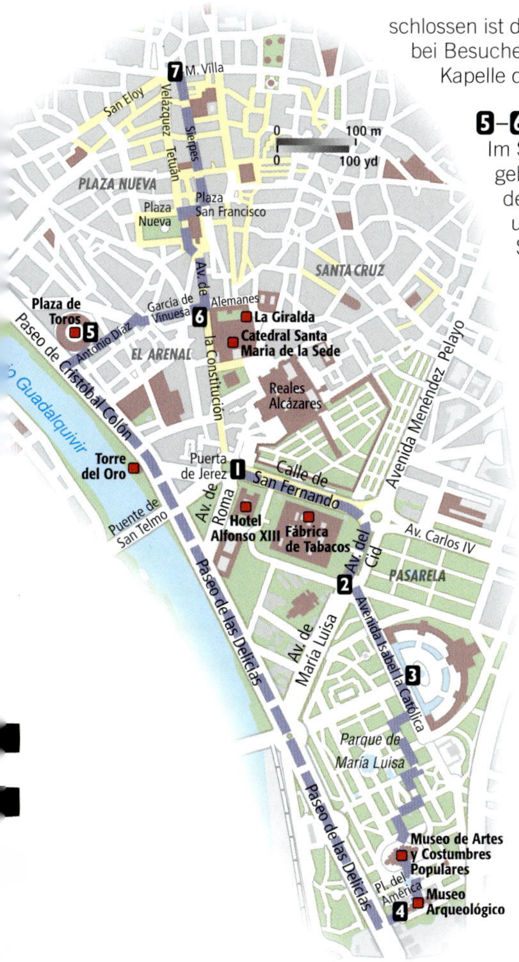

schlossen ist das **Museo Taurino**; bei Besuchen wird auch die Kapelle der Arena gezeigt

5–6
Im Süden der Arena geht es nun die Calle de Antonia Díaz hinunter, dann biegen Sie rechts in die Calle Adriano ein; gehen Sie geradeaus bis zur Avenida de la Constitución weiter, wo Sie schon die Kathedrale auf der anderen Straßenseite aufragen sehen.

6–7
Biegen Sie links ab, überqueren Sie die Straße, und spazieren Sie zur Plaza de San Francisco hinunter. Dort biegen Sie wieder links ab, um die **Calle Sierpes** entlangzuspazieren.

5 DIE PUEBLOS BLANCOS UND DIE SIERRAS

Tour

LÄNGE: 201 km **DAUER:** Ca. 5 Std. reine Fahrzeit, man sollte aber den ganzen Tag einplanen; der Ausflug lässt sich mit einer Übernachtung in Grazalema oder Ronda auf zwei Tage ausdehnen.
START: Vejer de la Frontera 220 C2
ZIEL: Jimena de la Frontera 221 D2

Dieser herrliche Autoausflug führt von der Atlantikküste durch fruchtbare Landschaft in die Sierras hinauf. Unterwegs lernt man einige der schönsten Ansiedlungen Andalusiens kennen – die *pueblos blancos*, die »weißen Dörfer«, und man kann sich am herrlichsten Bergpanorama in Südspanien erfreuen.

Vejer de la Frontera, ein typisches *pueblo blanco*

1–2
Im Küstenhinterland des Atlantiks wählen Sie nördlich von **Vejer de la Frontera** (► 183) die A396 landeinwärts und fahren durch fruchtbares Ackerland nach **Medina Sidonia**. *Medina* ist das arabische Wort für Stadt; unter den *pueblos blancos* ist dieser Ort einer der schönsten und weniger bekannten. Am besten parkt man außerhalb und erkundet die engen Gassen zu Fuß; auf keinen Fall sollte man den weitläufigen, von Bäumen umstandenen Hauptplatz versäumen, die maurische Burg und die Pfarrkirche, die an der Stelle der ehemaligen Moschee entstand.

2–3
Nehmen Sie zunächst nordostwärts die A389 (Wegweiser nach Paterna de Rivera, dann nach Arcos de la Frontera), bis Sie **Arcos de la Frontera** erreichen, das eher ein »weißes Städtchen« denn ein »weißes Dorf« ist. Arcos liegt dramatisch an einem steilen Berghang, es ist ein Wirrwarr von blendend weißen Häusern, hübschen Kirchen und stattlichen Anwesen. Spazieren Sie bergauf, und folgen Sie den Wegweisern in Richtung *conjunto histórico* (historisches Viertel) zur Plaza del Cabildo. Hier haben Sie von einem Aussichtspunkt einen herrlichen Blick über die Landschaft.

3–4
Verlassen Sie **Arcos de la Frontera** auf der A372 in Richtung Osten und **El Bosque**. Dahinter kommen Sie am winzigen **Benamahoma** vorbei, bevor es hinauf in die Berge und tiefer in den **Parque Natural Sierra de Grazalema** und zum **Puerto del Boyar** (1103 m) geht. Dieser Pass wird von vielen Zugvögeln aufgesucht, und man kann mit etwas Glück das ganze Jahr über sehen, wie Geier ihre Kreise ziehen. Hinter dem Pass kommt das malerische **Grazalema** in Sicht. Die Lage vor der Kulisse der Berge, die blendend weißen Häuser mit den ockerfarbenen Dächern und

In exponierter Lage: das Städtchen Ronda

der hübsche Hauptplatz machen den Ort zu einem der schönsten *pueblos blancos*.

4–5
Verlassen Sie **Grazalema** wieder auf der A372; zunächst geht es durch Korkeichenwald, bis Sie an einer T-Kreuzung am Rand des Naturparks rechts auf die A376 Richtung Ronda abzweigen. Nach 2 km biegen Sie rechts in Richtung **Montejaque**, **Benaoján** und **Cueva de la Pileta** ab. Wer **Ronda** (➤ 182) besuchen möchte, hält sich weiter auf der A376 und fährt die selbe Strecke bis zur Abzweigung wieder zurück. Bei **Montejaque** folgen Sie dem Wegweiser nach **Benaoján** und zur **Cueva de la Pileta**, einem Höhlensystem mit eindrucksvollen prähistorischen Malereien (www.cuevadelapileta.org; im Regelfall tägl. 10–13 und 16–17/18 Uhr; 8 Euro).

KLEINE PAUSE
In Grazalema, einem der schönsten *pueblos blancos*, kann man im **Mesón El Simancón** (Plaza Asomadero 54; Tel. 956 132 421; www.mesonelsimancon.com; Di Ruhetag) ein paar Tapas kosten oder gut und zünftig zu Mittag essen.

5–6
Auf der gleichen Straße geht es 5,5 km weiter, dann biegen Sie links ab. Nach 7 km folgt rechts die A369, eine Bergstraße, bis nach **Gaucín**. Wegen seiner uneinnehmbaren Lage auf einer Felsklippe kann man sich gut vorstellen, warum das Dorf früher als Banditenbastion galt. Von der Festung kann man an klaren Tagen in der Ferne Gibraltar sehen.

6–7
Nehmen Sie die A405 weiter bis **Jimena de la Frontera**, über das eine maurische Burg wacht. Ein Schlenker in den Ort ist einfach, ansonsten fahren Sie auf der A405 weiter südwärts Richtung Bucht von Algeciras.

Praktisches

Praktisches

REISEVORBEREITUNGEN

WICHTIGE PAPIERE

● Erforderlich
○ Empfohlen
▲ Nicht erforderlich

	Deutschland	Österreich	Schweiz
Pass/Personalausweis	●	●	●
Visum	▲	▲	▲
Weiter- und Rückflugticket	▲	▲	▲
Impfungen	▲	▲	▲
Krankenversicherung (► 206, Gesundheit)	○	○	○
Reiseversicherung	○	○	○
Führerschein (national)	●	●	●
Kfz-Haftpflichtversicherung	●	●	●

REISEZEIT

Madrid

Hauptsaison / Nebensaison

	JAN	FEB	MÄRZ	APRIL	MAI	JUNI	JULI	AUG	SEPT	OKT	NOV	DEZ
Saison	Nebensaison	Nebensaison	Nebensaison	Hauptsaison	Hauptsaison	Hauptsaison	Hauptsaison	Hauptsaison	Hauptsaison	Hauptsaison	Nebensaison	Nebensaison
Temperatur	9°C	10°C	14°C	17°C	20°C	26°C	32°C	30°C	24°C	18°C	12°C	10°C
Wetter	Bewölkt	Sonnig	Sonnig	Wechselhaft	Wechselhaft	Sonnig	Sonnig	Sonnig	Sonnig	Wechselhaft	Wechselhaft	Wechselhaft

Sonnig – Wechselhaft – Regnerisch – Bewölkt

Das Klima in Spanien ist **sehr unterschiedlich.** An der Mittelmeerküste und im Süden ist der **Winter generell mild und feucht,** der **Sommer lang und heiß;** der meiste Niederschlag fällt im Herbst. Zum Reisen ideal ist die Zeit nach dem Winterregen. Im Norden kann es das ganze Jahr über Niederschläge geben, wobei Kantabrien und Galicien die meisten Regenfälle verzeichnen. Der Sommer ist im Norden deshalb nicht so brütend heiß wie in Zentralspanien oder weiter im Süden, wo es in den Sommermonaten immer wieder zu **Gewittern** kommt. Im Juli und August weht im Süden ein **heißer, trockener Wind aus Nordafrika.** Im Landesinneren kann es im Winter bitterkalt werden, mit **viel Schnee und eisigem Wind** auf den Hochebenen. Zentral- und Südspanien sind im Frühling am angenehmsten, während sich für die Atlantikküste und die Bergregionen der Sommer anbietet.

INFORMATION VORAB

Website

Eine komplette Übersicht aller Vertretungen außerhalb Spaniens erhält man unter:

- **www.tourspain.es**
- **www.spain.info: Website des spanischen Touristenbüros (auch auf Deutsch)**
- **Alles über Spanien unter: www.red2000.com/spain/2index.html**

Offizielle Regionalportale (auch auf Deutsch):

- **www.andalucia.org (zu Andalusien)**
- **www.turgalicia.es (zu Galicien)**

ANREISE

Mit dem Flugzeug: Spanien besitzt internationale **Flughäfen** in Madrid, Barcelona, Alicante, Bilbao, Santiago de Compostela, Málaga, Sevilla, València, Jerez de la Frontera und Murcia.

Aus Deutschland, Österreich und der Schweiz bestehen zahlreiche Flugverbindungen, beispielsweise Air Berlin (www.airberlin.com; mitunter via Palma de Mallorca), Germanwings (www.germanwings.com) und Ryanair (www.ryanair.com). Wer eine Flugverbindung mit einer spanischen Airline wählt, wovon wegen schlechten Services, Verspätungen, Flugabsagen etc. eher abzuraten ist, muss oft in Barcelona oder Madrid umsteigen. Die Flugzeit beträgt im Schnitt 2–3 Stunden. Vergleichsportale wie www.fluege.de und www.opodo.de helfen bei der Auswahl.

Mit dem Auto: Von Nord- und Westdeutschland fährt man über Paris und Bordeaux zum Grenzübergang Hendaye/Irún. Aus Süddeutschland und Österreich bietet sich die Anreise über Kehl/Straßburg und weiter über Besançon und Cerbère/Portbou an. Autobahnen sind in Frankreich und teils auch in Spanien gebührenpflichtig.

Mit der Bahn: Von Norden kommend, fährt man über Paris und Hendaye/Irún. Es besteht auch die Möglichkeit, über Genf und Südfrankreich zum Grenzübergang Cerbère/Portbou zu reisen. In der Regel muss man an der spanisch-französischen Grenze den Zug wegen der unterschiedlichen Spurweite wechseln.

Mit dem Reisebus: Die Deutsche Touring (www.eurolines.de) bietet von mehreren deutschen Städten Verbindungen u. a. nach Madrid, Barcelona, Granada oder Málaga an. Auch in der Schweiz und Österreich gibt es Veranstalter von Busreisen. Die Busse sind klimatisiert und komfortabel.

ZEIT

In Spanien gilt die **Mitteleuropäische Zeit** (MEZ); es besteht somit kein Zeitunterschied. Auch auf die Sommerzeit wird parallel umgestellt.

WÄHRUNG UND GELDWECHSEL

Währung: In Spanien ist der Euro (€) offizielles Zahlungsmittel. Für die Schweiz gilt folgender Umrechnungskurs: 1 CHF = 0,82 €, 1 € = 1,22 CHF.

Sperrnummer: Unter Tel. 11 61 16 (aus dem Ausland mit der Vorwahl 0049) kann man Kreditkarten, Online-Banking-Zugänge, Handykarten und die elektronische Identitätsfunktion des neuen Personalausweises bei Verlust sperren lassen. (Österreich Tel. 0043 1 717 01 4500). Die Schweiz hat keine einheitliche Notfallnummer. Die wichtigsten sind Tel. 0041 044 659 69 00 (Swisscard); 0041 044 82835 01 (UBS Card Center) 0041 044 200 83 83 (VISECA); 0041 044 828 32 81 (Postfinance).

Kreditkarten werden in den meisten Geschäften, Restaurants und Hotels akzeptiert; manche Geschäfte verlangen die Vorlage eines Ausweises. Mit den Karten VISA, MasterCard, AMEX und Diners Club kann man an Automaten auch (gebührenpflichtig) Bargeld abheben.

SPANISCHES FREMDENVERKEHRSAMT

Deutschland
Litzenburger Str. 99, 6. OG
10707 Berlin
☎ 030 8 82 65 43

Österreich
Walfischgasse 8 Mzz
A-1010 Wien
☎ 01 5 12 95 80

Schweiz
Seefeldstrasse 19
CH-8008 Zürich
☎ 044 2 53 60 50

Praktisches

DAS WICHTIGSTE VOR ORT

FEIERTAGE

1. Januar	Neujahrstag
6. Januar	Dreikönigstag
März/April	Karfreitag
1. Mai	Tag der Arbeit
15. August	Mariä Himmelfahrt
12. Oktober	Día de la Hispanidad (Kolumbus-Tag)
1. November	Allerheiligen
6. Dezember	Verfassungstag
8. Dezember	Mariä Empfängnis
25. Dezember	Weihnachten

Die autonomen Regionen haben weitere gesetzliche Feiertage; außerdem wird in jeder Stadt der jeweilige Schutzpatron gefeiert. Gründonnerstag, Ostermontag etc. werden nicht überall als Feiertage begriffen.

ELEKTRIZITÄT

Die Netzspannung liegt bei 220/230 Volt. Die Steckdosen entsprechen der in Europa üblichen Norm.

ADRESSEN

Die Abkürzung **s/n** verweist auf ein Gebäude ohne Hausnummer *(sin número)*. **Urb.** bedeutet *urbanización* und ist Bestandteil der Anschrift in Neubaugebieten.

ÖFFNUNGSZEITEN

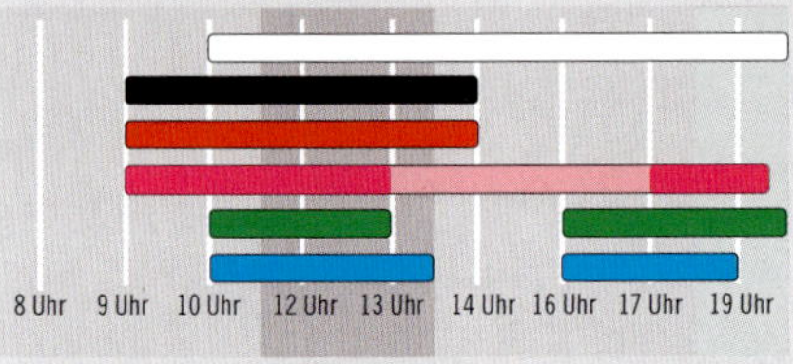

- Supermärkte
- Büros
- Banken
- Postämter
- Museen, Denkmäler
- Apotheken

tagsüber mittags abends

Kleinere **Geschäfte** schließen häufig über Mittag und am Samstagnachmittag. Touristische Geschäfte und große Supermärkte haben länger, mitunter bis 21/22 Uhr, und Mo–Sa auch durchgehend geöffnet. **Banken** haben Mo–Fr nur vormittags, also bis 14 Uhr geöffnet. **Apotheken** schließen am Samstagnachmittag; mindestens eine Apotheke pro Ort bleibt über das Wochenende geöffnet.

TRINKGELD

Ein Trinkgeld wird für alle Dienstleistungen erwartet. Als Faustregel gilt:

Cafés/Kneipen	etwas Wechselgeld	Fremdenführer	individuell
Restaurants		Zimmermädchen	1 Euro
(Service nicht inkl.)	5%	Gepäckträger	1 Euro

ZEITUNTERSCHIED

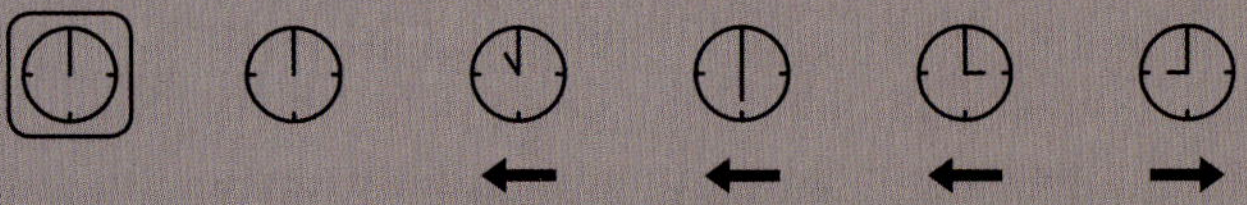

Spanien	MEZ (Berlin)	London	New York	Los Angeles	Sydney
12 Uhr	12 Uhr	11 Uhr	6 Uhr	3 Uhr	21 Uhr

IN KONTAKT BLEIBEN

Post: Postämter *(correos)* liegen in der Stadtmitte; Briefkästen sind gelb. Bei der Adresse wird der Familienname in Großbuchstaben geschrieben und unterstrichen; danach folgen Straße und Hausnummer, ggf. das Stockwerk, Ort und Provinz. Briefmarken *(sellos)* erhält man auch in *tabacos*.

Telefonieren: Die meisten öffentlichen Telefone funktionieren mit Münzen oder Telefonkarten *(tarjetas telefónicas)*; sie sind in Tabakläden *(tabacos)* erhältlich. Einige akzeptieren auch Kreditkarten. Günstig kann man auch von den *locutorios* aus telefonieren (oft in der Nähe von Bahnhöfen zu finden). Die günstigsten Tarife für internationale Anrufe bekommt man zwischen 22 und 8 Uhr sowie ganztägig sonntags.

Internationale Vorwahlen:

Deutschland	**0049**
Österreich	**0043**
Schweiz	**0041**

Außer in den abgelegensten Gebieten bietet Spanien eine gute **Mobilfunkabdeckung**. Zu den **Netzanbietern** zählen die spanische Firma Movistar sowie Vodafone und Orange. 3G-Netzwerke für mobiles Breitband sind immer häufiger. Wenn Sie Ihr Telefon häufig nutzen möchten, sollten Sie sich vor Ort eine SIM-Karte kaufen. So vermeiden Sie teure Roaming-Gebühren.

Viele Hotels und Hostels bieten **Breitband-Internet** und **WLAN** (span.: WiFi) an, ebenso einige Ferienwohnungen. Außerdem haben immer mehr Cafés, Restaurants und sogar einige Parks WLAN-Bereiche. In der Nähe von Bahnhöfen und Busbahnhöfen sowie in den Migrantenbereichen größerer Städte gibt es zudem günstige Internetcafés. 30 Minuten online kosten dort 1–3 Euro.

SICHERHEIT

- Tragen Sie nicht zu viel Bargeld bei sich. Hängen Sie Ihre Tasche nicht über die Schulter, sondern tragen Sie den Riemen quer über der Brust.
- Behalten Sie an öffentlichen Plätzen und bei gut besuchten Touristenattraktionen Ihre Wertsachen im Auge.
- Achten Sie auf Trickdiebe, die oft zu zweit auftreten und Ihre Aufmerksamkeit ablenken.
- Wenn Ihnen etwas gestohlen wird, benötigt Ihre Versicherung die unterzeichnete Kopie einer polizeilichen Anzeige *(denuncia)*, die Sie bei der Polizeistation vor Ort oder online unter www.policia.es erhalten. Mit der Online-Option vereinbaren Sie einen Termin zur Abholung des abgestempelten Papiers bei der Polizeistation vor Ort.

Polizei: 091 oder 112

NOTFALL 112

POLIZEI 112

FEUERWEHR 112

KRANKENWAGEN 112

Praktisches

GESUNDHEIT

Krankenversicherung: EU-Bürger erhalten medizinische Behandlung mit der Europäischen Krankenversicherungskarte, eine private Zusatzversicherung ist für Nicht-EU-Bürger zu überdenken. Eine zusätzliche private Reisekrankenversicherung ist unbedingt anzuraten.

Zahnärzte sind im spanischen Krankenversicherungssystem nicht enthalten und praktizieren privat. Sie sind meist bar zu bezahlen. Reisekrankenversicherungen übernehmen – je nach Klauseln – im Notfall die Kosten.

Wetter: Hitze und hohe Luftfeuchtigkeit sind im Sommer an der Tagesordnung. Gegen Sonnenbrand und Austrocknen schützen angemessene Kleidung, Sonnencreme mit hohem Lichtschutzfaktor und erhöhte Flüssigkeitszufuhr, d. h. 1,5 bis 2 Liter pro Tag.

Viele bei uns verschreibungspflichtige **Medikamente** werden in Spanien frei verkauft. Wer ein Medikament nachkaufen will, sollte sich zu Hause nach den Inhaltsstoffen erkundigen, da es oft unter anderem Namen verkauft wird. **Apotheken** *(farmacias)* arbeiten im Schichtdienst; ist eine geschlossen, so informiert ein Schild in der Auslage, welche geöffnet ist.

Trinkwasser: Man kann das **Wasser** aus dem Wasserhahn ohne Bedenken trinken, allerdings ist es stark gechlort. Mineralwasser *(agua mineral)* ist überall erhältlich.

ERMÄSSIGUNGEN

Studenten: Inhaber eines Internationalen Studentenausweises bekommen freien Eintritt oder eine Ermäßigung in vielen Museen und bei Sehenswürdigkeiten, manchmal auch bei anderen Gelegenheiten.
Rentner: bzw. über 65-jährige erhalten in vielen Museen eine Ermäßigung, wenn sie einen Ausweis vorlegen. Vereinzelt kommen sie kostenlos hinein.

EINRICHTUNGEN FÜR BEHINDERTE

In Ferienorten und großen Städten gibt es Hotels, die für Behinderte geeignet sind. Die öffentlichen Verkehrsmittel stellen weiterhin ein Problem dar. Außerhalb der Touristenzentren ist es nicht einfach, eine geeignete Unterkunft zu finden.

KINDER

Kleinkinder unter vier Jahren reisen in RENFE-Zügen kostenlos, sofern sie keinen Sitzplatz beanspruchen; für Vier- bis Zwölfjährige gibt es 40% Ermäßigung.

TOILETTEN

Die öffentlichen Toiletten haben einen unterschiedlichen Standard, sind jedoch nicht überall zu finden. Dann bleibt keine andere Wahl als ein Café oder eine Kneipe aufzusuchen.

TOURISTENKARTEN

Viele Großstädte bieten Touristenkarten an. Damit können Sie kostenlos die öffentlichen Verkehrsmittel nutzen und erhalten zu reduzierten Preisen Zutritt zu den wichtigsten Sehenswürdigkeiten, sowie z. T. Rabatte in Geschäften und Restaurants.

BOTSCHAFTEN IN MADRID

Deutschland
☎ 915 579 000
www.spanien.diplo.de

Österreich
☎ 915 565 315
www.bmeia.gv.at/botschaft/madrid

Schweiz
☎ 914 363 960
www.eda.admin.ch/eda/de/home/reps

SPRACHFÜHRER

Spanisch ***(español)***, auch als Kastilisch ***(castellano)*** bezeichnet, ist mit dem Französischen und Italienischen verwandt. Im Allgemeinen wird bei Wörtern, die auf einen Vokal, n oder s enden, die vorletzte Silbe betont, bei den anderen die letzte – wenn nicht ein Akzent eine andere Betonung vorgibt.

IMMER ZU GEBRAUCHEN

Sprechen Sie deutsch? **¿Habla alemán?**
Ich verstehe nicht **No entiendo**
Ich spreche nicht spanisch **No hablo español**
Ja/Nein **Sí/no**
In Ordnung **Vale/de acuerdo**
Bitte **Por favor**
(Vielen) Dank **(Muchas) gracias**
Keine Ursache/Gern geschehen **De nada**
Hallo/Auf Wiedersehen **Hola/adiós**
Guten Morgen **Buenos días**
Guten Tag (nach Mittag) **Buenas tardes**
Guten Abend/Gute Nacht **Buenas noches**
Wie geht's? **¿Qué tal?**
Verzeihung **Perdón**
Wie viel kostet das? **¿Cuánto cuesta?**
Ich würde gern ...
Quisiera/me gustaría

IM NOTFALL

Hilfe! **¡Socorro!/¡Ayuda!**
Könnten Sie mir bitte helfen?
¿Podría ayudarme por favor?
Können Sie einen Arzt rufen?
¿Podría llamar a un médico por favor?

NACH DEM WEG FRAGEN

Flugzeug **Avión**
Flughafen **Aeropuerto**
Auto **Coche**
Boot **Barco**
Bus **Autobús**
Bushaltestelle **Parada de autobús**
Bahnhof **Estación**
Hin-/Rückfahrkarte
Billete (de ida/de ida y vuelta)
Ich habe mich verlaufen **Me he perdido**
Wo ist ...? **¿Dónde está ...?**
Wie komme ich ...? **¿Cómo llego a ...?**
zum Strand **la playa**
zum Telefon **el teléfono**
zur Toilette **los servicios**
Links/rechts **Izquierda/derecha**
Geradeaus **Todo recto**

ÜBERNACHTEN

Haben Sie ein Einzel-/Doppelzimmer?
¿Tiene una habitación individual/doble?
Mit/ohne Bad/WC/Dusche
con/sin baño/lavabo/ducha
Ist das Frühstück inbegriffen?
¿Incluye el desayuno?
Kann ich das Zimmer ansehen?
¿Puedo ver la habitación?
Ich nehme das Zimmer **Cojo esta habitación**
Eine Nacht **Una noche**
Schlüssel **Llave**
Lift **Ascensor**
Meerblick **Vistas al mar**

WOCHENTAGE

Heute	**Hoy**
Morgen	**Mañana**
Gestern	**Ayer**
Später	**Más tarde**
Diese Woche	**Esta semana**
Montag	**Lunes**
Dienstag	**Martes**
Mittwoch	**Miércoles**
Donnerstag	**Jueves**
Freitag	**Viernes**
Samstag	**Sábado**
Sonntag	**Domingo**

ZAHLEN

0	**cero**	10	**diez**	20	**veinte**	101	**ciento uno**
1	**uno/una**	11	**once**	21	**veintiuno**	110	**ciento diez**
2	**dos**	12	**doce**	30	**treinta**	120	**ciento veinte**
3	**tres**	13	**trece**	40	**cuarenta**	200	**doscientos/ doscientas**
4	**cuatro**	14	**catorce**	50	**cincuenta**	500	**quinientos/ quinientas**
5	**cinco**	15	**quince**	60	**sesenta**	1000	**mil**
6	**seis**	16	**dieciséis**	70	**setenta**	5000	**cinco mil**
7	**siete**	17	**diecisiete**	80	**ochenta**		
8	**ocho**	18	**dieciocho**	90	**noventa**		
9	**nueve**	19	**diecinueve**	100	**cien**		

RESTAURANT

Ich würde gern einen Tisch reservieren
Quisiera reservar una mesa
Einen Tisch für zwei Personen, bitte
Una mesa para dos, por favor
Würden Sie uns bitte die Speisekarte bringen?
¿Nos trae la carta, por favor?
Was ist das? **¿Qué es esto?**
Eine Flasche/Glas ... **Una botella/copa de ...**
Die Rechnung, bitte **La cuenta, por favor**
Bedienung inklusive **Servicio incluido**
Kellner/Kellnerin **Camarero/a**
Frühstück **Desayuno**
Mittagessen **Almuerzo/Comida**
Abendessen **Cena**
Speisekarte **La carta**

SPEISEKARTE

a la parrilla/plancha gegrillt
aceite Öl
aceituna Olive
agua Wasser
ajo Knoblauch
almendra Mandel
anchoas Sardellen
arroz Reis
atún Thunfisch
bacalao Kabeljau
berenjena Aubergine
bistec Steak
bocadillo
belegtes Brötchen
café Kaffee
calamares kleine Tintenfische
cangrejo Krebs
carne Fleisch
carne de cerdo Schweinefleisch
cebolla Zwiebel
cerezas Kirschen
cerveza Bier
champiñones Chamgignons
chocolate Schokolade
chorizo würzige Wurst
chuleta Kotelett
conejo Kaninchen
cordero Lamm
crema Sahne
crudo roh
cubierto(s) Gedeck (Besteck)
cuchara Löffel
cuchillo Messer
embutidos Würstchen
ensalada Salat
entremeses Vorspeisen
espárrago Spargel
filete Filet
flan Karamellpudding
frambuesa Himbeere
fresa Erdbeere
frito gebraten
fruta Obst
galleta Keks
gambas Garnelen
gazpacho Gazpacho (kalte Gemüsesuppe)
guisantes Erbsen
habas dicke Bohnen
helado Eis
hígado Leber
huevos fritos/revueltos Spiegeleier/Rührei
jamón serrano luftgetrockneter Serrano-Schinken
jamón de York gekochter Schinken
judías Bohnen
judías verdes grüne Bohnen
jugo Obstsaft
langosta Languste
leche Milch
lechuga Kopfsalat
legumbres Hülsenfrüchte
lenguado Seezunge
limón Zitrone
lomo de cerdo Schweinelende
mantequilla Butter
manzana Apfel
mariscos Meeresfrüchte
mejillones Miesmuscheln
melocotón Pfirsich
melón Melone
merluza Seehecht
miel Honig
naranja Orange
ostra Auster
pan Brot
patata Kartoffel
patatas fritas Pommes frites
pato Ente
pepinillo Essiggurke
pepino Gurke
pera Birne
perejil Petersilie
pescado Fisch
pez espada Schwertfisch
picante scharf
pimientos rote/grüne Paprikas
piña Ananas
plátano Banane
pollo Huhn
postre Nachspeise
primer plato erster Gang
pulpo Oktopus
queso Käse
rape Seeteufel
relleno gefüllt
salchicha Würstchen
salchichón Hartwurst
salmón Lachs
salmonete Meerbarbe
salsa Soße
seco trocken
segundo plato Hauptgericht
sopa Suppe
té Tee
tenedor Gabel
ternera Kalb
tortilla española Omelett mit Kartoffeln
tortilla francesa Omelett natur
trucha Forelle
uva Traube
verdura Gemüse
vino blanco Weißwein
vino rosado Roséwein
vino tinto Rotwein
zanahorias Karotten

Reiseatlas

Kapiteleinteilung: siehe vordere Umschlaginnenseite

Legende

- AP-4 Autobahn mit Nummer
- A-7 A-92 Schnellstraße mit Nummer
- A-384 Fernstraße mit Nummer
- Hauptstraße
- Nebenstraße
- Straße in Bau/Straße in Planung
- Staatsgrenze
- 1 TOP 10
- 26 Nicht verpassen!
- 22 Nach Lust und Laune!
- Metro Metro mit Station
- Nahverkehrszug (Cercanías) mit Station
- Kloster, Kirche Kapelle
- Synagoge, Moschee
- Sehenswürdigkeit
- Information
- Museum, Theater, Oper
- Polizei
- Denkmal, Monument
- Hallenbad
- P Parkplatz
- Taxi Post, Taxistand

1 : 1 800 000

0 25 50 km

0 15 30 mi

A
B
C
5
4
3
2
1
Oceano Atlântico
Rías Altas
Rías Gallegas
Rías Baixas
Punta de la Estaca de Bares
Porto do Barqueiro
Cedeira
Ortigueira
Cervo
Atios
Viveiro
Ferrol
San Sadurniño
Ourol
Neda
Ares
Pontedeume
Cabreiros
Mondoñedo
LA CORUÑA
32
Santa Cruz
Malpica
Arteixo
Ponteceso
Betanzos
Vilalba
Laxe
Carral
Carballo
Camarinnas
Vimianzo
Curtis
Guitiriz
Rábade
Río Miño
Berdoias
Ordes
Santa Comba
Corredoiras
Lugo
Corcubión
Sigüeiro
Corgo
Cabo Finisterre
Serra de Outes
Melide
Carnota
Santiago de Compostela
29
Guntín de Pallares
Muros
Noia
Ramallosa
Padrón
Oca
Sarria
Porto do Son
A Estrada
Agolada
Taboada
Catoira
Silleda
Lalín
Rodeiro
Rianxo
Caldas de Reis
Chantada
Bóveda
Ribeira
Cambados
31
San Salvador de Meis
Folgoso
Brués
Cea
Monforte de Lemos
Sanxenxo
Pontevedra
O Carballiño
Marín
A Forxa
Chapela
Redondela
Ribadavia
Ourense
A Puebla de Trives
VIGO
Villariño Frio
Porriño
A Cañiza
Nigrán
Cortegada
Balona
Río Miño
Celanova
Melgaço
Tui
Monção
Xinxo de Limia
Arrabal
O Seixo
Bande
Valença do Minho
Extremo
Baltar
Cualedro
A Guarda
Caminha
Xendive
Verín
Lindoso
Vila Praia de Âncora
Ponte de Lima
Ponte de Barca
Gralhos
Feces de Abaixo
Torre
Fornelos
Viana do Castelo
Salamonde
Boticas
Chaves
Vila Verde
Venda Nova
Vidago
Pinheiro
Esposende
Barcelos
Braga
Arco de Baúlhe
Ribeira de Pena
Vila Nova de Famalicão
Guimarães
Vila Pouca de Aguiar
Póvoa de Varzim
Trofa
Vila do Conde
Santo Tirso
Felgueiras
Muro
Vila Real
Murça
Agua Longa
Amarante
Matosinhos
Marco de Canaveses
Peso da Régua
PORTO
Valongo
Penafiel
Tabuaço
São João da Pesqueira
Vila Nova de Gaia
Rio Douro
Lamego
Miramar
Carvalhos
Espinho
Oliveira da Douro
Castelo de Paiva
Moimenta da Beira
Santa Maria da Feira
Arouca
Sernancelhe
Furadouro
Oliveira de Azeméis
Vale de Cambra
Castro Daire
Torreira
Sever do Vouga
São Pedro do Sul
Trancoso
Albergaria
Tamanhos
Aveiro
Celorico da Beira
Ílhavo
Águeda
Viseu
Trás
LU-862
AC-862
AG-64
N-651
AP-9
A-55
A-8
N-550
A-6
N-634
N-640
N-547
N-540
AG-56
N-525
AP-53
AG-11
AG-41
N-541
N-120
A-52
AG-57
A-75
N13
A28
A27
A3
N202
A24
N2
N103
A11
N101
A7
N14
N210
N15
A42
A4
IP4
A1
N1
A29
A25
A17
IP2

D
E
F
Punta de la Estaca de Bares
Porto do
Cervo
LU-862
Costa Verde
Cabo de Peñas
Luanco
Candás
9
5
Tazone
Avilés
GIJON
San Cosme
Ribadeo
Navia
Luarca
Cudillero
Soto
N-642
A-8
Vilamar
Vegadeo
Mondoñedo
Cabruñana
N-634
Lugones
Villaviciosa
AS-1
A-64
Siero
Nava
Infiesto
Boal
La Espina
A-63
Grado
OVIEDO
N-640
Martiñán
A Pontenova
Pola de Allanda
Tineo
A-66
Langreo
Parajes
Meira
Pesoz
Belmonte de Miranda
Mieres
Río Miño
Cangas del Narcea
Pola de Lena
Marentes
Puente de los Fierros
Castroverde
Venta Nueva
N-630
N-540
Corgo
Baralla
Navia de Suarna
Degaña
Villablino
San Emiliano
Piedrafita de Babia
Puebla de Lillo
Rodiermo
4
Boñar
Sarria
A-6
Páramo de Sil
Vegarienza
La Robla
Cordillera
Vega de Valcerce
Toreno
Barrio de Nuestra
Bóveda
Bembibre
San Andrés del Rabanedo
Villafranca del Bierzo
León
25
N-120
Ponferrada
Suero de Cepada
Mansilla de las Mulas
N-601
Monforte de Lemos
Quiroga
O Barco
Astorga
AP-71
A-231
Puente de Domingo Flórez
Santa María del Páramo
Santas Martas
A Puebla de Trives
Villariño Frio
Cambela
La Bañeza
Villamañán
Valencia de Don Juan
Quintanilla de Losada
Truchas
3
Viana de Bolo
Espadañedo
Castrocontrigo
Villaquejida
de Limia
A Gudiña
Lubián
A-52
Puebla de Sanabria
Pobladura del Valle
Becilla de Valderaduey
Mombuey
Cualedro
Calabor
Camarzana de Tera
Benavente
Verín
Portelo
Villardeciervos
N-610
Villanueva del Campo
A-75
Ferraras de Abajo
San Esteban del Molar
Feces de Abaixo
Castrelos
Bragança
Tábara
Villalpando
A24
N2
IP4
San Vitero
Chaves
Rebordelo
Trabazos
N-122
Castronuevo
Santa Comba de Rossas
Villardefades
Vidago
Trás os Montes
Vimioso
Fonfría
Montemarta
Macedo de Cavaleiros
Mirandela
IP-2
Miranda do Douro
Muelas del Pan
Zamora
Toro
A-11
Morais
Río Duero
Trindade
Sandim
Bermillo de Sayago
Pereruela
Villabuena del Puente
Fermoselle
Mogadouro
Río Duero
Almeida
Alaejos
São João da Pesqueira
Torre de Moncorvo
Carviçais
Trabanca
El Cubo de Tierra del Vino
Fuentesaúco
A-62
Freixo de Espada à Cinta
Emb. de Almendra
Ledesma
Vitigudino
Villares de la Reina
Gomecello
Marialva
Castelo Rodrigo
Lumbrales
Sando
Golpejas
Salamanca
24
A-50
San Felices de los Gallegos
Encinas de Abajo
Trancoso
Tamanhos
Pinhel
Martín de Yeltes
Mozárbez
La Fuente de San Estaban
Vecinos
Alaraz
Sancti-Spíritus
Fresno-Alhándiga
Freixedas
216
Ciudad Rodrigo
Diego
A25

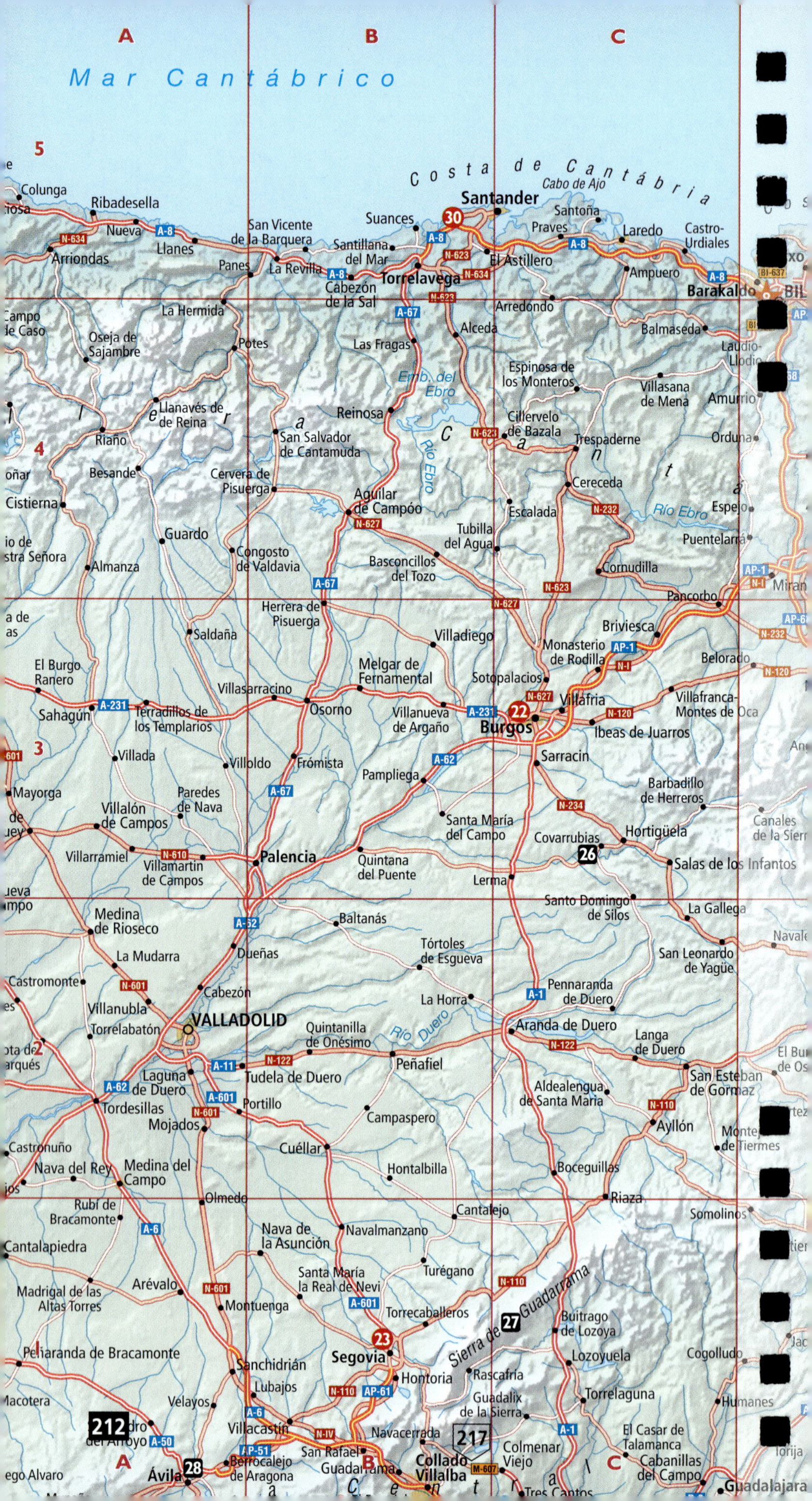

A
B
C
Mar Cantábrico
Costa de Cantábria
5
4
3
2
1
Colunga
Ribadesella
Nueva
Llanes
Arriondas
San Vicente de la Barquera
Panes
La Revilla
Suances
Santillana del Mar
Santander
Cabo de Ajo
Santoña
Praves
Laredo
Castro-Urdiales
El Astillero
Torrelavega
Cabezón de la Sal
Ampuero
Barakaldo
Arredondo
La Hermida
Campo de Caso
Oseja de Sajambre
Potes
Las Fragas
Alceda
Balmaseda
Laudio-Llodio
Emb. del Ebro
Espinosa de los Monteros
Villasana de Mena
Amurrio
Llanavés de la Reina
Reinosa
Cillervelo de Bazala
San Salvador de Cantamuda
Riaño
Trespaderne
Orduña
Besande
Cervera de Pisuerga
Río Ebro
Cereceda
Cistierna
Aguilar de Campóo
Escalada
Río Ebro
Espejo
Guardo
Tubilla del Agua
Puentelarrá
Almanza
Congosto de Valdavia
Basconcillos del Tozo
Cornudilla
Pancorbo
Miranda
Herrera de Pisuerga
Saldaña
Villadiego
Briviesca
Monasterio de Rodilla
El Burgo Ranero
Melgar de Fernamental
Sotopalacios
Belorado
Villasarracino
Sahagún
Terradillos de los Templarios
Osorno
Villanueva de Argaño
Burgos
Villafría
Villafranca-Montes de Oca
Ibeas de Juarros
Villada
Villoldo
Frómista
Sarracín
Mayorga
Paredes de Nava
Pampliega
Barbadillo de Herreros
Villalón de Campos
Santa María del Campo
Covarrubias
Hortigüela
Canales de la Sierra
Villarramiel
Villamartín de Campos
Palencia
Quintana del Puente
Lerma
Salas de los Infantes
Medina de Rioseco
Baltanás
Santo Domingo de Silos
La Gallega
La Mudarra
Dueñas
Tórtoles de Esgueva
San Leonardo de Yagüe
Navaleno
Castromonte
Cabezón
La Horra
Pennaranda de Duero
Villanubla
Torrelabatón
VALLADOLID
Quintanilla de Onésimo
Río Duero
Aranda de Duero
Langa de Duero
El Burgo de Osma
Tudela de Duero
Peñafiel
San Esteban de Gormaz
Laguna de Duero
Tordesillas
Portillo
Aldealengua de Santa Maria
Mojados
Campaspero
Ayllón
Montejo de Tiermes
Castronuño
Cuéllar
Nava del Rey
Medina del Campo
Hontalbilla
Boceguillas
Olmedo
Rubí de Bracamonte
Cantalejo
Riaza
Somolinos
Nava de la Asunción
Navalmanzano
Cantalapiedra
Santa María la Real de Nevi
Turégano
Madrigal de las Altas Torres
Arévalo
Montuenga
Torrecaballeros
Sierra de Guadarrama
Buitrago de Lozoya
Peñaranda de Bracamonte
Sanchidrián
Segovia
Lozoyuela
Cogolludo
Hontoria
Rascafría
Lubajos
Guadalix de la Sierra
Torrelaguna
Macotera
Velayos
Humanes
Villacastín
Navacerrada
El Casar de Talamanca
Berrocalejo de Aragona
San Rafael
Guadarrama
Collado Villalba
Colmenar Viejo
Cabanillas del Campo
Ávila
Guadalajara
Tres Cantos
A-8
N-634
A-67
N-623
N-627
A-231
N-232
N-120
AP-1
N-1
A-62
N-234
N-610
N-601
A-1
A-11
N-122
A-601
N-110
A-6
AP-61
AP-51
N-VI
A-50
M-607
30
22
23
26
27
28
217

Golfe de Gascogne
Golfo de Vizcaya
Costa Vasca
D
E
F
Moliets-et-Maa
Vieux-Boucau-les-Bains
Tartas
Saint-Paul-les-Dax
Dax
Pomarez
Capbreton
Benesse-Marenne
Labenne
Peyrehorade
Adour
Biarritz
Bayonne
Briscous
Escos
Sauve de-Béa
Ustaritz
Saint-Palais
Ainhoa
St-Jean-de-Luz
Lacreveau
Mauléon-Licharre
Castro-
Getxo
Mungia
Bermeo
Lekeitio
Ondarroa
Zumaia
San Sebastián (Donostia)
Pasaia
Iruña
Barakaldo
BILBAO
Gernika-Lumo
Amorebieta
Elgoibar
Andoain
Bera
Urdax
Eratzu
Villabona
Doneztebe
St-Jean-Pied-de-Port
Laudio-Llodio
Durango
Elorrio
Zumarraga
Tolosa
Leitza
Almándoz
Pic de Orhy 2017 m
Amurrio
Arrasate Mondragon
Beasain
Lekunberri
Sayoa 1428 m
Burguete
Orduña
Ollerías
Etxarri-Aranatz
Olague
Ochagavia
Murgia
Altsasu
Irurtzun
Ezcáros
Agurain
Olazti
Pamplona
VITORIA-GASTEIZ
Aoiz
Espejo
Eglieta
Noáin
Puentelarrá
Acedo
Estrella
Puente la Reina
Campanas
Lumbier
Navascués
Miranda de Ebro
Santa Cruz de Campeza
Liédena
Pancorbo
Los Arcos
Allo
Tafalla
Sangüesa
Embalse de Yesa
Haro
La Rioja
Fuenmayor
Logroño
Sos del Rey Católico
Belorado
Nájera
Navarrete
Adosilla
Carcastillo
Villafranca-Montes de Oca
Islallana
El Villar de Arnedo
Río Ebro
Caparroso
Calahorra
Sádaba
Anguiano
Torrecilla en Cameros
Arnedo
Rincón de Soto
Autol
Arguedas
Valpalm
Alfaro
Ejea de los Caballeros
Canales de la Sierra
San Andrés
Yanguas
Cintruénigo
Tudela
Salas de los Infantes
Valverde
Almarza
Tarazona
Mallén
Tauste
La Gallega
Magallón
Remolinos
Navaleno
Cidones
Matalebreras
Ágreda
San Leonardo de Yagüe
Garray
Ólvega
Fuendejalón
Soria
Almenar de Soria
Alagón
Tabuenca
Calatañazor
Gómara
Épila
Casablanca
Torrelapaja
El Burgo de Osma
San Esteban de Gormaz
Villaroja de la Sierra
Ricla
Muel
Hortezuela
Almazán
Morón de Almazán
Deza
Morata de Jalón
Montejo de Tiermes
Calatayud
Cariñena
Adradas
Ateca
Codos
Barahona
Ariza
Maluenda
Somolinos
Nuévalos
Atienza
Arcos de Jalón
Badules
Medinaceli
Daroca
Sigüenza
Maranchón
Milmarcos
Alcolea de Pinar
Mazarete
Fudilla
Cillas
Jadraque
Calamocha
Algora
Molina de Aragón
Humanes
Monreal del Campo
Bañón
Cifuentes
El Pedregal
Torija
Villanueva de Alcorón
Terzaga
Guadalajara
Manbel
Santa Eulalia
A-8
AP-8
A-1
AP-1
AP-68
A-12
A-15
AP-15
A-21
A-68
A-2
A-23
A 63
A 64
N-634
N-121-A
N-121
N-622
N-240
N-1
N-232
N-120
N-111
N-113
N-122
N-234
N-211
N-135
N 124
N 117
D933
BI-637
BI-636
GI-627
GI-632
A-627
33
34
35
8
10
218

A
B
C
Eauze
Vic-Fezensac
Ordan-Larroque
Mauvezin
Grenade
Launaguet
Saint-Sever
Monfort-en-Chalosse
Aire-sur-l'Adour
Riscle
Auch
L'Isle-Jourdain
Aussonne
Hagetmau
Gimont
Cugnaux
Momuy
Sarron
Bassoues
Mirande
Samatan
Muret
Orthez
Bouelho
Lembeye
Maubourget
Rebastens-de-Bigorre
Molas
Rieumes
Lacq
Vic-en-Bigorre
Trie-sur-Baïse
Morlaàs
Andrest
Navarrenx
Pau
Soumoulou
Tarbes
Monlong
Rebirechioulet
Montesquieu-Volvestre
Oloron-Ste-Marie
Pontacq
Lannemezan
St-Gaudens
Coarraze
Bagnères-de-Bigorre
La Barthe-de-Neste
Barbazan
Mane
Sainte-Croix-Volvestre
Asasp-Arros
Tardets-Sorholus
Lovie-Juzon
Lourdes
Juzet-d'Izaut
Saint-Girons
Becouse
Argelès-Gazost
Lacourt
Eaux-Bonnes
La Mongie
Saint-Bat
Argain
Etsaut
Gabas
Pic du Midi d'Ossau
2884 m
Luz-Saint-Sauveur
Arreau
Foa
Tarascon-sur-A
Pic Roug de Bassie
2676 m
Roncal
Pic d'Ardent
2988 m
Aragnouet
Bagnères-de-Luchon
Pisaurin
2668 m
Sallent de Gallego
Gavarnie
Vielha
Banqueira
Canfranc-Estación
Monte Perdido
3355 m
Pic de Aneto
3408 m
Esterri d'Àneu
Biescas
Bielsa
Benasque
Jaca
Broto
Pic de Peguera
2983 m
Lavorsi
Puente la Reina de Jaca
Sabiñánigo
Castejón de Sos
El Pont de Suert
Sort
La Seu d'Urgell
Boltaña
Ainsa
Campo
Languarts
Embalse de Madiano
Roda de Isábena
Sopeira
Gern de la Sal
Arguis
Rodellar
Ayerbe
Organ
Esquedas
Embalse de Grado
El Grado
Puenje de Montañana
Isona
Oliana
Huesca
Siétamo
Angüés
Benabarre
Erla
Almudévar
Río Gallego
Barbastro
Ponts
Huerto
Grañen
Monzón
Tamarite deLitera
Camarasa
Artesa de Segre
Zuera
Binéfar
Alfarràs
Alcubierre
Sariñena
Balaguer
Villanueva de Gállego
Leciñena
Río Alcanadre
Almacelles
Anglesola
Tàrrega
Santa Isabel
Los Monegros
Ontiñena
Lleida
Mollerussa
ZARAGOZA
Castejón de Monegros
Ballobar
Alcarràs
Juneda
Les Borges Blanques
Fraga
Vinaixa
Fuentes de Ebro
Quinto
Bujaraloz
Montblanc
Mequinenza
Maials
La Granadella
Alforja
Fuendetodos
Río Ebro
Flix
Alcover
Azaila
La Selva del Campo
Belchite
Escatrón
Falset
Reus
Lécera
Caspe
Maella
Híjar
Móra d'Ebre
Albalate del Arzobispo
Batea
Tivissa
Cambrils
Muniesa
Gandesa
Alcañiz
Calaceite
L'Hospitalet de l'Infant
Cortes de Aragón
Andorra
Ranquera
Calanda
Valdealgoría
Tivenys
El Perelló
L'Ametlla de Mar
Vivel del Río Martín
Alcorisa
Río Ebro
Tortosa
L'Ampolla
Monroyo
Mas de Barberans
Amposta
Riumar
Deltebre
Cañada Vallida
Olocau del Rey
La Sénia
Sant Carles de la Ràpita
Morella
Alcanar
Perales del Alfambra
Villarova de
Pyrénées
Costa
A 64
N 124
N 21
N 134
N 117
D940
D933
D934
N 20
D117
N 125
D929
N-230
N-330
N-260
A-21
A-23
A138
A-22
N-123
C-13
A-2
N-2
N-240
AP-2
A-68
N-232
N-420
AP-7
219
49
50
1
2
3
4
5

TOULOUSE
Launaguet
Lavaur
Réalmont
Le Bosquet-d'Orb
Clermont-l'Hérault
Le Salvetat-sur-Agout
Faugères
Castres
Vencine
Soual
Labruguière
Saint-Pons-de-Thomières
Montagnac
Caraman
Mazamet
Saint-Chinian
Muret
Villefranche-de-Lauragais
Les Martys
Rieussec
Aigues-Vives
Béziers
Vias
Agde
Castelnaudary
Villegailhenc
Coursan
Saint-Michel-de-Lanès
Pezens
Carcassonne
Villedaigne
Fleury
Valras-Plage
Saverdun
Mayreville
Fanjeaux
Narbonne
Pamiers
Gruissan
Les Pujols
Limoux
Durban-Corbières
Port-la-Nouvelle
Sainte-Croix-Volvestre
Peyrefitte-du-Razès
Laroque-de-Fa
Leucate
Saint-Girons
Foix
Couiza
Étang de Leucate ou de Salses
Lavelanet
Nalzen
Lacourt
Quillan
Axat
Maury
Salses-le-Château
Tarascon-sur-Ariège
Caudiès-de-Fenouillèdes
Estagel
Pic Rouge de Bassiès 2676 m
Unac
Carcanières-les-Bains
Perpignan
Ax-les-Thermes
Prades
Elne
Ille-sur-Têt
Esterri d'Àneu
L'Hospitalet
Pic Carlit 2921 m
Olette
Argelès-sur-Mer
Soldeu
Port-Vendres
Le Boulou
Banyuls-sur-Mer
Encamp
Mont-Louis
Arles-sur-Tech
Ceret
La Jonquera
Portbou
Llavorsi
Andorra la Vella
Puigcerdà
Saillagousa
Prats-de-Mollo-la-Preste
Llançà
Sort
La Seu d'Urgell
Mollo
Ribes de Freser
Roses
Martinet
Mollina
Camprodon
Figueres
Empuriabrava
Gern de la Sal
Adrall
Cadí 2567 m
Bagà
Sant Paul de Segueres
Besalú
Bàscara
L'Escala
Organyà
Olot
Viladamat
Torroella de Montgrí
Vilada
Ripoll
Bas
Banyoles
Isona
Berga
Torelló
Amer
La Bisbal d'Empordà
Oliana
Gironella
Girona
Palafrugell
Solsona
Vic
Anglés
Calonge
Ponts
Espinelves
Palamós
Cardona
Llagostera
Artesa de Segre
Súria
Balsareni
Tona
Sils
Sant Feliu de Guíxols
Monà
Rajadell
Tossa de Mar
Calaf
Manresa
Sant Celoni
Lloret de Mar
La Carriga
Malgrat de Mar
Cervera
Monistrol de Montserrat
Granollers
Calella
Tàrrega
Anglesola
Arenys de Mar
Mollerussa
Igualada
TERRASSA
Sabadell
Mollet del Vallès
Mataró
Esparreguera
Rubí
Cerdanyola del Vallès
Borges Blanques
Santa Coloma de Queralt
BADALONA
San Cugat del Vallès
Santa Coloma de Gramenet
Vinaixa
Sarral
Molins de Rei
Cornellà de Llobregat
BARCELONA
Montblanc
Vilafranca del Penedès
Sant Boi de L.
L'HOSPITALET DE LLOBREGAT
Viladecans
El Prat de Llobregat
Valls
Castelldefels
Alcover
Sitges
El Vendrell
Vilanova i la Geltrú
Calafell
Reus
Torredembarra
Tarragona
Salou
Cambrils
Costa Dorada
Costa Brava
Pyrénées
Toulouse
N 20
N 124
N 113
A 61
A 62
A 68
A 64
A 75
A 9
N 9
N 113
N 116
N 114
D 117
D 115
N-260
N-2
AP-7
C-38
C-13
C-16
C-17
C-25
C-35
C-32
C-55
C-31
C-32
A-2
AP-2
N-240
45
46
47
48
49
50
36-39
40-44
D
E
F
1
2
3
4
5

Tabuaço
São João da Pesqueira
Torre de Moncorvo
Carviçais
Trabanca
211
Almeida
El Cubo de Tierra del Vino
Emb. de Almendra
Freixo de Espada à Cinta
Ledesma
Moimenta da Beira
Vitigudino
Villares de la Reina
Marialva
Castelo Rodrigo
Lumbrales
Sando
Golpejas
Salamanca
24
A-62
A-50
A-66
Sernancelhe
San Felices de los Gallegos
Mozárbez
Trancoso
Tamanhos
Pinhel
Martin de Yeltes
La Fuente de San Estaban
Celorico da Beira
IP2
Freixedas
Sancti-Spíritus
Vecinos
Fresno Alhándia
A25
Arrifana
Fuentes de Oñoro
Ciudad Rodrigo
Morasverdes
El Cabaco
Gouveia
Guarda
Cerdeira
El Bodón
Guijuelo
A23
Valhelhas
Vegas de Coria
Santibánez de la Sierra
Penhas da Saúde
Sabugal
Robleda
Bejar
Covilhã
Caminomorisco
El Barco de Avila
Unhais da Serra
Tornavacas
Penamacor
Villanueva de la Sierra
Fundão
Vale de Prazeres
Hoyos
Pozuelo de Zarzón
Navaconcejo
Losar de la Vera
A-66
N-110
Medelim
Moraleja
Coria
Galisteo
Plasencia
Jaraíz de la Vera
Termas de Monfortinho
Escalos de Cima
Malpartida de Plasencia
Navalmoral de la Mata
Torrejoncillo
EX-A1
Ladoeiro
Emb. de Valdecañas
Castelo Branco
Segura
Piedras Albas
Cañaveral
Almaraz
Río Tajo
Torrejón El Rubio
Romangordo
Rosmaninhal
Alcántara
A-5
Embalse de José Maia Oriol
Jaraicejo
Herrera de Alcántara
Monroy
Brozas
Navas del Madroño
Torrecillas de la Tiesa
Nisa
Membrio
Casar de Cáceres
Aldeacentenera
Salorino
Malpartida de Cáceres
Cáceres
53
A-58
54
Trujillo
N246-1
Valencia de Alcántara
N-521
Aliseda
Garciaz
Marvão
San Vicente de Alcántara
A-66
EX-100
Torrequemada
Crato
Portalegre
Aldea del Cano
Valdefuentes
Logrosán
Zorita
Albuquerque
Cordobilla de Lácara
Arronches
La Roca de la Sierra
Alcuéscar
Escurial
Miajadas
Navalvillar de Pela
Monforte
La Nava de Santiago
Aljucén
São Vicente e Ventosa
San Pedro de Mérida
Santa Amalia
N-430
Villanueva de la Serena
Veiros
Estremoz
A6
Elvas
Badajoz
Montijo
52
Mérida
Don Benito
Vila Boim
N4
N-432
Guareña
Campanario
Vila Viçosa
Torremejía
Quintana de la Serena
Olivenza
La Albuera
Puebla de la Reina
Palomas
Redondo
Almendralejo
Castuera
N-435
Almendral
Zalamea de la Serena
Hornachos
Alconchal
Barcarrota
Los Santos de Maimona
Villafranca de los Barros
Campillo de Llerena
Reguengos de Monsaraz
Paraleda de Zaucejo
Zafra
Villanueva del Fresno
Valencia de las Torre
EX-101
Usagre
La Granjuela
Jerez de los Caballeros
Sierra Morena
Amareleja
Fregenal de la Sierra
Llerena
Azuaga
Fuente Obejun
216
Sobral da Adiça
Guadalcanal
Pias
Monesterio
220
Alanis

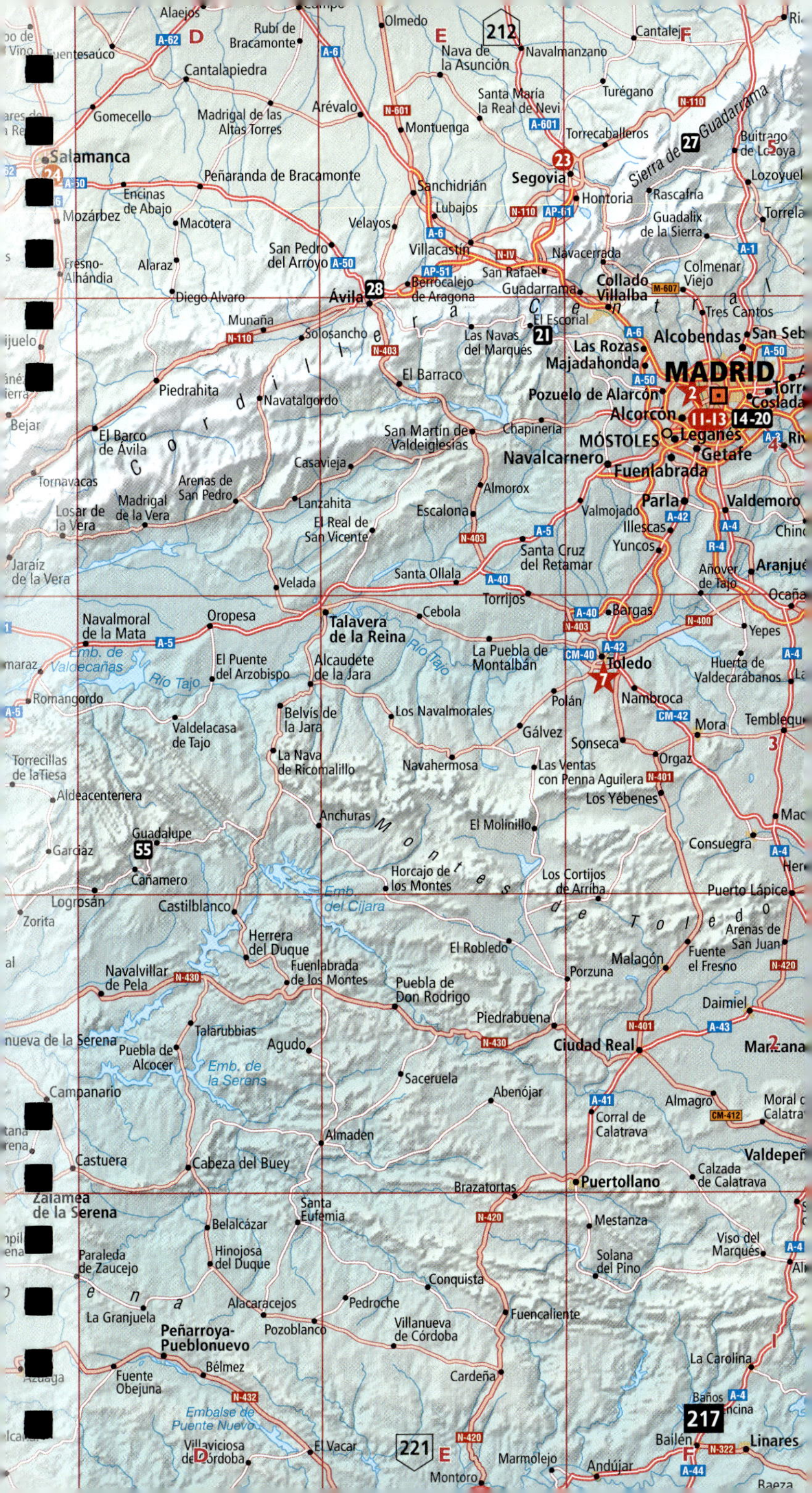

212
D
E
F
Alaejos
Rubí de Bracamonte
Olmedo
Nava de la Asunción
Navalmanzano
Cantalejo
Fuentesaúco
Cantalapiedra
Santa María la Real de Nieva
Turégano
Gomecello
Madrigal de las Altas Torres
Arévalo
Montuenga
Torrecaballeros
Sierra de Guadarrama
Buitrago de Lozoya
Salamanca
Peñaranda de Bracamonte
Sanchidrián
Segovia
Hontoria
Rascafría
Lozoyuela
Encinas de Abajo
Mozárbez
Lubajos
Macotera
Velayos
Guadalix de la Sierra
Torrelaguna
Fresno-Alhándiga
Alaraz
San Pedro del Arroyo
Villacastín
Navacerrada
Colmenar Viejo
San Rafael
Collado Villalba
Diego Alvaro
Ávila
Berrocalejo de Aragona
Guadarrama
Tres Cantos
Munaña
Solosancho
El Escorial
Las Navas del Marqués
Alcobendas
San Sebastián
Las Rozas
Majadahonda
El Barraco
MADRID
Piedrahita
Navatalgordo
Pozuelo de Alarcón
Coslada
Alcorcón
Bejar
El Barco de Ávila
San Martín de Valdeiglesias
Chapinería
MÓSTOLES
Leganés
Getafe
Navalcarnero
Fuenlabrada
Casavieja
Tornavacas
Arenas de San Pedro
Madrigal de la Vera
Lanzahita
Almorox
Parla
Valdemoro
Losar de la Vera
Escalona
Valmojado
Illescas
El Real de San Vicente
Yuncos
Santa Cruz del Retamar
Aranjuez
Jaraíz de la Vera
Añover de Tajo
Velada
Santa Ollalla
Torrijos
Ocaña
Navalmoral de la Mata
Oropesa
Talavera de la Reina
Cebola
Bargas
Yepes
Emb. de Valdecañas
Río Tajo
El Puente del Arzobispo
Alcaudete de la Jara
La Puebla de Montalbán
Toledo
Huerta de Valdecarábanos
Romangordo
Nambroca
Polán
Belvís de la Jara
Los Navalmorales
Mora
Tembleque
Valdelacasa de Tajo
Gálvez
Sonseca
Orgaz
Torrecillas de la Tiesa
La Nava de Ricomalillo
Navahermosa
Las Ventas con Penna Aguilera
Los Yébenes
Aldeacentenera
Anchuras
Montes de Toledo
El Molinillo
Consuegra
Guadalupe
Garciaz
Horcajo de los Montes
Los Cortijos de Arriba
Cañamero
Logrosán
Emb. del Cíjara
Puerto Lápice
Castilblanco
Zorita
Arenas de San Juan
Herrera del Duque
El Robledo
Fuente el Fresno
Malagón
Navalvillar de Pela
Fuenlabrada de los Montes
Porzuna
Puebla de Don Rodrigo
Daimiel
Piedrabuena
Talarrubias
Agudo
Ciudad Real
Manzanares
Puebla de Alcocer
Emb. de la Serena
Saceruela
Abenójar
Campanario
Almagro
Moral de Calatrava
Corral de Calatrava
Almadén
Castuera
Cabeza del Buey
Valdepeñas
Brazatortas
Puertollano
Calzada de Calatrava
Zalamea de la Serena
Santa Eufemia
Belalcázar
Mestanza
Hinojosa del Duque
Solana del Pino
Viso del Marqués
Paraleda de Zaucejo
Conquista
Alcaracejos
Pedroche
La Granjuela
Fuencaliente
Peñarroya-Pueblonuevo
Pozoblanco
Villanueva de Córdoba
La Carolina
Bélmez
Fuente Obejuna
Cardeña
Azuaga
Embalse de Puente Nuevo
Baños de la Encina
217
El Vacar
Bailén
Linares
Villaviciosa de Córdoba
221
Marmolejo
Andújar
Montoro
Baeza

Riaza
A
Somolinos
B
Arcos de Jalón
Maluenda
Nuévalos
C
N-234
Daroca
Atienza
Medinaceli
Sigüenza
N-211
Maranchón
Milmarcos
Alcolea de Pinar
Mazarete
Buitrago de Lozoya
5
Jadraque
Cillas
Calamocha
Lozoyuela
Cogolludo
Algora
Molina de Aragón
Monreal del Campo
Torrelaguna
Humanes
A-2
Cifuentes
El Pedregal
N-211
A-1
El Casar de Talamanca
Villanueva de Alcorón
Cabanillas del Campo
Torija
Terzaga
A-23
Guadalajara
R-2
Manbel
Orihuela de Tremedal
San Sebastián de los Reyes
Beteta
Pozondón
A-50
Horche
Alcalá de Henares
Tendilla
Sacedón
Torrejón de Ardoz
Coslada
Emb. de Buendía
Albalate de las Nogueras
Guadalavilar
4-20
Loeches
Terriente
A-3
Rivas-Vaciamadrid
Almonacid de Zorita
Cañaveras
4
Arganda del Rey
Perals de Tajuña
Villalba de la Sierra
El Cangral
Villar de Domingo García
Valdemoro
Villarejo de Salvanés
Barajas de Melo
51
Cuenca
Chinchón
Colmenar de Oreja
Carracosa del Campo
A-40
Cañete
Ademuz
Aranjuéz
A-40
A-3
Tarancón
Torrejoncillo del Rey
Ocaña
A-40
CM-220
N-420
Landete
N-420
Yepes
Villatobas
Saelices
Villarubio
Montalbo
Carboneras de Guadazaón
A-4
AP-36
San Lorenzo de la Parrilla
La Guardia
Villarejo de Fuentes
Almodôvar del Pinar
Lillo
Corral de Almaguer
Olivares de Júcar
Tembleque
La Almarcha
3
N-420
Villaescusa de Haro
CM-220
Villacañas
Quintanar de la Orden
A-3
Motilla del Palancar
La Puebla de Almoradiel
Belmonte
Alarcón
Minglanilla
AP-36
Mota del Cuervo
Atalaya del Cañavate
A-3
Madridejos
El Toboso
A-43
Villalpardo
Campo de Criptana
Las Pedroñeras
Sisante
Villanueva de la Jara
A-4
N-420
Casas-Ibáñez
Herencia
Alcázar de San Juan
Pedro Muñoz
San Clemente
Casasimarro
Puerto Lápice
El Provencio
A-31
Villagarcía del Llano
AP-36
Tarazona de la Mancha
Villarta de San Juan
Minaya
CM-42
Socuéllamos
Villarobledo
Alcalá del Júcar
N-420
CM-220
La Roda
Mahora
Tomelloso
A-43
Argamasilla de Alba
A-31
N-322
Alatoz
A-4
Munera
Barrax
A-43
N-430
Albacete
Manzanares
2
Ruidera
A-32
La Solana
Ossa de Montiel
El Borillo
A-30
A-31
N-430
Villanueva de Franco
Bonete
Moral de Calatrava
N-322
Balazote
Pozo-Cañada
Peñas de San Pedro
Valdepeñas
CM-412
Villahermosa
Villanueva de la Fuente
Alcaraz
CM-412
Pozohondo
Villanueva de los Infantes
Santa Cruz de Mudela
Vianos
Tobarra
Torre de Juan Abad
Albaladejo
A-30
A-4
N-322
CM-3216
Hellín
Almuradiel
Riópar
Elche de la Sierra
CM-3216
Génave
Siles
Puente de Génave
Férez
Cenajo
1
Yeste
Orcera
Beas de Segura
Hornos
Calasparra
Gutar
Moratalla
218
Pontones
Nerpio
Linares
Villacarrillo
Caravaca de la Cruz
Cehegín
N-322
A
Parque Natural de Cazorla y Segura
B
222
C
Segura
Bullas
Las Torres de Cotillas
Baeza

Cariñena
D
Lécera
Hijar
E
214
Caspe
Maella
F
Móra d'Ebre
N-234
Daroca
Badules
Albalate del Arzobispo
Batea
Alcañiz
N-420
Gandesa
Muniesa
Cortes de Aragón
Fudilla
Andorra
Calaceite
Calanda
Valdealgoría
Río Ebro
Calamocha
Vivel del Río Martín
Alcorisa
N-420
Tortosa
Monreal del Campo
N-211
Bañón
N-211
Monroyo
Mas de Barberans
Amposta
Cañada Vallida
N-420
Olocau del Rey
A-23
AP-7
La Sénia
Santa Eulalia
Perales del Alfambra
Villaroya de los Pinares
Morella
Alcanar
Xert
Pozondón
Vinaròs
Sant Mateu
N-420
Codrilina
Benicarló
Villafranca
Peniscola
Les Coves de Vinromà
Alcalà de Xivert
Teruel
Terriente
Linares de Mora
4
Mora de Rubielos
Villel
Cortes de Arenoso
Vilanova d'Alcolea
Torreblanca
La Puebla de Valverde
El Cangrejal
A-7
Llucena
N-420
Opresa
Torrabaia
Manzanera
Montán
Barriol
Benicàssim
Ademuz
A-23
Caudiel
Castelló de la Plana
Onda
Almassora
Santa Cruz de Moya
Jérica
Vila-real
Landete
Altura
La Vall d'Uixó
Borriana
Costa del Azahar
Talayuelas
Titaguas
Segorbe
AP-7
Moncofa
A-7
Torres-Torres
Almenara
Chelva
Sinarcas
Losa del Obispo
Sagunt
Port de Sagunt
Chera
Bétera
Llíria
V-21
3
Utiel
Burjassot
Golfo de València
Minglanilla
Cheste
Paterna
A-3
Caudete de las Fuentes
Requena
Chiva
A-3
VALÈNCIA
6
A-7
Villalpardo
N-322
Pinedo
Torrent
La Portera
Buñol
V-31
Catarroja
Villatoya
Casas-Ibáñez
Almussafes
El Perelló
Alginet
N-332
Costa de València
Alcalá del Júcar
Cofrentes
L'Alcúdia
Sueca
Mahora
AP-7
A-7
Alzira
Grau i Platja
Alatoz
Gandia
N-332
Ayora
Xàtiva
Canals
2
Olvia
Alpera
A-35
A-31
Albaida
Castelló de Rugal
Dénia
Bonete
Almansa
Ontinyent
Ondara
Xàbia
A-31
La Font de la Figuera
A-7
Cabo de la Nau
N-344
Cocentaina
Montealegre del Castillo
Caudete
Benissa
Teulada
Alcoi
Calp
Yecla
Villena
Ibi
Altea
La Nucía
Tobarra
N-332
Castalla
Sax
Xixona
Benidorm
Elda
A-7
AP-7
LaVilla Joiosa
Petrer
Jumilla
Monóvar
A-31
Sant Joan d'Alacant
El Pinós
Novelda
AP-7
Sant Vicent del Raspeig
Aspe
N-344
ALACANT
A-7
N-332
1
Barinas
Crevillente
ELCHE (ELX)
57
Costa Blanca
A-33
Abanilla
Santa Pola
Cieza
Fortuna
56
Calasparra
A-30
AP-7
Rojales
Guardamar del Segura
Molina de Segura
Orihuela
A-7
D
223
Lomas del Mar
E
F
Bullas
Las Torres de Cotillas
SanMiguel de Salinas
N-332

216
A
B
C
5
4
3
2
1
62
63
Almendral
Alconchal
Barcarrota
Reguengos de Monsaraz
Villanueva del Fresno
Jerez de los Caballeros
Amareleja
Sobral da Adiça
Pias
Fregenal de la Sierra
Los Santos de Maimona
Zafra
Villafranca de los Barros
Hornachos
Zalamea de la Serena
Campillo de Llerena
Valencia de las Torre
Usagre
Llerena
Azuaga
Monesterio
Guadalcanal
Alanís
Cazalla della Sierra
Constantina
El Pedroso
Santa Olalla del Cala
Aracena
Galaroza
Cortegana
Rosal de la Frontera
Santa Bárbara de Casa
Paymogo
Sierra de Aracena
Minas de Riotinto
Nerva
Calañas
Tharsis
Valverde de Camino
Villanueva de los Castillejos
Castilblanco de los Arroyos
Las Nieves
Cantillana
Lora del Río
Villanueva del Río y Minas
Palma del Río
Río Guadalquivir
Brenes
La Rinconada
Carmona
Aznalcóllar
La Algaba
Itálica
Camas
Tomares
SEVILLA
San Juan de Aznalfarache
Mairena del Aljarafe
Coria del Río
Mairena del Alcor
Alcalá de Guadaíra
Dos Hermanas
Arahal
Utrera
Trigueros
La Palma del Condado
Gibraleón
Bollullos
Rociana
Huelva
Moguer
Almonte
Ayamonte
Lepe
Isla Cristina
Punta Umbría
Mazagón
El Rocío
Matalascañas
Parque Nacional de Doñana
Río Guadalquivir
Los Palacios y Villafranca
El Coronil
Montellano
Morón de la Fr
Las Cabezas de San Juan
Lebrija
Bornos
Villamartín
Arcos de la Frontera
Prado del Rey
Grazalema
Parque Natural
Ubrique
Sierra de Gr
Algodo
Sanlúcar de Barrameda
Chipiona
JEREZ DE LA FRONTERA
Rota
El Puerto de Santa María
Cádiz
Puerto Real
San Fernando
Chiclana de la Frontera
Medina Sidonia
Alcalá de los Gazules
Jimena de la Fronte
Conil de la Frontera
Vejer de la Frontera
Barbate
Los Barrios
Algeciras
Tarifa
Golfo de Cádiz
Costa de la Luz
Estrecho de Gibraltar
Ksar-es-Seghir
TANGER
El-Borj
Souk-Khémis-des-Anjra
Souk-Sebt-el-Kdim
TETOUAN
Briex
Dar Chaoui
Dar-Ben-Karriche
El-Bahri
Asilah
Ben-Sadouk
Fnide
N-432
N-435
N-433
N260
EX-101
A-66
N-435
H-31
A-49
A-497
A-4
A-92
AP-4
SE-40
A-384
A-382
A-381
A-48
N-340
A-7
A-4

217
D
E
F
Zalamea de la Serena
Belalcázar
Santa Eufemia
Brazatortas
Puertollano
Mestanza
Viso del Marqués
Paraleda de Zaucejo
Hinojosa del Duque
Solana del Pino
Conquista
La Granjuela
Alacaracejos
Pedroche
Fuencaliente
Peñarroya-Pueblonuevo
Pozoblanco
Villanueva de Córdoba
Fuente Obejuna
Bélmez
Cardeña
La Carolina
Embalse de Puente Nuevo
Baños de la Encina
Villaviciosa de Córdoba
El Vacar
Marmolejo
Bailén
Linares
Montoro
Andújar
Baeza
Medina Azahara
CÓRDOBA
Lopera
Mengíbar
Constantina
Almodóvar del Río
Bujalance
Porcuna
Posadas
Palma del Río
Torredonjimeno
Jaén
Mancha R
Río Guadalquivir
Castro del Río
Martos
Huelma
Villanueva del Río y Minas
La Rambla
La Campana
Montilla
Baena
Alcaudete
Écija
Aguilar de Frontera
Zuheros
Carmona
Cabra
Priego de Córdoba
Alcalá la Real
Mairena del Alcor
El Rubio
Puente Genil
Lucena
de Guadaíra
Marchena
Rute
Montefrío
Encinas Reales
Arahal
Estepa
Casariche
Iznájar
Pinos-Puente
Maracena
Morón de la Frontera
La Puebla de Cazalla
Osuna
Alameda
Embalse de Iznájar
Atarfe
La Roda de Andalucía
Loja
Huétor Tájar
Santa Fé
Malá
Armilla
El Saucejo
Campillos
Archidona
Alhama de Granada
Montellano
Antequera
Puerto de las Pedrizas
Teba
Olvera
Sierra de Almijara
El Chorro
Colmenar
Ardales
Villamartín
Algodonales
Vélez de Benaudalla
Álora
Arriate
Vélez-Málaga
Otívar
El Burgo
Grazalema
Ronda
Rincón de la Victoria
Torrox
Parque Natural
Alozaina
Cártama
Torre del Mar
Nerja
Almuñécar
Ubrique
Parque Natural Sierra de las Nieves
Coín
Sierra de Grazalema
MÁLAGA
Alhaurín de la Torre
Alhaurín el Grande
Mijas
Torremolinos
Benalmádena
Marbella
Fuengirola
Gaucín
Puerto Cabopino
San Pedro de Alcántara
Jimena de la Frontera
Estepona
Costa del Sol
Sotogrande
60
San Roque
La Línea de la Concepción
Algeciras
Gibraltar
Punta de Europa
Ceuta
Fnideq
Marina Smir
El-Meliallyne
TETOUAN
Et-Tieta-de-Dued-Laou
Mar
58
61
N-420
N-432
A-4
A-44
N-322
A-316
A-45
SE-40
A-92
A-384
A-92M
A-7
AP-7
A-381
28
1
2
3
4
5

218
A
B
C
Santa Cruz de Mudela
Torre de Juan Abad
Albaladejo
Vianos
Tobarra
Almuradiel
Ríopar
Hellín
Elche de la Sierra
Génave
Siles
Puente de Génave
Orcera
Yeste
Férez
Cenajo
Beas de Segura
Hornos
Calasparra
Gutar
Arquillos
Moratalla
Villacarrillo
Pontones
Nerpio
Caravaca de la Cruz
Cehegín
Linares
Parque Natural de Cazorla y Segura
Bullas
Las Torres de
Baeza
58
Úbeda
Sierra de Segura
Puebla de Don Fadrique
Cazorla
Alhama de Murcia
Jódar
La Paca
Quesado
Huéscar
Totana
Castril
Mancha Real
Galera
Pozo Alcón
Vélez-Blanco
4
Vélez-Rubio
Lorca
Huelma
Villanueva de las Torres
Chirivel
Cúllar
Altobordo
Puerto Lumbreras
Guadahortuna
Alicún del las Torres
Torre Cardela
Baza
Caniles
Albox
Águilas
Olula del Río
Cantoria
Huércal Overa
Iznalloz
Sierra de los Filabres
Gor
Tijola
Cuevas de Almanzora
Guadix
Costa
Maracena
Antas
Vera
GRANADA
Huéneja
Lubrín
Garrucha
Uleila del Campo
Mojácar
La Calahorra
Fiñana
Turre
Parque Nacional de Sierra Nevada
Sierra Nevada
Gérgal
Sorbas
3
Tabernas
Sierra de Alhamilla
Laujar
Carboneras
Durcal
Las Alpujarras
Ugíjar
Alhama de Almería
Gádor
Níjar
59
Cádiar
Sierra de Gádor
Órgiva
Almería
Parque Natural Cabo de Gata-Níjar
Vélez de Benaudalla
Berja
Vícar
El Ejido
Albuñol
San Miguel de Cabo de Gata
San José
Motril
Balanegra
Roquetas de Mar
La Rábita
Adra
Torrenueva
Guardias Viejas
Almerimar
Cabo de Gata
Costa Tropical
Port de Sóller
Sóller
PALMA DE MALLORCA
Calvià
S'Arenal
2
Islas Baleares
Eivissa
Sant Joan de Labritja
Sant Antoni de Portmany
Santa Eulària des Riu
Sant Josep de sa Talaia
Eivissa
1
St. Francesc de Formentera
Formentera
El Pilar de la Mola
A-4
A-30
N-322
CM-3216
A-316
A-44
A-92N
A-91
A-7
AP-7
A-92
N-340a

D
E
F
5
4
3
2
1
Yecla
Villena
219
Castalla
Xixona
La Nucia
Altea
Benidorm
LaVilla Joiosa
Sax
Petrer
Elda
Monóvar
Jumilla
El Pinós
Novelda
Aspe
Sant Joan d'Alacant
Sant Vicent del Raspeig
ALACANT
Costa Blanca
Barinas
Crevillente
ELCHE (ELX)
57
Santa Pola
56
Cieza
Fortuna
Abanilla
Calasparra
Orihuela
Rojales
Guardamar del Segura
Molina de Segura
Lomas del Mar
Bullas
Las Torres de Cotillas
SanMiguel de Salinas
Torrevieja
Alcantarilla
MURCIA
Alhama de Murcia
Sucina
Vente de la Virgen
San Pedro del Pinatar
Balsicas
San Javier
Totana
Torre-Pacheco
Los Maldonados
Los Alcázares
Albujón
La Unión
La Manga del Mar Menor
Canteras
Altobordo
Mazarrón
CARTAGENA
Costa Cálida
Águilas
de Almanzora
Garrucha
Mojácar
Baleares
Fornells
Ciutadella de Menorca
Ferreries
Es Mercadal
Cala en Bosc
Cala Llonga
Maó
Menorca
S'Algar
Pollença
Alcúdia
Port d'Alcúdia
Port de Sóller
Sóller
Sa Pobla
Cala Rajada
Inca
Cala Millor
Manacor
Montuïri
Portocristo
Llucmajor
Felantix
Mallorca
S'Arenal
Cala d'Or
Santanyi
Colònia de Sant Jordi
Mar Mediterráneo
A-7
AP-7
A-30
A-31
A-33
N-332
N-344
RM-1
RM-2
RM-3
RM-12
RM-19
RM-F14

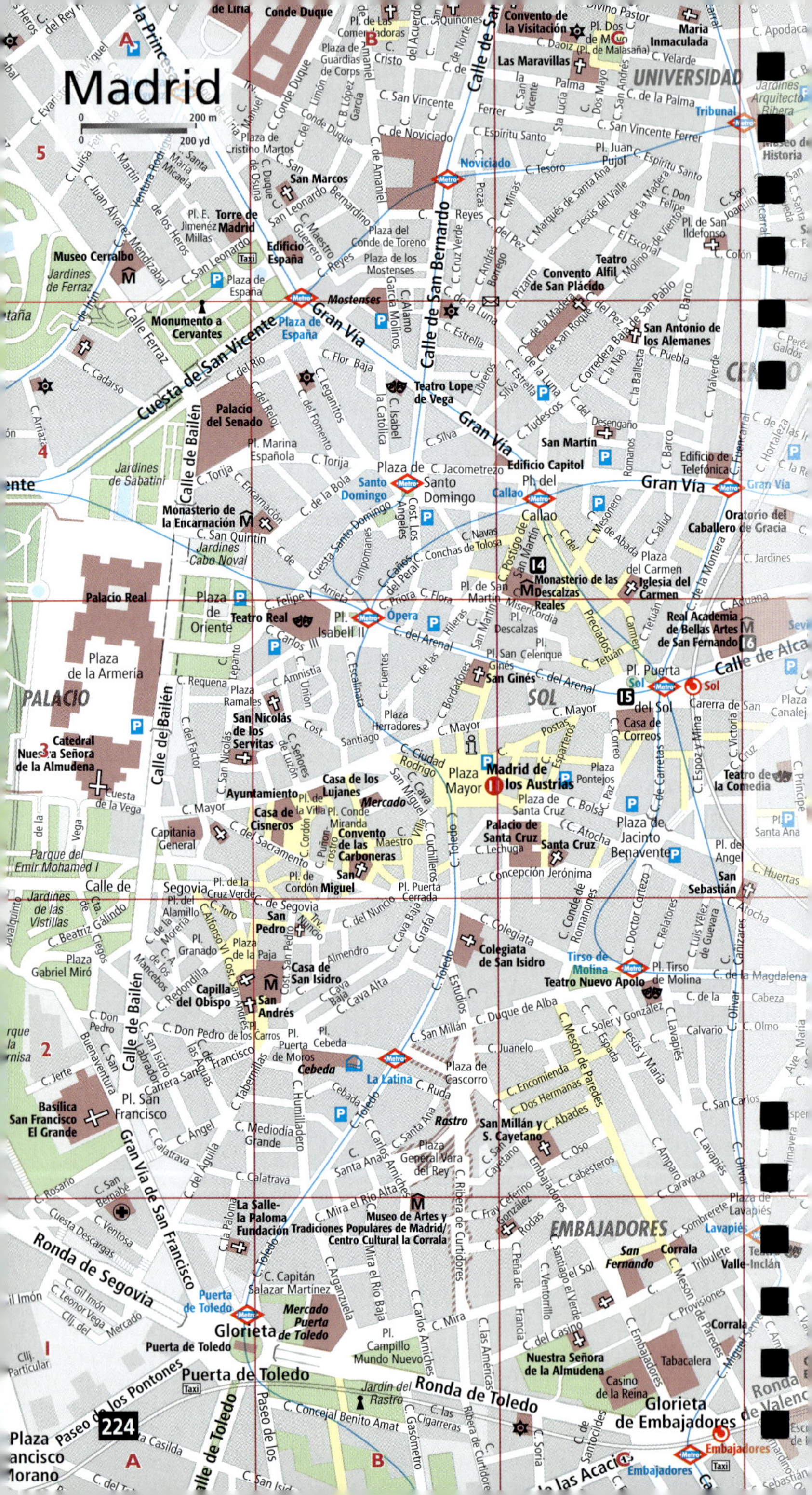
Madrid
0 200 m
0 200 yd
UNIVERSIDAD
CENTRO
PALACIO
SOL
EMBAJADORES
Conde Duque
Convento de la Visitación
Pl. Dos de Mayo
Maria Inmaculada
Las Maravillas
Tribunal
Museo de Historia
Noviciado
Plaza de Cristino Martos
San Marcos
Torre de Madrid
Edificio España
Plaza del Conde de Toreno
Plaza de los Mostenses
Museo Cerralbo
Jardines de Ferraz
Plaza de España
Monumento a Cervantes
Mostenses
Gran Vía
Calle de San Bernardo
Convento de San Plácido
Teatro Alfil
San Antonio de los Alemanes
Cuesta de San Vicente
Palacio del Senado
Teatro Lope de Vega
San Martín
Edificio Capitol
Edificio de Telefónica
Jardines de Sabatini
Calle de Bailén
Pl. Marina Española
Plaza de Santo Domingo
Santo Domingo
Callao
Pl. del Callao
Oratorio del Caballero de Gracia
Monasterio de la Encarnación
Jardines Cabo Noval
Plaza del Carmen
Iglesia del Carmen
Monasterio de las Descalzas Reales
Palacio Real
Plaza de Oriente
Teatro Real
Pl. Isabel II
Ópera
Real Academia de Bellas Artes de San Fernando
Calle de Alcalá
Plaza de la Armería
San Ginés
Pl. Puerta del Sol
Sol
Casa de Correos
San Nicolás de los Servitas
Plaza Herradores
Plaza Mayor
Madrid de los Austrias
Teatro de la Comedia
Catedral Nuestra Señora de la Almudena
Ayuntamiento
Casa de los Lujanes
Mercado
Casa de Cisneros
Convento de las Carboneras
Palacio de Santa Cruz
Santa Cruz
Plaza de Jacinto Benavente
Capitanía General
Parque del Emir Mohamed I
San Miguel
San Sebastián
Jardines de las Vistillas
Calle de Segovia
San Pedro
Colegiata de San Isidro
Tirso de Molina
Pl. Tirso de Molina
Teatro Nuevo Apolo
Plaza Gabriel Miró
Capilla del Obispo
Casa de San Isidro
San Andrés
Plaza de la Paja
Pl. Puerta de Moros
Pl. Cebeda
Cebeda
La Latina
Plaza de Cascorro
Basílica San Francisco El Grande
Pl. San Francisco
Rastro
San Millán y S. Cayetano
Plaza General Vara del Rey
Gran Vía de San Francisco
La Salle-La Paloma Fundación
Museo de Artes y Tradiciones Populares de Madrid/ Centro Cultural la Corrala
Lavapiés
Corrala
San Fernando
Teatro Valle-Inclán
Ronda de Segovia
Puerta de Toledo
Glorieta Puerta de Toledo
Mercado Puerta de Toledo
Pl. Campillo Mundo Nuevo
Nuestra Señora de la Almudena
Tabacalera
Casino de la Reina
Ronda de Toledo
Jardín del Rastro
Glorieta de Embajadores
Embajadores
Paseo de los Pontones
Calle de Toledo
Plaza Francisco Morano
A
B
C
1
2
3
4
5
14
15
16

D
E
F
5
4
3
2
1
Maria Inmaculada
C. Apodaca
C. Serrano Anguita
Alonso Martínez
C. Orfila
C. de Ayala
Barceló
C. Barceló
Plaza Santa Bárbara
Calle de Génova
C. Monte Esquinza
C. Alcalá Galiano
Cristo de la Salud
C. de Hermosilla
Calle Serrano
Jardines Arquitecto Ribera
Museo del Romanticismo
Torres de Colón
Colón
Tribunal
Museo de Historia
Palacio Longoria
C. Santa Teresa
C. Orellana
Plaza de Colón
Calle de Goya
Serrano
Teatro Fernán Gómez
Jardines del Descubrimiento
Plaza Villa de París
Liceo Francés
Palacio de Justicia
Museo de Cera
C. Jorge Juan
San Antón
C. Santa Brígida
C. Hortaleza
C. Farmacia
Pl. de San Ildefonso
C. Colón
C. Hernán Cortés
C. Regueros
C. Belén
Pl. de las Salesas
Iglesia de las Salesas Reales
C. Bárbara de Braganza
Museo de la Biblioteca Nacional
Museo Arqueológico Nacional
Chueca
Pl. de Chueca
C. Gravina
C. Piamonte
Marqués de Monasterio
Teatro María Guerrero
C. Almirante
Paseo de Recoletos
C. Gil de Santivañes
C. de Villanueva
C. Pulgcerda
CENTRO
Mercado de San Antón
C. Augusto Figueroa
JUSTICIA
Teatro Infanta Isabel
C. Prim
C. Recoletos
Recoletos
C. Conde
S. Pascual
Cuartel General del Ejército
Palacio de Buenavista
C. Salustiano Olozaga
C. Columela
C. de las Infantas
C. la Reina
Edificio de Telefónica
Gran Vía
C. de Claudio Coello
Retiro
Casa de América
Plaza de la Independencia
Calle de Alcalá
Puerta de Alcalá
Puerta de la Independencia
Av. Méjico
Oratorio del Caballero de Gracia
San José
Instituto de Cervantes
Banco de España
Plaza de la Cibeles
Centro Cultural CentroCentro
Ayuntamiento
C. Alfonso XI
C. Valenzuela
C. Jardines
C. Virgen de los Peligros
Edificio Metrópolis
Círculo de Bellas Artes
Calle de Alcalá
Banco de España
Paseo del Prado
C. Montalbán
Calle de Alfonso XII
Real Academia de Bellas Artes San Fernando
Las Calatravas
Sevilla
C. Aduana
Teatro Alcazar
C. Arlabán
C. de los Madrazo
Teatro de la Zarzuela
Museo Naval
Museo de Artes Decorativas
Sol
Fuente de Apolo
La Bolsa
C. Juan de Mena
Parque
Paseo de la Argentina
Plaza Canalejas
Congreso Diputados
C. Zorrilla
Cortes
Carrera de San Jerónimo
Museo Thyssen-Bornemisza
Plaza de la Lealtad
Calle Antonio Maura
Puerta de España
Palacio del Buen Retiro
del
Retiro
Teatro de la Comedia
CORTES
Ateneo de Madrid
Pl. de las Cortes
Plaza Cánovas del Castillo
Fuente de Neptuno
C. Felipe IV
Real Academia Española
Casón del Buen Retiro
Méndez Núñez
Paseo Parterre
Puerta de Felipe IV
Pl. Santa Ana
Teatro Español
C. Prado
Casa-Museo de Lope de Vega
C. Cervantes
Iglesia Jésus de Medinaceli
Museo Nacional del Prado
Los Jerónimos
C. de la Academia
Edificio Jerónimos
C. del Casado del Alisal
Paseo del Marqués
San Sebastián
C. Huertas
Pl. Matute
C. Lope de Vega
Iglesia de las Trinitarias Descalzas
C. Atocha
Real Academia de la Historia
C. Alberto Bosch
Antón Martín
C. de la Magdalena
C. Moratín
Pl. Platería Martínez
Pl. de Murillo
C. Espalter
Puerta de Murillo
La Chopera
Jardín de los Ausentes
Cine Doré
C. Cabeza
Calle Atocha
C. Olmo
C. Verónica
C. Gobernador
CaixaForum
Jardín
Botánico
C. San Ildefonso
C. Almadén
C. Esperanza
Colegio de Médicos
Conservatorio de Música
C. Claudio Moyano
Puerta del Ángel Caído
Paseo del Duque
Convento de Santa Isabel y Agustinas Recoletas
Teatro de Camara
Atocha
Ministerio de Medio Ambiente
Plaza de Lavapiés
Lavapiés
Plaza Emperador Carlos V
Observatorio Astronómico
Teatro Valle-Inclán
Calle Argumosa
C. Sombrerería
C. Doctor Fourquet
Museo Nacional Centro de Arte Reina Sofía
Museo Nacional de Antropología
Estación de Atocha
Paseo de la Infanta Isabel
Ronda de Atocha
Homenaje a las Víctimas del 11 de Marzo
Atocha Renfe
Avenida de
Casa Encendida
María Auxiliadora
Ronda de Valencia
Teatro Circo Price
Colegio Don Bosco
Atocha
Calle de Méndez Álvaro
Santa María de la Cabeza
Paseo de las Delicias
C. Tortosa
C. Murcia
Escuela de Ingeniería
Embajadores
C. Elcano
C. Vizcaya
N.S. de las Angustias
Estación de Atocha

Register

Abbildungsnachweis

AA: 12

AA/M. Bonnet: 17, 18, 18/19, 120/121, 125, 132, 133, 134, 136, 139, 205 (Mitte), 205 (unten)

AA/T. Carter: 205 (oben)

AA/M. Chaplow: 49, 51, 75, 84/85, 85, 86, 147 (unten), 148, 149, 153, 156, 158, 159, 160, 167, 169, 175, 199

AA/J. Edmanson: 147 (oben), 154/155, 161

AA/P. Enticknap: 83, 90 109, 140

AA/M. Jourdan: 22/23, 28 (Mitte), 28 (oben), 28 (unten), 50, 52, 57, 59, 62, 78, 79, 80, 81, 96, 97, 99 (oben), 99 (unten) 100/101, 102, 103, 104/105, 190

AA/J. Poulsen: 182

AA/D. Robertson: 166, 170/171, 174, 181

AA/R. Strange: 63

AA/J. A. Tims: 26/27

AA/S. Watkins: 32, 74, 76, 88/89 138, 193

AA/P. Wilson: 168, 183

DuMont Bildarchiv/Frank Heuer: 20, 21, 27, 29, 116, 118, 119, 122, 123 (oben), 123 (unten), 124, 126/127, 128, 129, 130, 131

DuMont BildarchivMBA/Arthur Selbach: 6/7, 8, 14, 15, 24/25, 30/31, 105, 106, 107, 110, 111, 127, 137, 172, 173, 177, 178/179, 192, 200

laif: 60, 61

Look-foto/Elan Fleisher: 150

Look-foto/age fotostock: 4

Maurizio Borgese/hemis.fr/laif: 58

picture alliance/dpa/Toni Albir: 11

The Bridgeman Art Library: 54

The Gallery Collection/Corbis: 53

Wolfram Schleicher: 64

Anja Schliebitz: 65

Titelbild: Getty Images/THEPALMER

©MAIRDUMONT GmbH & Co. KG
VERLAG KARL BAEDEKER

1. Aufl. 2015

Text: Sally Roy, Lindsay Hunt, Josephine Quintero, Dr. Andreas Drouve
Übersetzung: Jutta Ressel M.A.
Redaktion: Wigel, München, Anne Funck
Programmleitung: Birgit Borowski
Chefredaktion: Rainer Eisenschmid

Kartografie: ©MAIRDUMONT GmbH & Co. KG, Ostfildern
3D-Illustrationen: jangled nerves, Stuttgart

Anzeigenvermarktung:
MAIRDUMONT MEDIA
Tel. 0711/4502 333
media@mairdumont.com
media.mairdumont.com

Printed in China

Trotz aller Sorgfalt von Autoren und Redaktion sind Fehler und Änderungen nach Drucklegung leider nicht auszuschließen. Dafür kann der Verlag keine Haftung übernehmen. Berichtigungen, Kritik und Verbesserungsvorschläge sind uns jederzeit willkommen, bitte informieren Sie uns unter:

Verlag Karl Baedeker / Redaktion
Postfach 3162
D-73751 Ostfildern
Tel. 0711 4502 262
smart@baedeker.com
www.baedeker.com

FSC
www.fsc.org
MIX
Papier aus verantwortungsvollen Quellen
FSC® C020056

10 GRÜNDE WIEDERZUKOMMEN

1. Die **Lebensfreude** auf Plätzen und Promenaden ist umwerfend.
2. Nirgendwo anders wird die **Häppchen-Kultur** mit solcher Hingabe zelebriert.
3. Tausende ausgelassener **Fiestas** geben tausende Gründe, um wiederzukommen.
4. Gute Aussichten – am Mittelmeer schlagen bis zu **330 Sonnentage** pro Jahr zu Buche.
5. Der **Atlantik** mit unzähligen Buchten, Klippen und rauer See verzaubert.
6. Das **quirlige Nightlife** ist eine Klasse für sich, ob in Städten oder Ferienparadiesen.
7. Allein für die Bestände des **Prado in Madrid** sind einige Museumsbesuche nötig.
8. Die **Vielfalt der Natur** ist unerschöpflich: Sie reicht von Stränden bis zu eisgekrönten Gipfeln.
9. Der rohe **Serrano-Schinken** schmeckt jedes Mal aufs Neue einfach saumäßig gut.
10. **Der Wein!** Um jeden Tropfen zu kosten, bräuchte man viele Leben und noch mehr Lebern.